Prominente Menschen aus dem Saarland.

Eine Auswahl von Gräfin Elisabeth bis in das 21. Jahrhundert

260 Abbildungen, 31 Autoren

Nünnerich-Asmus
Verlag & Media

Der Saarbrücker Schlossplatz im Frühjahr 2017. Vom Historischen Museum Saar (rechts) befinden sich nur der Eingang und der Sonderausstellungsbereich über der Erde. Der Großteil der 2.700 m² Ausstellungsfläche verläuft auf mehreren Etagen unter Nord- und Südflügel des Schlosses sowie unter dem Schlossplatz.
Foto: Thomas Roessler, Historisches Museum Saar.

Prominente Menschen aus dem Saarland

Von Gräfin Elisabeth bis in das 21. Jahrhundert

Herausgegeben von Simon Matzerath

HISTORISCHES MUSEUM SAAR

Begleitband zur Ausstellung

Prominente Menschen aus dem Saarland.
Eine Auswahl von Gräfin Elisabeth bis in das 21. Jahrhundert

im Historischen Museum Saar,
27. August 2017–13. Mai 2018

www.historisches-museum.org

Die Ausstellung steht unter der Schirmherrschaft
der Ministerpräsidentin des Saarlandes
Annegret Kramp-Karrenbauer.

Die Ministerpräsidentin
SAARLAND

Träger des Historischen Museums Saar:

REGIONALVERBAND SAARBRÜCKEN

Ministerium für Bildung und Kultur
SAARLAND

Gefördert durch:

LOTTO Saartoto

Sparkasse Saarbrücken

Förderverein
Historisches Museum Saar

Der Druck des Begleitbandes
wurde unterstützt durch:

UNION STIFTUNG

Ausstellung

Gesamtleitung
Simon Matzerath

Kuratoren
Reiner Jung, Simon Matzerath, Thomas Roessler, Jessica Siebeneich

Sekretariat und Verwaltung
Astrid Neidhöfer

Ausstellungsrealisierung und Haustechnik
Peter Dax

Wissenschaftliche Mitarbeit
Romina Di Marco (FD 60 Regionalentwicklung und Planung, Regionalverband Saarbrücken)

Studentische Mitarbeit
Lioba Hamacher, Melanie Huropp

Leihverkehr
Jessica Siebeneich mit Simon Matzerath

Ausstellungsgestaltung und Architektur
Thomas Roessler und Simon Matzerath mit Reiner Jung und Jessica Siebeneich

Grafik
Thomas Roessler

Museumspädagogik
Reiner Jung

Ausstellungstexte
Reiner Jung, Simon Matzerath, Jessica Siebeneich

Audioguidetexte auf Saarländisch
Susanne Wachs

Empfangschef
Ulrich Brunner

Aufsicht, Bibliothek, Inventarisierung, Kasse
Anna Baumann, Gabriele Dräger, Jutta Frantz, Lioba Hamacher, Klaus Hasemann, Melanie Huropp, Hans Peter Jungheim, Doris Keilhauer, Petra Kirst-Moser, Stella La Russa, Astrid Lambrecht, Dorothee Liegmann, Jürgen Margardt, Uwe Müller, Ilka Neuendorff, Eva Omlor, Detlef Schmidt, Manfred Schuff, Tatjana Seibert, Rolf Spaniol, Heinz Speicher, Gabriele Strauß, Tobias von Münchow, Gabriele Wey, Karl Ziegler

Besucherbegleiter und Workshops (Honorarkräfte)
Nelly Brügelmann, Florian Deller, Patricia Dicembre, Robin Dräger, Hannah Drießler, Myriam Fey, Michael Glaser, Nadine Kreutz, Astrid Lambrecht, Heribert Leonardy, Zinzi Ngoumou, Anne Sauder, Dietmar Vogel, Dirk Walter, Benedikt Zimmer

Vorstand des Fördervereins Historisches Museum Saar
Kurt Bohr (Ehrenvorsitzender), Charlotte Britz, Michael Burkert (Vorsitzender), Gabriël Clemens, Ulrich Commerçon, Renate Dittgen, Dirk Dumont, Peter Edlinger, Antje Fuchs, Peter Gillo, Mathias Hafner, Uwe Kuntz, Simon Matzerath, Edgar Neusius, Heike Otto, David Pasternak (stv. Vorsitzender), Thomas Unold

Wir danken außerdem
der Schirmherrin Ministerpräsidentin Annegret Kramp-Karrenbauer, dem Regionalverbandsdirektor Peter Gillo und dem Minister für Bildung und Kultur Ulrich Commerçon; den Förderern und Sponsoren; den ausgewählten prominenten Menschen aus dem Saarland für die Unterstützung des Ausstellungsprojektes; allen Leihgebern und ihren engagierten Mitarbeiterinnen und Mitarbeitern; den Autorinnen und Autoren; den zahlreichen Personen und Institutionen, die uns bei der Suche und Überlassung von Fotos und Abbildungen tatkräftig unterstützt haben; den Mitgliedern der Zweckverbandsversammlung Historisches Museum Saar; den Mitgliedern der Regionalversammlung des Regionalverbandes Saarbrücken; den Mitgliedern des Fördervereins Historisches Museum Saar; den Mitarbeiterinnen und Mitarbeitern im Ministerium für Bildung und Kultur, hierbei u. a. Wolfgang Birk, Anne Norekian, Christine Otto, Heike Otto und Heike Schneider; den Mitarbeiterinnen und Mitarbeitern der Aufbaugesellschaft Saarbrücker Schloss und des Regionalverbandes Saarbrücken, darunter u. a. folgende, direkt an der Ausstellungsvorbereitung beteiligte Personen: Michael Bentz, Elke Berentz, Jochen Brill, Raimund Busch, Heike Erbelding, Thomas Flohr, Peter Gaß, Christian Grün, Bernhard Hellenthal, Christian Himbert, Dominik Jancik, Norbert Jungmann, Stefanie Kahn, Daniel Kalweit, Armand Lauer, Ralf Parino, Stefan Porteset, Jürgen Recktenwald, Stefan Schäfer, Martin Schreiner, Branka Schreiner-Cernko, Helmut Schumacher, Claudia Stauch, Peter Schwarz, Thomas Unold sowie den Kolleginnen und Kollegen der Poststelle; des Weiteren: Zsuzsanna Barabas, Dennis Bard, Ruth Bauer, Juliane Braun, Hans-Walter Bremerich, Thomas Brück, Stefan Bryxi, Torsten Burgmaier, Marion Dammers, Barbara Dony, Markus Gestier, Christiane Haberland, Sarah Hahn, Karin Hellmann, Hans-Christian Herrmann, H. Hettrich, Marion Jakobs, Reinhard Karger, Dörte Kaufmann, Hendrik Kersten, Anne D. Krause, Claudia Küchler, Gabriele Kümmel, Heike Leonhard, Sonja Louis, Stephanie Müller, Michael Müller, Michael Pfeifer, Klaus Pöß, Felix Rüdiger, Anett Sawall, Roland Schmitt, Ingrid Schwarz, Rudolf Sommer, Barbara Wackernagel-Jacobs, Jana Wessel, Stefan Weszkalnys, Christian Zenz sowie den Kollegen der Stiftungsmuseen am Saarbrücker Schlossplatz Stefan Heinlein, Thomas Martin, Franz-Josef Schumacher, Roland Moenig.

Begleitband

Herausgeber
Simon Matzerath

Redaktion
Simon Matzerath in Zusammenarbeit mit Jessica Siebeneich und Reiner Jung

Konzept
Simon Matzerath

Gestaltung
Thomas Roessler, in Zusammenarbeit mit Saskia Bommer

Bildredaktion
Simon Matzerath, Jessica Siebeneich

Objektfotos
André Mailänder

Lektorat
Laura Weszkalnys

Textschrift
Anthea (Ingo Preuss, Ladenburg)

Katalogproduktion
Nünnerich-Asmus Verlag & Media, Mainz

Gedruckt auf säurefreiem und alterungsbeständigem Papier.
Printed in Germany
Die Deutsche Nationalbibliothek verzeichnet diese Publikation in der Deutschen Nationalbibliografie; detaillierte bibliografische Daten sind im Internet unter **http://www.dnb.de** abrufbar.

Museums- und Buchhandelsausgabe
Covergestaltung: Thomas Roessler, Simon Matzerath, Nünnerich-Asmus Verlag
Fotos Cover: Bildrechte wie bei den Katalogabbildungen angegeben.
1. Auflage: 4.000 Exemplare.
ISBN: 978-3-96176-012-1

Sofern nicht anders angegeben, stammen alle Fotos in diesem Band von André Mailänder. Trotz sorgfältiger Recherche ist es nicht gelungen, alle Bildrechteinhaber ausfindig zu machen. Sie werden gebeten, sich mit dem Museum in Verbindung zu setzen.

In der saarländischen Museumslandschaft ist das Historische Museum Saar das einzige Haus, das den Bürgerinnen und Bürgern einen umfassenden Einblick in die saarländische Landesgeschichte gewährt. Dabei wird die wechselvolle Geschichte unseres Landes von 1870 bis 1957 in allen Facetten bis hin zur Alltagskultur spannend und interaktiv präsentiert. Besonders eindringlich werden die beiden Weltkriege dargestellt. Hier rücken die Auswirkungen der Kriege, das Erleben der Soldaten, das Geschehen in den Dörfern, das Leid der Opfer und der Widerstand einzelner in den Fokus des Betrachters. Eine aufwühlende und ermahnende Erinnerung an die düstersten Jahre unserer deutschen Vergangenheit ist sicherlich der Blick in die Gestapo-Zelle, in der unschuldige Menschen eingesperrt und gefoltert wurden.

Mit seinen Objekten, Fotografien und Textbeiträgen präsentiert die Dauerausstellung des Historischen Museums ein eindrucksvolles Mosaik der neueren saarländischen Geschichte. Hinzu kommt die Begegnung mit dem Mittelalter beim Gang durch die Kasematten des Saarbrücker Schlosses. Spannender lässt sich Geschichte nicht vermitteln. Wer die Landesgeschichte verstehen will, geht ins Historische Museum, das aufgrund seiner wissenschaftlichen und konservatorischen Schwerpunkte ein sehr wichtiger Kulturträger des Saarlandes und der Region ist.

Der besondere museale Rang des Hauses begründet sich darüber hinaus in interessanten Wechselausstellungen, die regelmäßig stattfinden und immer einen Bezug zur saarländischen Geschichte darstellen. So auch die diesjährige Sonderausstellung, die prominente Menschen aus Kultur, Sport, Politik, Wissenschaft und Gesellschaft präsentiert, denen eines gemeinsam ist, eine persönliche Verbindung mit dem Saarland. Ich freue mich sehr, dass es der neuen Museumsleitung gelungen ist, eine solche außergewöhnliche Ausstellung zu konzipieren, die das „Who is Who" im Saarland in den Fokus der Öffentlichkeit stellt. Mein besonderer Dank gilt den Initiatoren dieser Ausstellung für ihr Engagement. Ihnen ist es gelungen, eine Auswahl von über einhundert prominenten Saarländerinnen und Saarländern zusammenzutragen und im Rahmen dieser reizvollen Ausstellung zu zeigen. Persönlichkeiten der Gegenwart sind ebenso vertreten wie berühmte Personen der Zeitgeschichte, die mit Elisabeth von Lothringen sogar bis ins 15. Jahrhundert zurückreicht.

Diese außergewöhnliche Ausstellung gibt auf lockere und interessante Weise Einblicke in das Leben dieser Persönlichkeiten. Es ist erstaunlich, wie viele Berühmtheiten gebürtige Saarländer oder mit dem Saarland eng verbunden sind. Damit setzt das Historische Museum einen besonderen Akzent und trägt dazu bei, das Saarland als attraktiven Standort für kulturelle Ereignisse aber auch als Heimat vieler „Stars" bekannt zu machen.

Ich hoffe, dass viele Menschen sich auf den Weg ins Historische Museum Saar machen und wünsche den Ausstellungsmachern den verdienten Erfolg und allen Besuchern viel Vergnügen beim Rundgang durch diese besondere Ausstellung.

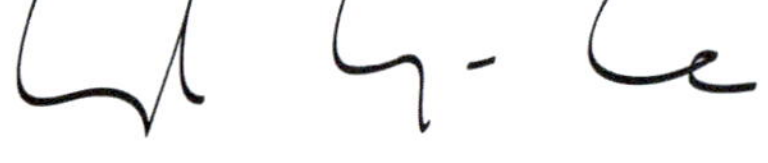

Annegret Kramp-Karrenbauer
Ministerpräsidentin des Saarlandes

Das Historische Museum Saar gehört mit rund 27.000 Besucherinnen und Besuchern pro Jahr zu den prominentesten Museen unserer Region. Wie die Geschichte selbst muss sich das Museum dem Wandel anpassen und entwickelt sich weiter. Moderne Geschichtsmuseen verstehen sich nicht als reine Dokumentationsstätten, sie schlagen vielmehr eine Brücke zwischen der Analyse von Phänomenen der Vergangenheit und den wichtigen Zukunftsfragen einer Gesellschaft. Sie arbeiten mit der Faszination des Originals, sie beziehen Besucherinnen und Besucher aktiv in Erkenntnis- und Diskussionsprozesse ein. Kaum ein Ort könnte für dieses Selbstverständnis besser geeignet sein als der Saarbrücker Schlossplatz, wo sich sowohl eine ehemalige Gestapo-Zelle befindet als auch die Kasematten der früheren Burg.

Seit fast einem Jahr hat das Historische Museum Saar mit Simon Matzerath einen neuen Leiter. Unter seiner Federführung entwickelten die Mitarbeiterinnen und Mitarbeiter das Ausstellungskonzept „Prominente Menschen aus dem Saarland". Ich sehe darin ein wunderbares Beispiel für ein modernes Museumsthema, das den Bogen von der Vergangenheit zur Zukunft zu spannen vermag. Mit der Auswahl der präsentierten Persönlichkeiten sind Urteile darüber verbunden, inwiefern gedankliche oder sonstige Leistungen einer Person eine Bedeutung für unsere Gegenwart und Zukunft haben. Die Auswahl mag kontrovers diskutiert werden. Der Diskurs ist bereits durch die Beschränkung auf die Zahl der ausgewählten Personen vorprogrammiert und gewollt. Daher bin ich sehr gespannt auf die Ausstellung und freue mich als Vorsteher des Zweckverbands Historisches Museum Saar und als Minister für Bildung und Kultur sehr, dass sie dazu anregt, die Entwicklung des Saarlandes und die Beiträge der vorgestellten wie auch weiterer Persönlichkeiten zu reflektieren.

Das Ausstellungsthema verdeutlicht eine Kernproblematik historischer Dokumentation: Manche Ereignisse verblassen schnell in ihrer Strahlkraft, andere bleiben über einen langen Zeitraum für die Menschen wichtig. Die Ausstellung zeigt z.B. die Fußballschuhe, mit denen Jonas Hector die deutsche Nationalmannschaft 2016 per Elfmeter ins EM-Halbfinale geschossen hat. Heute denken viele schon an die WM im nächsten Jahr.

„No Fake News" und „Tatort Geschichte: Wir haben die Beweise" – mit diesen Slogans wirbt das Historische Museum Saar aktuell auf Großplakaten. „No Fake News" will sagen: Aussagen müssen überprüft und belegt werden. „Tatort" wiederum, weil es in der Museumsarbeit wie im Krimi darum geht, Interesse und Spannung zu wecken, besucherorientiert zu handeln. Als „Beweise" dienen authentische Quellen und Originale, wie sie auch im Rahmen der Ausstellung, zu der dieser Begleitband gehört, eine wichtige Rolle spielen. Welche Saarländer(innen) sind nun prominent? Der große Charme unseres Landes ist, dass jede/r jede/n kennt. Wir Saarländer(innen) haben dadurch einen sehr persönlich geprägten Umgang mit Bekanntheit. Das wäre für mich eine weitere interessante Facette des Ausstellungsthemas.

Ulrich Commerçon
Minister für Bildung und Kultur
Vorsteher des Zweckverbandes
Historisches Museum Saar

Der Fund einer ehemaligen Arrestzelle der Gestapo im Keller des Schlosses erinnerte den damaligen Stadtverband Saarbrücken in den achtziger Jahren schmerzlich daran, dass das Saarbrücker Schloss nicht nur ein historischer, sondern auch ein historisch belasteter Ort ist. Statt dieses zu verdrängen, hatte sich der Stadtverband selbst die Verpflichtung auferlegt, der Verantwortung gerecht zu werden, die aus der Trägerschaft dieses Gebäudes erwächst. So wurde die Gestapozelle zur Keimzelle des Regionalgeschichtlichen Museums des Stadtverbandes Saarbrücken, aus dem sich wiederum das Historische Museum Saar entwickelte.

Es begann 1988 mit der ständigen Abteilung „10 statt 1000 Jahre. Die Zeit des Nationalsozialismus an der Saar". Es folgte 1990 „Von der Stunde 0 zum Tag X. Das Saarland 1945 bis 1959", beides im Untergeschoss des nun renovierten Schlosses. 1993 dann die Einweihung des von Gottfried Böhm geschaffenen Erweiterungsbaus mit neuem Eingangsbereich, Sonderausstellungsraum und der ständigen Abteilung „Die Saarregion und der 1. Weltkrieg". Im Jahr darauf schließlich die Gründung des Zweckverbandes Historisches Museum Saar mit Beteiligung des Landes.

Im folgenden Jahrzehnt konnte ein langgehegter Traum verwirklicht werden: Die unterirdischen Überreste der Burganlage wurden freigelegt und erschlossen. Der Zugang durch das Museum und die Inszenierung der Kasematten durch das Museumsteam war ein Glücksfall. Die Region erhielt eine touristische Attraktion, das Museum ein weiteres Standbein.

In den Jahren 2007/2008 wurde die Dauerausstellung komplett neugestaltet. Seither zeigt das Museum chronologisch durchgängig die jüngere Geschichte unserer Region. Eine Geschichte, die in Deutschland, ja in Europa einzigartig ist. Keine andere Region hat in den hundert Jahren, die hier betrachtet werden, derart viele Wechselfälle erlebt. Sehr schnell zur drittgrößten Industrieregion Deutschlands aufgestiegen, wurde das Saarland zweimal von Deutschland abgetrennt und auf einen Sonderweg geschickt. Zweimal hatten die Saarländer die Gelegenheit in Volksabstimmungen über ihr eigenes Schicksal zu bestimmen und die Diskussionen über die Richtigkeit dieser Entscheidungen halten bis heute an.

Seine einzigartige Geschichte ist ein Alleinstellungsmerkmal unseres Landes. Sie ist entscheidend für das Selbstverständnis und die kulturelle Identität der Menschen.

Die in diesem Katalog präsentierten Saarländerinnen und Saarländer sind in irgendeiner Weise herausragend. Sie stehen dennoch exemplarisch für die vielen unterschiedlichen Biographien, die unsere Region hervorgebracht hat. Auch sie sind Teil unserer Identität.

Peter Gillo
Regionalverbandsdirektor
Stellvertretender Vorsteher des Zweckverbandes Historisches Museum Saar

Gesamtliste der Leihgeber

Berlin, **Deutsche Kinemathek – Museum für Film und Fernsehen**

Berlin, **Staatsbibliothek zu Berlin - Preußischer Kulturbesitz**

Berlin, **Stiftung Deutsches Historisches Museum**

Bexbach/Unna, **Gerd Dudenhöffer, Handwerker Artist Management GmbH**

Bonn, **Stiftung Haus der Geschichte der Bundesrepublik Deutschland**

Geiselgasteig, **Bavaria Filmstadt**

Hamburg, **Staats- und Universitätsbibliothek Hamburg Carl von Ossietzky**

Homburg, **Karlsberg Brauerei GmbH**

Homburg, **Laura Theiss**

Kassel, **Archiv der deutschen Frauenbewegung**

Kirkel, **Privatbesitz**

Koblenz, **Canyon Bicycles GmbH**

Köln, **Matthias Maurer, ESA**

Merzig, **Oskar Lafontaine**

Mettlach, **Keramikmuseum der Villeroy & Boch AG**

Mettlach, **Unternehmensarchiv der Villeroy & Boch AG**

Metz, **Musée de la Guerre de 1870 et de l'Annexion à Gravelotte**

München, **Bayerisches Hauptstaatsarchiv**

München, **Günter Rohrbach**

Neunkirchen, **Stadtarchiv Neunkirchen**

Nohfelden, **Nicole Seibert**

Püttlingen, **Stadt Püttlingen**

Saarbrücken, **Thomas Bruch**

Saarbrücken, **Deutsches Forschungszentrum für Künstliche Intelligenz GmbH**

Saarbrücken, **Klaus Erfort**

Saarbrücken, **Jan Frodeno**

Saarbrücken, **Landeshauptstadt Saarbrücken**, Abenteuermuseum

Saarbrücken, **Landesarchiv Saarbrücken**

Saarbrücken, **Landespolizeipräsidium Saarland**

Saarbrücken, **Max Ophüls Preis**

Saarbrücken, **Saarländischer Rundfunk**

Saarbrücken, **Stadtarchiv Saarbrücken**

Saarbrücken, **Wolfgang Wahlster**

Saarbrücken, **Stefan Weszkalnys**

St. Ingbert, **Albert-Weisgerber-Stiftung St. Ingbert**

Völklingen, **Horst Mahr**

Die Fassade des Historischen Museums Saar im Sommer 2017 vor der Realisierung des neuen Lichtkonzeptes. Links daneben der Südflügel des Saarbrücker Schlosses.
Foto: Thomas Roessler, Historisches Museum Saar.

MUSEUM SAAR

Inhaltsverzeichnis

Wir durften entscheiden

Das Who's Who saarländischer Persönlichkeiten

Zu Anfang war uns der selbst gestellte Auftrag nicht ganz leicht gefallen: Wer ist alles „Saarländerin" oder „Saarländer" und wer davon im engeren Sinne „prominent"? Jeder Mensch ist auf seine Weise besonders und wertvoll. Aber manche Berufswahl, manches naturgegebene Talent, Glück und Ehrgeiz können Lebensgeschichten schreiben, die sich von anderen abheben. Die Gesellschaft entscheidet, ob die Tätigkeit der einen oder anderen Person als „bewundernswert" wahrgenommen wird, dabei wäre die Lebensleistung vieler Menschen einer Auszeichnung würdig.

Die in diesem Band vorgestellten 113 Persönlichkeiten stehen für die Vielfalt des Saarlandes. Sie sind Repräsentanten und tragen zum Selbstbewusstsein des Saarlandes in der Welt bei. Einige davon stehen heute als ehrenamtliche „Saarland-Botschafter" für das Image des Bundeslandes (www.saarlandbotschafter.de). Ausgewählt haben wir Vertreterinnen und Vertreter aus Kunst und Kultur, Sport, Politik, Religion, Gesellschaft, Literatur, Wirtschaft, Musik und Wissenschaft. Unter den Politikern haben wir – mit Ausnahme von Erich Honecker – nur diejenigen mit Positionen in der Bundesregierung herausgegriffen. Wichtiges Kriterium unserer Auswahl war die Ausstrahlung und Wahrnehmung der Personen über das Saarland hinaus. Außerdem mussten sie entweder auf dem Gebiet des heutigen Saarlandes geboren sein, sind hier gestorben oder haben zumindest eine längere Zeit im Saarland gelebt. Wir haben es uns erlaubt, den Begriff der „Saarländerin" oder des „Saarländers" etwas weiter zu fassen: Chronologisch greifen wir mit Elisabeth von Lothringen, der Wegbereiterin des Prosaromans in frühneuhochdeutscher Sprache, bis ins späte Mittelalter zurück. Der Schwerpunkt liegt aber eindeutig im 20. und 21. Jahrhundert. Das Saarland existiert als eigenständiges Territorium erst seit 1919/20 (früheres „Saargebiet") und wurde 1957 deutsches Bundesland.

In der zu diesem Begleitband gehörenden Sonderausstellung stehen inklusive den Kunstfiguren Max Palu (Tatort-Kommissar) und Heinz Becker (interpretiert von Gerd Dudenhöffer) 29 Persönlichkeiten mit privaten Objekten in Einzelpräsentationen im Mittelpunkt – die 30. Person stellt ein am Tag der Ausstellungseröffnung im Saarland neu geborenes Baby dar: als potentieller „Prominenter der Zukunft". Den 29 widmen sich ausführlichere Katalogbeiträge, während die anderen 84 Persönlichkeiten im Anschluss in dem Textbeitrag von Lars Weber gebündelt vorgestellt werden. Unsere Auswahl der 29 zählt die Familiendynastien Villeroy & Boch als zwei

„Persönlichkeiten", wobei wir Jean-François Boch und Nicolas Villeroy in den Vordergrund stellen. Ebenso werden die Familien Röchling, Stumm, Bruch und Weber (Karlsberg) jeweils als einzelne „Persönlichkeiten" zusammengefasst, aber auch hier stehen herausragende Familienmitglieder im Fokus.
Gescheitert sind wir bei unserer Auswahl mit dem Ziel, ein ausgewogenes Gleichgewicht an Frauen und Männern zu schaffen. Der deutliche Männerüberschuss ist leider den historischen Umständen geschuldet, dass Frauen lange Zeit und teilweise bis heute in einzelnen Berufszweigen und ihrer Karriereplanung benachteiligt waren bzw. werden. Wir erinnern uns: Erst seit 1977 brauchen Frauen, wie es im Bürgerlichen Gesetzbuch bis dahin festgeschrieben war, ihren Ehemann nicht mehr zu fragen, wenn sie einen Beruf ausüben wollen.
Wenn Sie sich außerhalb des Saarlandes erkundigen, wer als Person aus dem Saarland bekannt ist, dann werden meist nur drei Namen genannt: Heinz Becker, Nicole und Lafontaine. Eher unbekannt ist der Geburtsort von Erich Honecker im saarländischen Wiebelskirchen. Aber das Saarland hat mehr zu bieten: Albert Weisgerber, ein außergewöhnlicher Maler, Willi Graf, Mitglied der Widerstandsbewegung „Weiße Rose", Wolfgang Wahlster, weltweit führend im Bereich der Künstlichen Intelligenz, Matthias Maurer, ESA-Astronaut, zwei Drei-Sterne-Köche oder, um nur einige Namen aus diesem Band zu nennen, der vielfach ausgezeichnete Produzent Günter Rohrbach, die Frauenrechtlerin Klara-Marie Fassbinder und die Ende des 19. Jahrhunderts mythisch hochstilisierte Katharine Weisgerber aus Saarbrücken.
Den zahlreichen, an der Finanzierung und Realisierung dieser Ausstellung beteiligten Menschen und Institutionen möchte ich ganz herzlich danken! Im Einzelnen werden diese im Impressum des Bandes genannt. Ganz besonders gilt mein Dank dem hoch engagierten und motivierten Team des Museums, das viele Überstunden während der Erstellung dieses Bandes und in der Zeit des Ausstellungsaufbaus bereitwillig in Kauf genommen hat. Alles mit dem Ziel, etwas Besonderes zu schaffen, dass zur Darstellung des Saarlandes nach innen und nach außen beiträgt und unser Bewusstsein für die permanente und stets relevante Verknüpfung zwischen Ereignissen der Vergangenheit, Fragestellungen der Gegenwart und Herausforderungen der Zukunft schärft.
Für die einzelnen Aufsätze konnten wir spezialisierte und teilweise international renommierte Autorinnen und Autoren gewinnen. Sie werden mit ihrer Vita im Anhang der Beiträge vorgestellt. An den Stellen im Band, wo es uns passend erschien, haben wir kurze Info-Texte zu weiteren prominenten Menschen aus dem Saarland zwischengeschaltet (beispielsweise Angela Braun-Stratmann). Sie werden im Inhaltsverzeichnis gesondert gekennzeichnet und sind als Ergänzung zu den Hauptbeiträgen zu verstehen.
Uns ist bewusst, dass wir dem Thema der prominenten Saarländerinnen und Saarländer nicht in allen Belangen gerecht werden können: Es waren einfach – und das ist ausschließlich positiv – zu viele Personen und wir mussten unsere subjektive Entscheidung treffen. Der Versuch ist es wert und wird hoffentlich mit weiteren Diskussionen zu einer breiteren Wahrnehmung der historischen und lebenden Persönlichkeiten des Saarlandes beitragen.

Simon Matzerath
Direktor Historisches Museum Saar

Elisabeth von Lothringen

Gräfin von Nassau-Saarbrücken

1397/98–1456

VON WOLFGANG HAUBRICHS

Es spielt vor ungefähr 600 Jahren, wahrscheinlich im Jahre 1397 oder 1398: eine Gräfin wird geboren, fast eine Herzogin: Elisabeth von Lothringen. Sie stammt aus einer Nebenlinie des Hauses Lothringen, dessen Residenz zu jener Zeit Nancy ist. Doch ihre Nebenlinie, die Linie ihrer Eltern Friedrich (frz. Ferry) von Lothringen und Margarethe von Joinville, nannte sich nach Vaudémont, einer Burg im südwestlichen Lothringen – heute eine Ruine – gelegen auf dem südlichen Sporn des heiligen Berges der Lorraine – des Mont Sion – nach dem die umgebende Landschaft den Namen Saintois trägt. Hier oder eher noch in der nahegelegenen Residenzstadt Vézelise wuchs Elisabeth auf (zur Biographie vgl. HERRMANN 2002). War sie eine Französin, diese halbe Herzogin, deren Onkel Charles wirklich „duc de la Lorraine" war? Ja und Nein! Der Sprache nach sicherlich, man hat französische Politiker und Dichter in der Familie und die Sprache des Landes ist Französisch – wenn auch in einer regionalen Ausprägung gesprochen. Aber das Land gehört nicht zum Königreich Frankreich, es gehört vielmehr (mit Ausnahme der Herrschaft Joinville) zum Imperium, zum Kaiserreich, das freilich nicht nur Deutsche, sondern auch Slawen und Romanen, Frankophone und Italiener umfasste. So hat Elisabeth ihrem Stand und der Lage des Landes entsprechend sehr wahrscheinlich von früher Jugend an auch Deutsch gelernt, so etwa, wie es im Adel der benachbarten Reichsstadt Metz zu jener Zeit üblich war. Sie muss es gut verstanden, gesprochen und geschrieben haben, wurde sie doch bald zu einer bedeutenden Kulturvermittlerin zwischen Frankreich und Deutschland, zur Übersetzerin französischer Helden-Romane und damit – ohne dass sie sich dessen bewusst sein konnte – zur Gründerin des deutschen Prosaromans.

Über die Jugend Elisabeths weiß man wenig, doch ist bekannt, dass ein Großonkel mütterlicherseits und vor allem auch ihre eigene Mutter Margarethe Interesse für Literatur zeigten, dass am Hof der nah verwandten lothringischen Herzöge zu Nancy Bücher gesammelt und eine fürstliche Bibliothek aufgebaut wurden, und dass ihr Bruder Antoine sich später als Dichter in französischer Sprache betätigte. So wird sie Bildung und Anregungen empfangen haben.

← Portraitausschnitt der Tumba der Elisabeth von Lothringen im Chor der Stiftskirche St. Arnual, Saarbrücken.

Wappen des Grafen Johann von Nassau-Saarbrücken in Verbindung mit einer D-Initiale. Ausschnitt Fol. 1 recto der 'Loher und Maller'-Handschrift, SUB Hamburg Cod. 11 in scrinio.

Im Jahre 1412, im jungen Alter von etwa 14 oder 15 Jahren – auch dies keine Seltenheit in Fürstenhäusern des späten Mittelalters – wurde sie mit dem um dreißig Jahre älteren Philipp, Graf von Nassau und Saarbrücken, verheiratet, dessen aus dem hessischen Weilburg kommender Vater selbst erst durch Heirat mit der Erbtochter an die Saar gekommen war. Für Philipp war es die zweite Heirat. Seine Grafschaft umfasste Territorien in Hessen, am Main, in der Pfalz um Kirchheimbolanden, im Saarland, in Lothringen, an der oberen Saar, bei Metz und weit westlich an der Maas, südlich Verdun, in Commercy. Graf Philipp war einer der mächtigsten und angesehensten Territorialfürsten zwischen Oberrhein und Maas, der über die Grenzen seiner Landesherrschaft hinausdachte und Einfluss nahm, so auch auf die deutsche Königswahl. Zugleich war er aber auch Mitglied des Großen Rates des französischen Königs Karl VI., stand also wie seine Ehefrau zwischen dem bedrohten Frankreich und dem Imperium.

→ Schriftwechsel zwischen dem Bischof von Metz und Elisabeth von Lothringen.
L. 370 cm, B. 14 cm.
Leihgeber: Landesarchiv Saarbrücken;
Akte N-S II 3112 (Rotel 5).

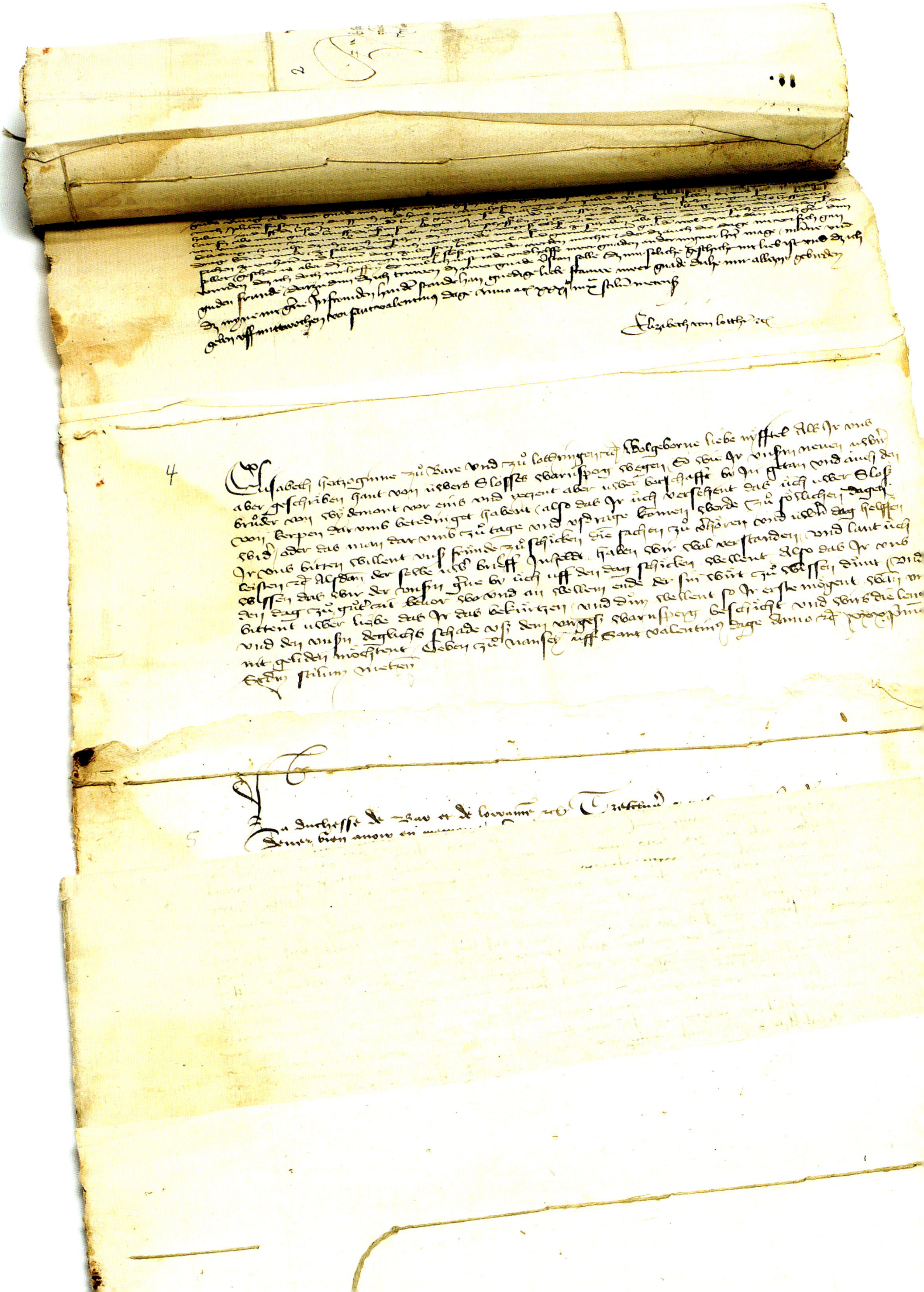
2
Elizabeth von Lotthr
4
Elisabeth hertzoginne zu Bare vnd zu Lotteringen etc.
5
La duchesse de Bar et de Lorraine etc.

Eigenhändige Unterschriften Elisabeths von Lothringen und ihres Sohnes Johann von Nassau-Saarbrücken auf der Plica einer Urkunde, 1444.
B. 28,5 cm.
Leihgeber: Landesarchiv Saarbrücken; Akte N-S II 1496.

Vita

Von dem Leben der jungen hochadligen Frau an der Seite ihres rastlosen Mannes wissen wir wieder wenig. Kinder wurden geboren, das erste 6, das letzte 14 Jahre nach der Heirat, insgesamt zwei Söhne, Philipp und Johann, schließlich eine Tochter, Margarethe (von Rodemacher), selbst später eine Büchersammlerin. Sie hat ein kostbares Gebetbuch in Auftrag gegeben und stand auch wohl hinter einer weiteren Übersetzung aus dem Französischen, der westrheinfränkischen Übersetzung des geistlichen Romans der *„Pilgerfahrt des träumenden Mönchs"* des Zisterziensermönchs Guillaume de Digulleville, deren Überlieferung von Margarethes Familie ihren Ausgang nimmt (Haubrichs 2002; Herrmann 2013). Elisabeths Vater Friedrich starb 1415 in der berüchtigten Schlacht von Azincourt, in der die Engländer das französische Heer vollkommen besiegten und von der die englisch-burgundische Dominanz in Frankreich ihren Ausgang nahm. Im Jahre 1417 starb ihre Mutter Margarethe. Am 2. Juli 1429 starb dann Graf Philipp bei einem Aufenthalt in seinen Landen rechts des Rheines. Für Frankreichs Geschichte war es ein bedeutsames Jahr: Zwei Monate vorher hatte die in dem unweit von Vézelise gelegenen Domrémy geborene Lothringerin Jeanne d'Arc dem arg bedrängten französischen Dauphin Karl VII. zur Aufhebung der englischen Belagerung von Orléans verholfen. Man lebte in kriegerischen Zeiten, was auch Elisabeth noch zu spüren bekam. Dass sie ihrem Mann ein treues Andenken bewahrte, beweist ihr Gedenkeintrag zum Todestag in ihrem persönlichen Gebetbuch. Dem tat auch nicht Abbruch, dass Graf Philipp mindestens fünf uneheliche Kinder hatte. Auch dies war nicht ungewöhnlich im damaligen Adel: sie waren reputierlich und wurden mit Verwaltungsaufgaben in der Grafschaft betraut.

Die Zeit als Regentin

Die legitimen erbberechtigten Kinder waren 1429 noch unmündig. So kam jetzt die aktive, vielleicht die „große" Zeit der lothringischen Herzogsnichte. Von nun an führte sie für viele Jahre die Geschäfte, und das in andauernden Fehden und Kleinkriegen zwischen dem Bischof von Metz, den Herzögen von Lothringen und Bar-le-Duc, Burgund und Frankreich. Sie führte sie geschickt und klug, diplomatisch lavierend, den Krieg vermeidend, dabei Rückschläge und gewisse Verluste in Kauf nehmend, aber doch den Kern des komplexen Territoriums, das sich von Westen nach Osten über etwa 300 km erstreckte, für ihre Söhne bewahrend. Gelegentlich traf man sie in Metz, wo sie einem der großen, an Heiligen- und Festtagen aufgeführten Heiligenspiele beiwohnte. Aber das Wunder bleibt eigentlich, dass sie während dieser Zeit noch die Muße fand, einen Zyklus von vier Epen, sogenannten Chansons de geste (Taten- oder Heldenlieder), aus dem Französischen ins Deutsche zu übersetzen, ja zu wirklichen Historien oder Romanen zu gestalten (vgl. Haubrichs/Herrmann 2002; Haubrichs/Oster 2013).

Übersetzung von Prosaliteratur

Was war der Inhalt dieser Romane? Alle kreisten sie um abenteuerliche Geschehnisse aus der Zeit Karls des Großen und seiner Nachkommen; sie erzählten, auf welch wildem, schwankendem Grund die eigene adlige Herrschaft auch noch im späten Mittelalter gebaut war. Die Ereignisse des Hundertjährigen Krieges zwischen England und Frankreich bestätigten dies durchaus.

Elisabeth begann mit der Geschichte von „Herpin von Burges und seinem lieben son Lewe", auf Französisch „Lion de Bourges", mit dem die lothringischen Herzöge und die anverwandten Anjous als Könige von Sizilien und Herzöge von Kalabrien verwandt sein wollten. Herzog Herpin hat auf einem höfischen Fest Karls des Großen Selbstjustiz durch Tötung geübt und damit die Friedenspflicht am Königshofe gebrochen. Er wird zunächst zum Tode verurteilt, das Urteil aber dann in Verbannung und Verlust all seiner Besitztümer umgewandelt. Die Verbannung löst eine lange, bunte, zweifellos unterhaltsame Serie von Abenteuern, Irrfahrten, Kämpfen und Eroberungen aus, die über drei Generationen reicht. Herpin wird sein Erbland nie wiedersehen, er fällt im Kampf einem Verräter zum Opfer. Erst sein Sohn Lewe kann Bourges zurückerobern (vgl. zur illustrierten Berliner Handschrift des „Herpin" Glassmann 2015). Auch die zweite Erzählung, die Elisabeth übersetzte, setzt bei Karl dem Großen ein: es ist die Geschichte seiner als Ehebrecherin verleumdeten, verurteilten und verbannten und schließlich in erwiesener Unschuld wiederaufgenommenen (unhistorischen) Ehefrau Sibille („Chanson de la reine Sibille"). Über sich selbst hinaus weist die Historie durch die abschließende genealogische Notiz über Karls Nachkommen. Nachdem Karl seine Gattin und seinen Sohn Ludwig in die Arme geschlossen hat, die Verräter am Galgen gehängt wurden, heißt es: „*Also wart könig Karl und sin husfrouwe wol gesünt und gewonnen darnach eynen sone der wart ein keyser zu rome und wart genannt lohir [...]*". Genau diese Geschichte erzählt

Elisabeth in ihrem dritten Roman „Loher und Maller“. Erneut nimmt die Geschichte ihren Ausgang vom Hofe des nun schon alten Karl. Der jüngere Sohn Karls, besagter Loher (das meint Lothar), war so *„geil und frölich“* und gefiel den adligen jungen Damen so gut, dass er eine nach der andern verführen konnte, was er auch tat. Die erzürnten Väter der verführten Töchter klagen Loher an und erreichen seine Verbannung. Damit nimmt die Handlung ihren Anfang; sie wird in drei Teilen organisiert. Der erste Teil spielt das Motiv vom getreuen und ungetreuen Freund durch: Loher wird durch einen Verräter gefangen genommen, mithilfe des treuen Gesellen Maller aber befreit und schließlich sogar König von Konstantinopel.

Der zweite Teil variiert das Motiv von den „feindlichen Brüdern“. Inzwischen nämlich ist König Karl gestorben und Ludwig – der Erstgeborene – hat seinen Platz eingenommen, den er auch mit dem rückgekehrten Loher nicht teilen will. Der Erbstreit der Brüder wird vom Papst geschlichtet: Ludwig soll französischer König bleiben, Loher wird Kaiser von Rom. Die bösen Räte Ludwigs, fatalerweise identisch mit den von Loher einstmals betrogenen Vätern, entmannen diesen, angeblich aus Rache, in Wahrheit aber aus staatspolitischen Gründen. Die Kastration des Mitbewerbers soll den Nachkommen Ludwigs auch das Kaiserreich sichern. Umsonst: sie wissen nicht, dass Loher im Orient bereits einen Sohn hat, Marphone, den König von Griechenland. Nach wechselvollem Kampf schlagen Loher, sein Freund Maller und Marphone gemeinsam die Verräter, die hingerichtet werden. Nach einem Intermezzo, in dessen Verlauf Loher seinen unerkannten Freund Maller im Zweikampf tötet und damit einen Rachefeldzug von dessen Verwandten auslöst, verkündet der Papst eine neue Weltordnung, welche Lohers Nachkommen vom Kaisertum ausschließt. Frankreich soll Erbkönigtum bleiben, das Kaiserreich aber soll eine Wahlmonarchie werden, in der stets der Stärkste und Beste zum Herrscher gekürt wird. Damit erreichen wir eine der tiefsten Motivationsschichten des Epenzyklus, denn hier gab die Erzählung eine Antwort auf die noch die Zeitgenossen Elisabeths bewegende *„Frage, wie es denn zu erklären sei, dass die römische Kaiserwürde und die französische Königswürde nicht mehr wie bei Karl dem Großen in einem Monarchen vereinigt sind, andererseits das Königtum noch weiter, das Kaisertum aber nicht mehr auf Erbfolge beruhte“* (Gaston Paris).

Im dritten Teil des Epos, in dem der legitime König Ludwig gegen seinen Neffen Isembard kämpfen muss, wird konsequenterweise eine Antwort auf eine weitere reichsgeschichtliche Frage gegeben: Wie kam es, dass Karls des Großen Geschlecht, die Karolinger, durch ein anderes Geschlecht abgelöst wurde? Dadurch nämlich, dass der schwache König Ludwig keine Söhne hat, zum Verderben Frankreichs, wie die Historie Hug Schaplers meldet – so Elisabeth in einer Vorausdeutung auf ihre letzte Übertragung, die sie am Ende des Epos von „Loher und Maller“ nochmals verstärkt: Ludwig ist trotz siegreicher Schlacht auf den Tod verwundet, er stirbt in Metz, wo in der Tat Ludwig der Fromme, Sohn Karls des Großen, begraben lag. Er, der König, *„liesz ein einich* [einzige] *tochter, die hiesz marie, die wart eym gesellen, der hiesz huge scheppel, zu elichem wibe und wart eyn konig Inn franckrich, das erwarbe er mit siner kunheit, als man dasz in sime buche eigentlich findet“*.

→ Herpin-Handschrift Berlin SB Ms. Germ. fol. 464, Blatt 48 recto.

Nächste Doppelseite:
L: Herpin-Handschrift Ms. Germ. fol. 464, Blatt 14 recto;
R: Herpin-Handschrift Ms. Germ. fol. 464, Blatt 89 verso.

Leihgeber: Staatsbibliothek zu Berlin, Preußischer Kulturbesitz.

Hie wil ich ein klein weyll von
lewen lasen vnnd von seinem
vater sagen dem got guedig sey vnd
von dem fromen apt. der in dem walt
was Die furten ir leben vnnd ir
zeit vmb gots willen. der gemartert ward
Als sie des recht hatten. wann got sein frewnde
nicht lasset. Nu sage ich von hertzog herpin der
ein einsidel was in fremden Lannden. vnd dem
himellischen konig mit grossem vleis dienet
Er hatt. got fur sein haussfrawen. vnd meynet.

JN der zeit do es sein mutter
verlore do kamen vier wein
schell frawen. Sie sahen an das
kint vnnd begunden es auf wickeln
Sy sahen das creutz rott vnnd clare Die ein
sprach Ich wil dem kinde geben. ein groß reich
thab das es wider auf komt. Ich wil das es nit
soll erstochen vnnd erhangen werden. in keine
streit do sein leip hin komt. vnnd das ym kein
tier geschaden moge Die ander sprach Das
kint mag ich wol liep han. ich wil Im auch
ein gab geben das man yn furcht Ich will
das er der kunst werde der auf erdtreich lebe.
Die dritte frawe sprach schnelliglichen Ich wil

Nu lassen ich ein wenig von der
edeln frawen Vnnd sage ich
von hertzog herpin Es was in
dem waldt ein einsidel nahe bey
der stat Rome vnnd hielt sich bey dem appt Der
teglich messe las Die zwen furten ein heiligs
leben Aber vmb die selbige zeit schifften auf
dem mere die bösen heiden gein Rome zu vnd
hetten ir banier auf geworffen Die kamen gein
Rome eins morgens Vnnd am ersten ritten
sie durch den grossen walt do inmen der bruder
clausen ward Das die falschen heiden da von

sich im Stolz gerade auf die französischen Könige als Ahnen artikulierte und auf der Suche nach der verlorenen Zeit die Vorzeit memorativ in den „Historien" wiedergewann (HAUBRICHS 1991).

Tod und Nachleben

Im Jahre 1456 (nach dem mit dem 25. März beginnenden Metzer Kalender 1455) starb Elisabeth. Sie wurde in der Saarbrücker Stiftskirche St. Arnual beigesetzt, wo ein prunkvolles Grabmal im Wappenprogramm die hochadligen Ahnen und ihre lothringische Herkunft hervorhebt und ihre Gestalt in Witwentracht bis heute bewahrt. Die Umschrift lautet: *„Hie liget die hochgeborne frauwe Elisabeth von [...] lothringe(n) greffyne zu nassauwe und zu sarbrucke(n) die starff des iares MCCCCLV uf sant anthonie(n) dag* [17. Januar] *d(er)er sele(n) got genedig sye"*. Auch dieses Grabmal, das den Rang von St. Arnual als Grablege des Hauses begründete, ist Ausdruck ihres Selbstbewusstseins, es steht dort, wo sich sonst der Altar befindet, mitten im Chor der gotischen Kirche. Ihre 'Historien' ließ ihr jüngerer Sohn Johann, der die Saarbrücker Grafschaft geerbt hatte, noch vor Ende 1456 in drei kostbar farbig illustrierten Handschriften repräsentativ gestalten (HERRMANN 2002, 121). Dargestellt werden Bilder aus dem höfischen und dem kriegerischen Leben des späten Mittelalters (vgl. die Hamburger „Loher und Maller"-Handschrift in der Sonderausstellung des Historischen Museums Saar; ferner zur Bildregie HAUBRICHS 2010). Gelegentlich auftauchende Zweifel an der Autorschaft Elisabeths sind auch angesichts dieser Fürsorge des Sohnes unberechtigt; ferner ist sie als Autorin genannt in der letzten Endes auf eine 1449, noch zu Lebzeiten der Mutter entstandene, von der Tochter Margarethe veranlasste Vorlage zurückgehenden Heidelberger „Loher und Maller"-Handschrift. Freilich ist von einem mittelalterlichen Begriff einer Autorin auszugehen, die Hilfe ihrer Umgebung wohl kaum verschmäht haben wird.

Ihre Übersetzungen, die Prosahistorien, verbreiteten sich zunächst über Abschriften, gerade unter maßgeblicher Mitinitiative ihrer Tochter, im Kreise befreundeter und verwandter Adelshäuser, wie etwa der Pfalzgrafen zu Heidelberg oder der Grafen von Blankenheim. Aber erst die in Straßburg ab 1500 erfolgenden und (mit wechselnden Verlagsorten) bis 1664 anhaltenden Drucke ihrer Historien (außer „Sibylle") begründeten ihre Initialstellung in der Literaturgeschichte des deutschen Prosaromans. „Hug Schapler" war dabei der Bestseller (MÜLLER 1990, 177–381. 1088–1158; SAUDER 2002).

→ 'Loher und Maller'-Handschrift Cod. in scrinio 11, Fol. 33 verso.

Nächste Dopperlseite:
L: Loher und Maller Handschrift Cod. in scrinio 11, Fol. 48 recto.
R: Loher und Maller Handschrift Cod. in scrinio 11, Fol. 143 recto.

Leihgeber: Staats- und Universitätsbibliothek Hamburg Carl von Ossietzky.

leben Ich wil dir dise wappen erleuben
zu füren/ Als ferre als ich dir wil sage
Ich wil dir einen fursten bringen/ wid
der den soltu stechen/ entustu dann mit
als sich zu diesen wappen gebuert
recht/ So wil ich mit dir spilen Das
underste muss zu oberste werden/ an
den wappen/ Das sy dir verkert we
rden/ Haller sprach herre das wil ich
tun/ Und bitten üch ein bede mir nit zu
versagen/ Saga an sprach der küning
Was hettest du gerne/ herre ich han ge

hort/ uff ruffen yederman sol vier
spere zu brechen/ Die wile ich nu
din gesellen bin/ so bitten ich uch mir
zu erleuben/ Das ich myne spere zwe
yfeltige/ ~~Also~~ Also das ich acht spere
möge brechen/ Das ist mir liep spr
ach der küning/ Da mit reit der küng
hin weg/ Und wappent sich die stunt
und swure by got und syner lieben
müter/ Möchte er es zu bringen/ Er
wolte dem gesellen sin wappen da an
gewynnen/

Hie stechen die herrn und Ritterschafft und Haller stach synen vader
der nyeder und das yme der helme uff füre

Als der küng gewap
pent was Da reyt
er uff den plane als
ein slechter Ritter/
Und zeychte zu stunt
Hallern/ Das er wid
der In wolte stechen/ Haller nam syn
spere In sin hant/ Und was balde dar
zu bereyt/ Er rant widder synen
vatter/ Und sin vatter widder In/ Hal
ler traff synen vatter als eben/ zu dem
vysere In an synen helmen/ Das er yme den

der mich geschaffen hat / so wil ich
uch nu antwurten Lohern zu synen
henden / Des erschrack Otte von gan-
tzem hertzen / Er wart zu stunt hart
gebunden / Und uff den sale gefurt /
Dar jnn wart er mit syme hals und
mit henden / und fussen hart umb
em sule gebunden / Da sprach er /
Ach owe mich / Jch sehe wol der krug
geet so lang uber den born / biß er
doch hyndennoch zu brycht /

Hie reyt Loher und Maller mit dem gantzen here jn die statt /

Da hyeß kunig Orscher die por-
ten als wijt uff tun / Und ließ da
Lohern mit alle syme here in
riten / Zormerin liesse Lohern en-
gegen / Und Scheidichen Mallern / Sye
entpfingen sich mit grossen freuden /
Maller sprach Scheydichen / Jch meyne
jr haben eyn ander junckfrow gekaufft /
Liebe junckfrow sprach Maller / hette ich
dann wol hundert / so sollent jr doch jr
aller frow syn / Doch bin ich sere erber
gewesen / Jch han mich gar wol gehut /
Zormerin und Loher und die andern
gingen alle uff den Pallas mit freud-
en / Zormerin sprach zu Lohern her-
re ich were gerne gerochen gein dem
bösen schalck Otten / Jch bitt uch ant-
wertet jn Mallern / Dan ich weis wol

Hie gewonnen die cristen den stryt vnd die heyden wurden alle erschlagen

Als die heyden ge
gesahen so vil
werlt vnd ban
ner komen da be
gunden sye geme
ynlich alle samet
sere zu fliehen
Als das da die cristen gesahen
da yleten sye jn alles nach vnd
slugen immer me zu tode alles
das daz sye betraten Also gewann
der küng den stryt vnd slug
die heyden alle zu tode Da zü
gen die cristen in der heyden here

Vnd funden dar Jnne vil güts von
golde silber edelm gesteyn vnd kley
net Vnd was sye noch von lüte
dar Jnne funden Die sich nit wol
ten lassen teuffen Vnd cristen
glouben an sich nemen Die sluge
sye alle zu tode Da zoch der ku
nig widder in die stat Amans
vnd ruwete da acht tage Vnd
tet die verwundeten binden vnd
wol warten Vnd der cristen tode
corper an gewihte Stete begraben
Vnd tet der heyden corper alle ver
bernen Die fürsten vnd die hern

Bruch und Weber

Eine Kurzgeschichte saarländischer Brauerfamilien

von Thomas Roessler

*1702 | *1878

Wenn das Saarland mit seinen Eigenheiten Gesprächsthema ist, kommt die Rede häufig auf Essen und Trinken. Gerne wird dabei auch das regionale Bier erwähnt: Insbesondere die beiden Brauereien Bruch und Karlsberg stellen Produkte her, die fest mit der regionalen Identität verbunden sind.
Im Rahmen dieses Beitrages können die facettenreichen Familiengeschichten nur schlaglichtartig beschrieben werden. Nebenaspekte, wie etwa die frühere Champagnerproduktion der Familie Bruch oder politisches Engagement und künstlerische Talente einzelner Familienmitglieder, bleiben daher unberücksichtigt.

← Historische Malzschaufel.
B. Schaufelblatt 33,5 cm.
Leihgeber: Thomas Bruch.

Die Bruch-Brauereien in Zeiten politischer Umbrüche

In den gut 300 Jahren auf die wir zurückzublicken haben, gab es eine große Zahl von Brauereien an der Saar. Viele davon sind in Vergessenheit geraten, einige haben markante Wahrzeichen hinterlassen: Der Becker-Turm, 1925 bis 1931 von Hans Herkommer, einem wichtigen Vertreter des „Neuen Bauens", errichtet, prägt weiterhin das Stadtbild von St. Ingbert. Der strenge Schriftzug der Saarbrücker Neufang-Brauerei, ein Entwurf des Schweizer Grafikers und Direktors der staatlichen Werkkunstschule Saarbrücken, Robert Sessler (1914–1988), prangt noch an etlichen Bierlokalen.
Der Gerstensaft war nicht immer das bevorzugte Genussmittel der Region. Im 16. und 17. Jahrhundert wurde in den Gasthäusern von Saarbrücken und St. Johann deutlich mehr Wein als Bier konsumiert, das beweisen die im Stadtarchiv lagernden Steuerabrechnungen jener Zeit (Kloevekorn/Neufang 1953, 19). Das Stichwort „Steuer" bringt uns auf eine Spur, die wir über die gesamte Wirkungszeit unserer Brauerfamilien verfolgen können: Bei der Produktion und dem Verkauf von alkoholischen Getränken hatte die Obrigkeit stets ihre regelnde Hand im Spiel bzw. am Zapfhahn. Dabei ging es um Einnahmen für den

Staatshaushalt, aber auch um Qualitätskontrolle und die Durchsetzung hygienischer Standards. Konflikte zwischen Bierproduzenten und dem Staat waren nicht selten. Wahrscheinlich trugen sie zur Schärfung des politischen Bewusstseins der Brauer bei.

Die heute als „Bruch-Brauerei" bekannte Firma trägt offiziell den Namen „Brauerei G. A. Bruch" nach dem Erbauer des Produktionsbetriebes in der Scheidter Straße Gustav Adolf Gottfried Bruch. Die Präzisierung des Firmennamens war notwendig, da es in der Vergangenheit, vor Errichtung des Betriebs im Jahr 1900, sechs weitere Bruch-Brauereien in Saarbrücken gab. Sie alle gehörten den verschiedenen Zweigen der seit dem 16. Jahrhundert in der Region ansässigen Familie Bruch an (Kloevekorn/Neufang 1953, 74–80). Johann Daniel Bruch sen., der Begründer der Bruch'schen Brautradition, wurde 1679 geboren, im Jahr als der Sonnenkönig Ludwig XIV. eine historische Zugehörigkeit u.a. der Saarregion zu Frankreich juristisch zu begründen versuchte und sein Ansprüche darauf geltend machte. Als Johann Daniel am 11. Februar 1702 seine Brauerei in St. Johann gründete, war die daraus entstandene französische „Province de la Sarre" schon Vergangenheit. In Saarbrücken war die Herrschaft an Ludwig Kraft von Nassau-Saarbrücken gefallen.

Ein zentrales Ereignis im Leben der Familie Bruch findet sich im Kirchenbuch von 1709: *„Den 19. Febr. ist copuliert worden Joh. Daniel Bruch mit Jungfer Anna Elisabetha Küferin"* (Bergmann 1934, 12). Annas Vater war Schuhmacher in St. Johann und betrieb nebenbei ein Wirtshaus „zum Stiefel". 1718 erbaute Johann Daniel jenes mächtige Haus am St. Johanner Markt, das heute diesen Namen trägt und sich als Gastronomiebrauhaus wieder im Besitz der Familie Bruch befindet. Ab 1713 regierte Graf Karl Ludwig (1665–1723) auf dem Saarbrücker Schloss. Er ordnete 1715 das Gastronomiewesen neu, nicht zuletzt, weil er eine lohnende Einnahmequelle darin sah. Wenige Jahre später zog Fürstin Charlotte Amalie das Recht, gastronomische Konzessionen zu erteilen, das bis dahin bei der Stadt gelegen hatte, in absolutistischer Manier an sich. Nach dem Tod von Johann Daniel Bruch sen. im Jahr 1725 übernahm dessen Sohn Johann Daniel jun. die Brauerei am St. Johanner Markt. Die Herrschaft auf dem Schloss ging im Jahr 1741 auf Wilhelm Heinrich von Nassau-Saarbrücken über. Dieser hatte bereits als 17-Jähriger und noch mit Mutters Genehmigung, das Renaissanceschloss abreißen lassen und Friedrich Joachim Stengel mit einem zeitgemäßeren Neubau beauftragt. Die Baumaßnahmen und die Hofhaltung des Fürsten waren teuer. So suchte er Gelegenheiten, um seine Einnahmen zu steigern, und errichtete eine eigene herrschaftliche Brauerei mit angeschlossenem Ausschank. In St. Johann zählte man im Jahr 1742 genau 142 Häuser, darunter immerhin 9 Gasthäuser, von denen vermutlich etliche selbst gebrautes Bier ausschenkten (Kloevekorn/Neufang 1953, 29). Alkoholische Getränke wurden aus Gründen der Hygiene dem Wasser vorgezogen.

Hofbräu und Bürgerbräu

1768 folgte Fürst Ludwig auf seinen Vater Wilhelm Heinrich. Mit der Regentschaft übernahm er einen Schuldenberg. Konsequent nutzte er die Möglichkeit, mit Steuereinnahmen auch aus der Gastronomie und dem Verkauf von Bier und Wein die Staatskasse aufzufüllen. Zwar war schon im Renaissanceschloss Bier für den Bedarf der Grafen gebraut worden. Doch dass seit einigen Jahren ein fürstliches Brauhaus in der Talstraße von allen Abgaben befreit war und ihnen Konkurrenz machte, passte den bürgerlichen Brauern nicht. Mit dem ersten scharfen revolutionären Wind, der von Paris her wehte, flatterte auch eine Beschwerdeschrift der Saarbrücker Bürger auf Ludwigs Schreibtisch. Darin stellten die Bürger 40 Forderungen auf – auch die nach der fiskalischen Gleichstellung des herrschaftlichen Brauhauses. Mit der Französischen Revolution wurde das ehemalige Herrschaftsgebiet Ludwigs Teil des Departements de la Sarre. Saarbrücken bekam eine

Stadtverfassung nach französischem Recht. Zu Vertretern des Munizipalrates wurden vom Präfekten 20 Männer ernannt, im Wesentlichen die „vorrevolutionären" Stadträte, darunter auch der Brauer und „Stiefelwirt" Heinrich Karl Daniel Bruch, der Sohn von Johann Daniel. Seine Familie und er sind uns durch ein Gemälde Johann Friedrich Dryanders bekannt, der selbst, wie Bruch, im Stadtrat saß. Ein wichtiges Ereignis dieser Jahre hielt Dryander ebenfalls fest: Am 7. Oktober 1793 brannte das Saarbrücker Schloss. Es hatte der französischen Moselarmee als Truppenunterkunft gedient. Die revolutionären und republikanischen Jahre werden auch bei den Bruchs lange nachgewirkt haben. So wundert es nicht, dass in der Revolutionsbewegung von 1848 erneut ein Mitglied der Familie Bruch aktiv war: Gustav Samuel Daniel (1821–1856). Sein bürgerliches Selbstbewusstsein wird nicht nur politisch begründet gewesen sein. Mindestens genauso wichtig war wohl sein wirtschaftlicher Erfolg. Unter dem

Johann Friedrich Dryander. Ölgemälde,
B. 117,5 cm x H. 80 cm.
Brauer und „Stiefelwirt" Heinrich Karl Daniel Bruch und seine Familie, 1790er Jahre.
Einige Elemente dieses Bildes stehen ikonografisch für die Tugenden des Bürgertums: Die Uhr, die sich immer noch im Familienbesitz befindet, verweist auf Pünktlichkeit. Der Hund symbolisiert eheliche Treue und die Musikinstrumente zeigen die Kulturbeflissenheit der neuen Gesellschaftsschicht.
Leihgeber: Thomas Bruch.

Einfluss der Industrialisierung verdoppelte sich zwischen 1840 und 1880 die Einwohnerzahl Saarbrückens. So wurde die Bruch'sche Brauerei im „Stiefel" bald zu klein, um der Nachfrage gerecht zu werden. Gustav Samuel Daniel Bruch beschloss, die Produktion in die Fürstenstraße zu verlegen. Das Firmengelände reichte bis zur Saar, die sich als Transportweg anbot. Ein Manko war, dass man das Bier zur Lagerung in die Felsenkeller im Stadtwald bringen musste, um es von dort zurück zum Hafen zu schaffen. Gustav Adolph Gottfried, der jüngste Sohn initiierte deshalb den schon genannten Neubau direkt bei den Kellern in der Scheidter Straße. Sein repräsentatives Wohnhaus, das er oberhalb der Brauerei errichten ließ, existiert nicht mehr. Es war durchaus im Range der Röchling'schen Villa auf dem Triller in Saarbrücken – sicherlich auch als Statussymbol gedacht.

Brauerei Karlsberg: Die Familie Weber

Im Jahr 1878 wurde in Homburg die Brauerei der Gebrüder Jacoby zwangsversteigert. Der Käufer, Christian Weber, Kolonialwarenhändler aus Kirkel benannte den Betrieb um in „Brauerei Karlsberg, Christian Weber".

Für die Namensgebung entschied sich Weber auch, um den unternehmerischen Misserfolg der Jacobys nicht allzu offensichtlich werden zu lassen (Interview des Autors mit Sybille Weber 2017), außerdem hatte die Jacoby-Brauerei wohl als *„eigentliche Nachfolgerin der schloßeigenen Brauerei am Fuße des Karlsberg"* gegolten (Hoffmann-Güth 1998, 11). Das Schloss Karlsberg war allerdings schon 1793 von französischen Revolutionstruppen zerstört worden. In den Jahren nach der Reichsgründung konnten durch die Ausbreitung des Eisenbahnnetzes größere Absatzmärkte erschlossen werden. Eine technische Innovation, die von Carl von Linde erfundene Kältemaschine, machte es ab etwa 1879 möglich, Bier völlig unabhängig von der aktuellen Außentemperatur zu brauen und zu lagern. Das Brauwesen entwickelt sich dadurch vom Handwerk zum Industriebetrieb. Als im warmen Winter von 1893/1894 die Preise für Natureis explodierten, wurden die Vorteile der innovativen industriellen Brauereien offensichtlich. Christian Weber war innovativ: 1897 wandelte er, um an Kapital zu kommen, die Rechtsform der Brauerei in eine AG um. Der neue Name hieß „Bayerische Bierbrauerei zum Karlsberg, vormals Christian Weber Aktiengesellschaft mit dem Sitze in Homburg und in der Pfalz" (Kloevekorn/Neufang 1953, 173). „Bayerisch" deutete dabei nicht nur auf die politische Zugehörigkeit hin, sondern vermutlich auch auf die bayerische, nämlich untergärige Brauart, die der Kälte bedarf. Zu den großen Investitionen der neuen AG gehörten eigene Eisenbahnwaggons und ab 1910 auch LKW. Das Absatzgebiet des Bieres aus Homburg erstreckte sich um 1900 schon über Lothringen, damals zum

→ Stadtwappen von Saarbrücken, Familiensitz Bruch, um 1900. Aus der Villa Bruch, ursprünglich oberhalb der in der Scheidter Straße gelegen Brauerei. L. 63 cm. Leihgeber: Thomas Bruch.

„Reichsland Elsass-Lothringen" gehörig und das Saarbecken bis nach Luxemburg. Auch im Deutschland der Hohenzollernkaiser gab es für die Brauer reichlich Grund, sich über den Staat zu erregen, der an ihren Einnahmen kräftig mitverdienen wollte. Von Christian Weber sind Zitate überliefert, die seinen Groll ahnen lassen. So soll er seine Branche im Geschäftsbericht 1908/1909 als *„Karnickel der Steuerproblematik"* bezeichnet haben (HOFFMANN-GÜTH 1998, 17). 1912 übernahm sein Sohn, Richard Weber (1876–1946) die Leitung. Er hatte die schwierige Aufgabe, das Unternehmen durch Jahrzehnte der Kriege, Gewaltherrschaft und Grenzverschiebungen zu manövrieren. Mit dem Ende des Ersten Weltkrieges verlor Karlsberg die Möglichkeit, den Lothringer Markt zu beliefern. Von den Kunden in der Pfalz war die Brauerei durch eine Zollgrenze abgeschnitten, das Absatzgebiet war also auf die Größe von vor 1897 geschrumpft. Um den schwierigen wirtschaftspolitischen Bedingungen des vom Völkerbund verwalteten Saargebietes Rechnung zu tragen, schlossen sich fünf große Saar-Brauereien – darunter Karlsberg – zu einer Interessengemeinschaft zusammen *„zwecks Herabsetzung der Herstellungs- und Vertriebskosten [...] sowie zur Regelung der Verkaufspreise und zwar für die Zeit vom 1. Februar 1923 bis zum 1. Januar 1935"* (Interessengemeinschaftsvertrag, 1923, §1, nach HOFFMANN-GÜTH 1998, 41). Ob das Kartell Realität wurde, ist nicht bewiesen. Der Vertrag dokumentiert immerhin das Bemühen, eine schwierige Phase gemeinsam zu überstehen. Auch für die erste Zeit nach der erwarteten Rückgliederung des Saarlandes gab es vertragliche Verabredungen der Saar-Brauereien mit ihren Mitbewerbern bzw. deren Verband aus dem Reichsgebiet.

Während der NS-Zeit veränderte die Karlsberg-Brauerei ihr Firmenlogo. Bis dato war das Zeichen ein 6-zackiger Brauerstern (ein altes Zunftzeichen der Brauer), darin das Bild eines „Fassrollers" (also eines Mannes, der ein Fass vor sich her rollt). Nachdem ein 6-zackiger Stern auch zum Zeichen der aus rassistischen Gründen ausgegrenzten und verfolgten Juden wurde, wandelte die Karlsberg-Brauerei ihr Logo ab; es wurde ein gleichseitiges Dreieck daraus. Diese Maßnahme war nicht unbegründet. Wie es einem Mitbewerber mit jüdischen Vorfahren erging, dem dies zum Vorwurf gemacht wurde, konnte Richard Weber am Fall Hans Kanters verfolgen: Kanter hatte Anfang der 20er Jahre die Walsheim Brauerei durch ein Aktientauschgeschäft übernommen und bald die Homburger als größte Brauerei der Saarregion überholt (HOFFMANN-GÜTH 1958, 59; SCHOCH-ZELLER 2004, 129). Er hatte sich für den Erhalt des Status quo, also die Regierung des Saargebietes durch den Völkerbund, ausgesprochen und sich damit viele Feinde gemacht. Welchen Schikanen er bereits während des Abstimmungskampfes und in den Jahren der NS-Herrschaft ausgesetzt war, beschrieb seine Enkelin (SCHOCH-ZELLER 2004).

Bierdeckel der Brauerei Bruch,
2. Hälfte 1920er Jahre.
Leihgeber: Thomas Bruch.

→ Portrait des Gründers der Brauerei Karlsberg, Christian Weber.
Passepartout geprägt mit „Willy Grunert. Photogr. Homburg/Pfalz".
Leihgeber: Brauerei Karlsberg GmbH.

WILLY GRUNERT

Der Tag „X"

Der autonome Saarstaat schuf eine „ökonomische Biosphäre", deren Eigentümlichkeit man vielleicht am Beispiel der Bierbranche veranschaulichen kann: Die damals 12 Brauer der Saar regelten ihren Wettbewerb in einem Vertrag überaus detailliert. So waren zum Beispiel überhaupt nur drei Biersorten erlaubt (Vertrag über die Regelung des Wettbewerbs saarländischer Brauereien im Saarland nach Hoffmann-Güth 1998, 158). Umso mehr überrascht es, dass dann doch ein heftiger Wettbewerb entstand – und das obwohl sich alle Unternehmen am steigenden Bierkonsum der Saarländer erfreuen konnten. Wie groß der Einschnitt war, als schließlich im Juli 1959 die Schlagbäume hochgingen und westdeutsche Waren ins Saarland kamen, lässt folgendes Zitat von Dr. Paul Weber erahnen: *„Schon der berühmte Tag X zeigte mit welch brutaler Gewalt die deutsche Industrie, der deutsche Unternehmer seine Umsätze zu tätigen versteht; ohne Rücksicht auf seine Mitmenschen nimmt er jede Möglichkeit wahr, Geld zu verdienen."* Seit dem

Angesichts aller Schrecken des Zweiten Weltkriegs mag ein Hinweis auf die Bierqualität beinahe zynisch erscheinen. Dass ein Bier der letzten Kriegsjahre nur noch 0,5 % Alkohol enthielt, kann aber als Indiz der generell schlechten Versorgung gelten. Ein heutiges „Urpils" (Karlsberg) oder „Zwickel" (Bruch) hat immerhin 4,8 %.

Die Eiskeller waren in manchen Brauereien durch moderne Kühltechnik ersetzt geworden; im Krieg erfuhren die meist weit verzweigten „Höhlensysteme" vielerorts eine Umnutzung als Luftschutzkeller. Bei Karlsberg ließ man sogar einen neuen Stollen in den Buntsandstein des Schlossbergs sprengen. Mit der Anlage, die Platz für 3000 Leute bot, konnte zwar ein gewisser Schutz geboten werden, dennoch verloren viele Homburger Zivilisten, darunter auch Betriebsangehörige von Karlsberg, ihr Leben durch Luftangriffe. Auch Saarbrücken wurde heftig bombardiert. Pläne für die Errichtung eines Lazaretts in den Eiskellern der Bruch-Brauerei wurden entwickelt, aber nicht mehr umgesetzt.

Als der Krieg endete, sah man einen großen Teil der Produktionseinrichtungen in der Scheidter Straße zerstört.

Bierdeckel der Brauerei Bruch,
1. Hälfte 1930er Jahre.
Leihgeber: Thomas Bruch.

→ Bierdeckel der Brauerei Karlsberg,
von oben nach unten:
30er Jahre, 2. Hälfte 60er Jahre, 70er Jahre.
Leihgeber: Brauerei Karlsberg GmbH.

Feingold
KARLSBERG

KARLSBERG
BIER
ganz mein
Geschmack

alkoholfrei
KARLSBERG
Edel Malz
KÖSTLICH-
KRÄFTIG-KERNGESUND

Bierfass-Lieferung,
1950er Jahre.
Foto: Privatarchiv Thomas Bruch.

→ Wünschelroute, Erdölkonzession (Vertrag) von Gustav Bruch für größere Flächen im Saarland und Skizze mit Einzeichnung der berechtigten Fördergebiete, 1956.
B. Wünschelroute 38 cm.
Leihgeber: Thomas Bruch.

Tag X ist viel geschehen im Brauereiwesen des Saarlandes. Von den 12 Brauereien des autonomen Saarstaates sind nur drei übrig geblieben: Karlsberg, Bruch und Grosswald. Karlsberg entwickelte sich zur Brauereigruppe *„mit starkem alkoholfreien Segment und einem weit gefächerten Dienstleistungsangebot"* (Hoffmann-Güth 1998, 376), Bruch dagegen zur Spezialitätenbrauerei. Letztere profitierte – trotz gegenteiliger Prognosen von externen Beratern – vom Rückkauf des Stammhauses „Stiefel" und dessen Weiterführung als Gasthausbrauerei (Interview des Autors mit Thomas Bruch 2017). Einstige Mitbewerber sind verschwunden, die meisten wurden von Karlsberg übernommen: Becker in St. Ingbert; Donnerbräu in Saarlouis, Gross in Riegelsberg, Königsbacher in Koblenz, Löwenbrauerei in Trier, Paqué in St. Wendel, Saarfürst in Merzig, Schlossbrauerei in Neunkirchen. Unter dem Markennamen „Walsheim" produziert ein Unternehmen der Karlsberg-Gruppe heute Bier für den französischen Markt. Durch den Konzentrationsprozess gingen viele Bindungen konservativer Biertrinker zu ihren örtlichen Brauereien verloren. In der Folge konnten auswärtige Brauereien auf dem saarländischen Markt Fuß fassen. Globalisierung

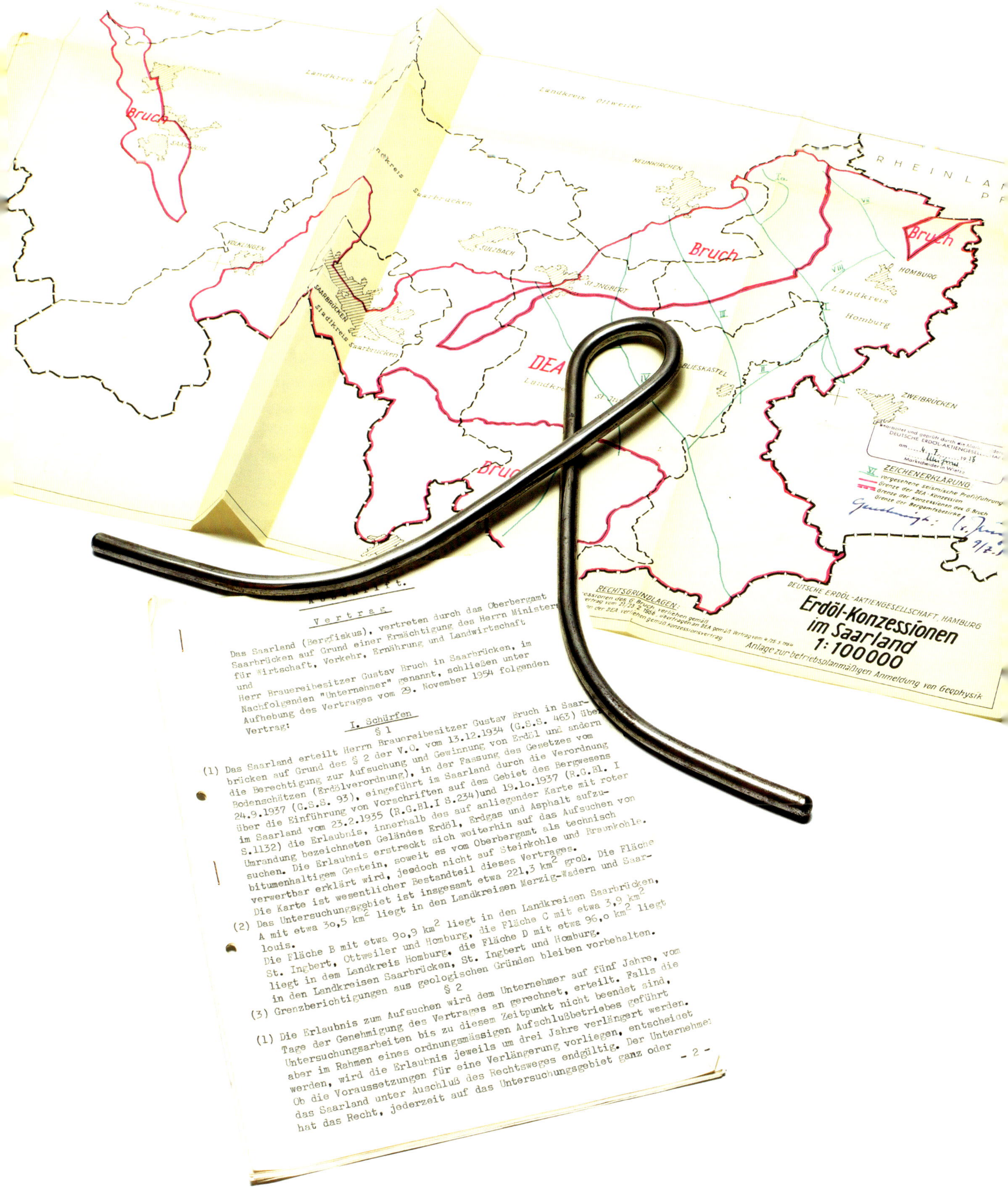
Bruch
Landkreis Ottweiler
NEUNKIRCHEN
SULZBACH
VÖLKLINGEN
SAARBRÜCKEN
Stadtkreis Saarbrücken
ST. INGBERT
HOMBURG
Landkreis Homburg
BLIESKASTEL
ZWEIBRÜCKEN
DEA
ZEICHENERKLÄRUNG
RECHTSGRUNDLAGEN:
DEUTSCHE ERDÖL-AKTIENGESELLSCHAFT, HAMBURG
Erdöl-Konzessionen im Saarland 1:100000
Anlage zur betriebsplanmäßigen Anmeldung von Geophysik
Vertrag
Das Saarland (Bergfiskus), vertreten durch das Oberbergamt Saarbrücken auf Grund einer Ermächtigung des Herrn Minister für Wirtschaft, Verkehr, Ernährung und Landwirtschaft
und
Herr Brauereibesitzer Gustav Bruch in Saarbrücken, im Nachfolgenden "Unternehmer" genannt, schließen unter Aufhebung des Vertrages vom 29. November 1954 folgenden Vertrag:
I. Schürfen
§ 1
(1) Das Saarland erteilt Herrn Brauereibesitzer Gustav Bruch in Saarbrücken auf Grund des § 2 der V.O. vom 13.12.1934 (G.S.S. 463) über die Berechtigung zur Aufsuchung und Gewinnung von Erdöl und andern Bodenschätzen (Erdölverordnung), in der Fassung des Gesetzes vom 24.9.1937 (G.S.S. 93), eingeführt im Saarland durch die Verordnung über die Einführung von Vorschriften auf dem Gebiet des Bergwesens im Saarland vom 23.2.1935 (R.G.Bl.I S.234)und 19.1o.1937 (R.G.Bl. I S.1132) die Erlaubnis, innerhalb des auf anliegender Karte mit roter Umrandung bezeichneten Geländes Erdöl, Erdgas und Asphalt aufzusuchen. Die Erlaubnis erstreckt sich weiterhin auf das Aufsuchen von bitumenhaltigem Gestein, soweit es vom Oberbergamt als technisch verwertbar erklärt wird, jedoch nicht auf Steinkohle und Braunkohle. Die Karte ist wesentlicher Bestandteil dieses Vertrages.
(2) Das Untersuchungsgebiet ist insgesamt etwa 221,3 km² groß. Die Fläche A mit etwa 3o,5 km² liegt in den Landkreisen Merzig-Wadern und Saarlouis.
Die Fläche B mit etwa 9o,9 km² liegt in den Landkreisen Saarbrücken, St. Ingbert, Ottweiler und Homburg, die Fläche C mit etwa 3,9 km² liegt in dem Landkreis Homburg, die Fläche D mit etwa 96,o km² liegt in den Landkreisen Saarbrücken, St. Ingbert und Homburg.
(3) Grenzberichtigungen aus geologischen Gründen bleiben vorbehalten.
§ 2
(1) Die Erlaubnis zum Aufsuchen wird dem Unternehmer auf fünf Jahre, vom Tage der Genehmigung des Vertrages an gerechnet, erteilt. Falls die Untersuchungsarbeiten bis zu diesem Zeitpunkt nicht beendet sind, aber im Rahmen eines ordnungsmässigen Aufschlußbetriebes geführt werden, wird die Erlaubnis jeweils um drei Jahre verlängert werden. Ob die Voraussetzungen für eine Verlängerung vorliegen, entscheidet das Saarland unter Ausschluß des Rechtsweges endgültig. Der Unternehmer hat das Recht, jederzeit auf das Untersuchungsgebiet ganz oder
- 2 -

Noch nach dem Zweiten Weltkrieg lieferte die Brauerei Bruch die Bierfässer mit der Pferdekutsche aus, 1950er Jahre. Foto: Privatarchiv Thomas Bruch.

macht vor dem Bier nicht Halt. Der Werbespruch von 1948 *„Saarländer bevorzuge Dein Heimatbier"* scheint an Wirkung eingebüßt zu haben. Die Trinkkultur ist zu einem Teil der Freizeitkultur geworden und verändert sich mit dieser rasant. Der Bierkonsum der Deutschen ist seit Jahren rückläufig, gleichzeitig werden seit Kurzem in Kleinstbetrieben Kurse für Hobby-Brauer angeboten. Bei den Bruchs und den Webers funktioniert die Übergabe der Verantwortung an die jüngere Generation. Da sind die Bruchs und Webers geradezu prototypische Familienunternehmer und Bürger: Jede Generation engagiert sich gesellschaftlich, kulturell und politisch und setzt eigene Akzente. Man kann also gespannt sein, wie die Geschichte der Brauerfamilien weitergehen wird.

→ Der Autor

Thomas Roessler, Jahrgang 1962, ist Dipl. Graphikdesigner (FH), Dipl. Kommunikationsdesigner und Fotograf. Er absolvierte sein Studium an der städt. Fachhochschule für Gestaltung Mannheim, am Industrial Design Center des Indian Institute of Technology Mumbai und an der Hochschule der Bildenden Künste Saar. Seit 1992 ist er am Historischen Museum Saar als Graphik-Designer und Gestalter historischer Ausstellungen angestellt. Thomas Roessler erfüllt Lehraufträge für Fotografie/Bildjournalismus und für Szenografie an der Universität des Saarlandes, im Fachbereich Historisch orientierte Kulturwissenschaften sowie für Typographie an der Hochschule der Bildenden Künste Saar und an der Bundesakademie für kulturelle Bildung Wolfenbüttel. Er ist Mitbegründer und Vorsitzender von PixxelCult, dem Verein zur Förderung der Fotografie als kulturelles Gedächtnis im Saarland und der Großregion.

Literatur- und Quellenverzeichnis

Ruth Bauer/Karin Maass, *Frauenwege in Saarbrücken. Historische Stadtrundgänge* (Saarbrücken 2002) 51–52.

G. A. Bergmann, *Ahnengeschichte der Familie Gustav Bruch Saarbrücken. Einschließlich der angeheirateten Linien bis zum lebenden Geschlechte nach dem Stande des Jahres 1934* (o. O. 1934), Manuskript im Besitz von Thomas Bruch.

Florian Brunner, *Unterirdisches Saarbrücken. Stollen – Bunker – Felsenkeller. Einblicke in den Saarbrücker Untergrund* (Saarbrücken 2011).

Claus Hoffmann-Güth, *Die Entwicklung der Karlsberg Brauerei (Saarbrücken* 1998).

Fritz Kloevekorn/Oskar Friedrich Neufang, *Geschichte des Brauwesens im Saarland – Unter besonderer Berücksichtigung des Braugewerbes im Raume der Stadt Saarbrücken*. Mitteilungen des Historischen Vereins für das Saarland e. V. (Saarbrücken 1953).

Peter Luy, *Saarbrücker Ehrenbürgerbuch* (Saarbrücken 2002).

Ralph Melcher (Hrsg.), *Johann Friedrich Dryander. Ein Künstler zwischen Fürstenhof und Bürgertum* (Saarbrücken 2011).

Claudia Schoch-Zeller, *Zerstörung eines Lebenswerks. Das Schicksal der Walsheim Brauerei von Hans Kanter in den dreißiger Jahren*. Zeitschrift für die Geschichte der Saargegend 52, 2004, 125 ff.

Paul Weber, *40 Jahre im Dienste der Karlsberg-Brauerei* (Homburg 1962).

Richard Weber, *Karlsberg-Verbund* (Homburg 1987).

Gefühl für Design letztlich den Wettbewerbserfolg ausmachte. Kalksteingut „in Luxemburger Art“ wurde zu einem stehenden Begriff, der Keramik in Art der Bochs meinte und die Popularität der Produkte bereits im 18. Jahrhundert aufzeigt. Pierre-Josephs Sohn Jean-François Boch (1782–1858) führte das Unternehmen ab 1809 an die Saar. Er gilt als der Naturwissenschaftler und Erfinder der Familie, der nach dem Studium in Paris beschloss, sich von seinem talentierten und erfolgreichen Vater unabhängig zu machen. So erwarb er mit 27 Jahren durch finanzielle Unterstützung seiner Schwiegereltern das leerstehende barocke Benediktinerkloster in Mettlach, die sogenannte Alte Abtei, die heute immer noch Sitz der Konzernzentrale ist. Dort errichtete er eine Steingutfabrikation nach modernstem Stand der Technik, die mit wesentlich effizienteren Kohle-, statt Holz-Brennöfen ausgestattet war, und etablierte das Dekordruckverfahren.

Nicolas Villeroy (1759–1843) war ein Zeitgenosse Jean-François Bochs und ein konkreter Geschäftspartner, der das Boch'sche Werk in Mettlach mit Rohstoffen belieferte. Er war von Hause aus kein Keramikspezialist, sondern Kaufmann. 1789 stieg er als Anteilseigner in die Fayence-Manufaktur in Frauenberg bei Saargemünd mit ein, die 1791 nach Vaudrevange, dem heutigen Wallerfangen im Saarland, verlegt wurde. 1797 wurde er alleiniger Eigentümer und weitete die Produktion auf den zusätzlichen Standort Wadgassen aus. Auch Nicolas Villeroy war sich der Bedeutung der Senkung der Produktionskosten, Steigerung der Mechanisierung und Verbesserung der Produktionsanlagen bewusst, jedoch als „Nicht-Ingenieur“ stets auf externen Sachverstand angewiesen. Villeroy und Boch erkannten, dass unter der Vielzahl der europäischen Keramikfabriken und dem Druck des schnell aufstrebenden Industrielandes England nur eine große und fortschrittliche Firma lebensfähig sein würde und sich beide als regionale Konkurrenten nur behinderten. So erfolgte 1836 die Fusion der beiden Unternehmen – die Marke Villeroy & Boch war geboren. Auch eine enge Verbindung der beiden Familien auf privater Ebene folgte 1842 mit der Heirat Eugen Bochs, Jean-François' Sohn, mit Nicolas Villeroys Enkelin Octavie. Waren Villeroy & Boch bis dahin rein im Produktbereich Geschirr und Gefäßkeramik tätig, führte Eugen Boch (1809–1898) zwei weitere Produktbereiche ein, die das Unternehmen unter seiner Direktion zum Weltkonzern wachsen lassen sollten. Zum einen den Bereich Bauplastik: mittels Gussformen seriell gefertigte Bauzier aus Terrakotta als günstiger und witterungsbeständiger Ersatz für aufwändig bildhauerisch bearbeiteten Haustein zur dekorativen Fassadengestaltung. Das Referenzbuch, ein mehrbändiges großformatiges Pracht-Fotobuch zu Werbezwecken, das sich im Unternehmensarchiv der Villeroy & Boch AG erhalten hat, zeugt von prestigeträchtigen Großbauprojekten des 19. Jahrhunderts, die mit Villeroy & Boch Bauterrakotta geschmückt wurden. Ein prominentes Beispiel sind die Fassaden von Schloss Herrenchiemsee – der „Märchenkönig“ Ludwig II. war begeisterter Kunde bei Villeroy & Boch und ließ sich beispielsweise auch sein Waschgeschirr für Schloss Neuschwanstein als Schwanenservice von der Gefäßkeramikabteilung gestalten. Die zweite Produktinnovation waren die Bodenbeläge in Form von Tonstiftmosaiken (kleinteilige Mosaikbilder) und Mettlacher Platten (gemusterte Fliesen). Den renommiertesten Auftrag stellten die Böden im Kölner Dom dar, dem großen und enorm prestigeträchtigen deutschen Bauprojekt des 19. Jahrhunderts. Mettlacher Platten machten daraufhin ihren Siegeszug um die Welt – sie zierten u.a. Wände und Böden im Potsdamer Stadtschloss, im New

→ Original Fusionsvertrag zur Gründung der gemeinsamen Firma 1836.
H. 35 cm.
Leihgabe: Unternehmensarchiv, Villeroy & Boch AG.

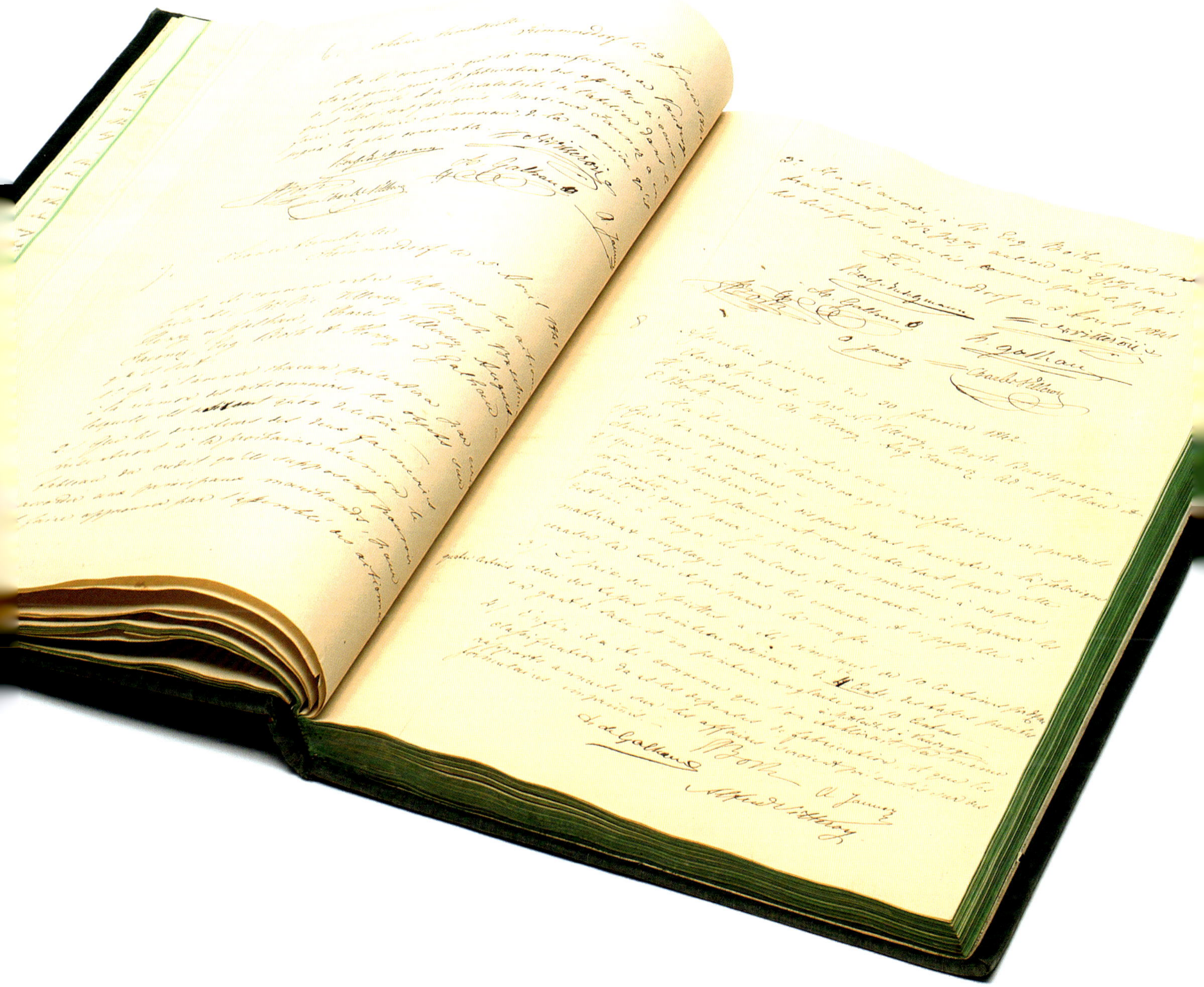

Jean François Boch,
Portraitgemälde von Hildebrand/Düsseldorf, 1844.
(vermutlich der Portraitmaler Theodor Hildebrandt).
Leihgabe: Keramikmuseum Villeroy & Boch AG.

Nicolas Villeroy,
Portraitgemälde (Ausschnitt) von
C. Schmidt-Chevalier, Mitte 20. Jh.
Leihgabe: Keramikmuseum Villeroy & Boch AG.

Yorker Hudson Tunnel und auf der Titanic. Villeroy & Boch gewann zahlreiche Preise bei den großen Weltausstellungen, auf denen Wirtschaftsmacht eindrucksvoll (und kostenintensiv) zur Schau gestellt wurde, und wurde so zum Marktführer und „Global Player" der Keramik-Industrie. Es entstanden weitere Werke in Dresden, in La Louvière in Belgien und im saarländischen Merzig sowie ein ausgeklügeltes System von Handelsvertretungen, in die zahlreiche weitere Mitglieder der Familien Villeroy und Boch involviert waren.

Das Brautpaar Eugen Boch und Octavie Villeroy, 1842, Lithografien von J. Baugniet (li.) und H. Vanderhaert (re.). Unternehmensarchiv Villeroy & Boch AG.

→ Musterteller mit Dekorauswahl. Nicolas Villeroy, Produktionsbetrieb Wallerfangen. 1815–1825. Steingut, Handmalerei. D. 24,5 cm. Leihgabe: Keramikmuseum Villeroy & Boch AG.

Parfil large
Mouche.
Vignette.
Barbau.

Villeroy & Boch weltweit

Internationale Prominenz erreichten Villeroy & Boch vornehmlich durch ihre Produkte und deren weltweite Verbreitung, die für Qualität und Schönheit standen. Das Deonym „Mettlachski Plitki" oder „Mettlachi", die bis heute in Russland und anderen osteuropäischen Ländern verwendete allgemeine Bezeichnung für Keramikfliesen, zeigt, welchen Bekanntheitsgrad Mettlacher Platten im 19. Jahrhundert hatten. Einen großen Teil des Renommées des Unternehmens machten prominente Kunden aus, deren Bekanntheit auch auf ihren Lieferanten ausstrahlte – Villeroy

Prachtvoller Messestand von Villeroy & Boch auf der Weltausstellung in Chicago 1893. Foto: Unternehmensarchiv Villeroy & Boch AG.

→ Prunkvase,
Messestand Villeroy & Boch,
Weltausstellung Paris 1867.
H. 100 cm.
Leihgabe: Keramikmuseum
Villeroy & Boch AG.

& Boch fertigte die persönlichen Wasch- und Tafelgeschirre zahlreicher Könige und Päpste und war in dekorativen Ausstattungen luxuriöser Prunkbauten präsent. Reichskanzler Bismarck ließ sein Berliner Palais von Villeroy & Boch ausstatten, Villeroy & Boch-Produkte wurden ebenso im Moskauer Bolschoi-Theater, in der Kirche San Antonio de Padua in Buenos Aires, im Rothschild-Palais bei Frankfurt, im Trocadero in Paris, im Rijksmuseum in Amsterdam oder im Hofzug Zar Nikolaus II. verarbeitet. Die Liste ließe sich noch lange fortsetzen, das Referenz-Verzeichnis listet bis 1879 beinahe 300 prestigeträchtige Aufträge. Aber auch gesellschaftliches und politisches Engagement machten die Villeroys und die Bochs zu überregional bekannten Prominenten ihrer Zeit. So wurde Jean-François Boch 1848 in das Frankfurter Paulskirchen-Parlament gewählt, sein Sohn Eugen war Abgeordneter im Landtag der preußischen Rheinprovinz und königlich-preußischer Geheimer Kommerzienrat.

Villeroy & Boch – Der Saar verbunden

Neben dieser weltweiten Bekanntheit soll jedoch auch die regionale Prominenz für die Saarregion nicht ungenannt bleiben. Wichtige Bedeutung kam Villeroy & Boch grundsätzlich zu als einem der wichtigsten und größten Arbeitgeber an der Saar. Die Errichtung einer Geschirrfabrik in der Alten Abtei in Mettlach 1809 bot im unteren Saartal, einem landwirtschaftlich schwierig zu nutzenden und strukturschwachen Gebiet, den in ärmlichen Verhältnissen lebenden Menschen eine neue Perspektive. Zu Eugen von Bochs Zeiten hatte das Unternehmen 7000 Beschäftigte insgesamt, wobei die saarländischen Werke Mettlach und Merzig bis heute wichtige Produktionsstandorte sind. Infrastrukturverbesserungen wie die Eisenbahnanbindung und der Bau der Saar-Brücke in Mettlach folgten. Im Zeitalter der Industrialisierung, deren negative Seite vielerorts auch für Ausbeutung der Arbeiterschaft und unmenschliche Arbeits- und Lebensbedingungen stand, kam dem sozialen Engagement der Unternehmensleitung bei Villeroy & Boch ein hoher Stellenwert zu. Von Gründung an waren die Bochs sowie die Villeroys bekannt dafür, sich für die Armen einzusetzen, die Bildung zu fördern und sich „väterlich" auch um das Wohl ihrer Arbeiter zu kümmern – mit dem Ergebnis der Loyalität der Belegschaft auch in Krisenzeiten. Institutionalisiert wurde der unternehmerische Fürsorgegedanke durch Gründung der Antonius-Bruderschaften (eine Art betriebliche Sozialversicherung) in den 1810er Jahren und damit weit vor Bismarcks staatlichem Sozialsystem (ab 1881). An den Fabrikationsstandorten entstanden damals Schulen, Krankenhäuser, Arbeiterwohnhäuser und andere soziale Einrichtungen. Bis heute unterstützt die Familie Villeroy die von Adolph de Galhau 1857 in Wallerfangen gegründete Sophienstiftung, die er nach seiner Mutter Sophie Villeroy benannte und die hilfsbedürftigen alten und kranken Menschen sowie Kindern Beistand leistet. Diese patriarchalische Förderung der Arbeiterwohlfahrt im eigenen Unternehmen mag zum Teil von wirtschaftlichen Interessen motiviert gewesen sein, jedoch zeigte auch öffentliches Engagement der Familienoberhäupter über die eigene Belegschaft hinaus ein allgemeineres soziales Verantwortungsbewusstsein für die Förderung der Region. So wurden Waisenhäuser gestiftet, Eugen Boch führte eine robustere Rinderrasse ein, die er den Bauern durch zinslose Kredite verfügbar machte, und versuchte durch landwirtschaftliche Mustergüter und Kunstdüngerexperimente die Landwirtschaft zu fördern. Er gründete zahlreiche Vereine und ließ in Mettlach 1857 einen Tanzpavillon bauen als Ort der gesellschaftlichen Zusammenkunft und Unterhaltung.

Eugen Boch (ab 1892 „von Boch") dürfte eine der „schillerndsten" Personen in der Ahnenreihe darstellen. Zu seiner Zeit fungierte der schlossartige Barockkomplex der Alten Abtei auch als Wohnstätte der Familie, was ein geradezu herrschaftlich-repräsentatives Residieren ermöglichte. Um das Gebäude herum ließ er einen botanischen Garten anlegen, auf der gegenüberliegen Saarseite errichtete er das erste private Gestüt in der Rheinprovinz. Er kaufte den kompletten Innenbogen der Saarschleife mitsamt der Burgruine Montclair, die er als Aussichtspunkt für private Ausflüge herrichten ließ. Die Familienkapelle seiner Frau Octavie (geb. Villeroy) wurde in Wallerfangen Stein für Stein abgebaut und nach Mettlach transloziert. Eugen von Bochs Liebe zur Archäologie machte ihn zum bekannten Ansprechpartner bei altertumswissenschaftlichen Fragen im Kreis Merzig, den Bauern auch bei Zufallsfunden verständigten, und ließ seine private Antiken- und Keramiksammlung zu enormem Umfang anwachsen,

Reproduktion einer Fliese von Villeroy & Boch, wie sie auf dem 1912 gesunkenen Ozeandampfer „Titanic" verbaut war. 17x17 cm.
Leihgabe: Unternehmensarchiv Villeroy & Boch AG.

← Die Familie von Boch im Innenhof von Burg Montclair auf der Saarschleife 1889.
Foto: Unternehmensarchiv Villeroy & Boch AG.

Katharine Weißgerber

Der Mythos „Schultze Kathrin“

1818 – 1886

VON RALF PARINO

Generationen von saarländischen Schulkindern haben bei einem Wandertag zum Ehrental im heutigen Deutsch-Französischen Garten das Grab der Katharine Weißgerber besucht. In Saarbrücken gibt es eine Katherine-Weißgerber-Schule und eine Schultze-Kathrin-Straße, in Saarwellingen nach ortsüblicher Schreibweise eine Schulze-Kathrin-Halle, eine Schulze-Kathrin-Apotheke und den Schulze-Kathrin-Hof.
Geehrt wird an allen diesen Orten dieselbe Frau. Bei Schultze Kathrin handelt es sich nämlich nicht, wie man nach saarländischer Lesart meinen könnte um eine Frau Schultz. Katharine (oft auch Katharina) Weißgerber war vielmehr eine Magd im Dienste der Saarbrücker Familie Schultz und kam so zu ihrem volkstümlichen bereits zu ihren Lebzeiten gebräuchlichen Namen „Schultze Kathrin“. Sie war eine Persönlichkeit, die sich aufgrund ihres Mutes und ihrer Hilfsbereitschaft Anerkennung erwarb, wie sie für eine Frau ihres Standes zu ihrer Zeit außergewöhnlich war. Bekannt wurde sie als eine Randfigur der Schlacht von Spichern. Während man sich an diese eher unbedeutende Schlacht des „Deutsch-Französischen Krieges“ 1870/1871 heute kaum noch erinnert, ließ ihr aufopferungsvolles Wirken für die Verwundeten Schultze Kathrin zu einer Berühmtheit werden. Sie starb dennoch in Armut und ihr ehrenvolles Gedenken setzte erst lange nach ihrem Tode ein. Heute verbinden die Menschen im Saarland mit ihrem Namen Mut, Menschlichkeit und Hilfsbereitschaft. Die Überlieferung machte sie gar zur „Florence Nightingale Saarbrückens“, zur Wegbereiterin des Rotkreuz-Gedankens und der Völkerverständigung.

← Katharina Weißgerber, um 1875.
Privatarchiv: Stefan Weszkalnys.

Biographie

Katharine Weißgerber wurde am 3. August 1818 in Schwarzenholz geboren. Sie selbst ging zeitlebens davon aus, am 10. August 1817 geboren zu sein, wie es fälschlicherweise ihr Gesindeschein auswies; ihre Eltern waren Peter und Katharine Weißgerber. Peter Weißgerber war zuerst Weber, dann Bergmann und betrieb nebenher eine kleine Landwirtschaft. Die Familie lebte in sehr ärmlichen Verhältnissen. Katharine war das vierte von zwölf Kindern, die älteren Geschwister verstarben früh, mit zwölf Jahren verlor sie auch ihre Mutter. Katharine hatte die jüngeren Geschwister zu versorgen und arbeitete schon als Kind bei einem fremden Bauern. Schreiben konnte sie nicht, Gedrucktes wohl aber mit Mühe lesen. Mit 15 Jahren kam sie 1833 nach Saarbrücken als Dienstmädchen zu der Gastwirtsfamilie Guépratte. Am 16. März 1845 trat sie eine neue Stelle bei der Familie des Karl Jakob Schultz an. Das Ehepaar Schultz lebte mit ihren zwei Söhnen in der Brückenstraße 1, heute befindet sich an der Stelle der Parkplatz an der Schlosskirche. Karl Jakob Schultz war ein wohlhabender Bürger, der sich wohl mit Holzhandel beschäftigte. Der Sohn Karl Jakobs, Eduard Schultz, übernahm 1852 den Haushalt seiner Eltern mitsamt der Dienstmagd. Aus zwei Ehen entstammten drei Kinder, Franz Theodor, Anne und Julie. Die Mütter verstarben recht früh, so dass Katharine die Mutterrolle annahm und sie bis zum Erwachsenalter der Kinder auch ausfüllen sollte. Karl Jakob Schultz und seine Frau starben in den 1860er Jahren, worauf es mit der finanziellen Situation der Familie rapide bergab ging. Eduard hat sich wohl in verschiedenen Berufen geübt und jedes Mal Schiffbruch erlitten. 1869 verschwand er und ließ seine Kinder in der Obhut Katharines und seines jüngeren Bruders Wilhelm zurück (Séguy 1970, 137 f.).

Franz Theodor sollte zeitlebens das Andenken Katharines bewahren: *„Uns Kindern war Katharina schon damals alles in ihrer aufreibenden Sorge um unser Wohl. Sie war Hausgenossin und Familienangehörige geworden, Erzieherin, Beraterin, mütterliche Freundin in voller Selbstlosigkeit bis zu ihrem Tode. Ohne an Lohn und Dank zu denken, gehörte ihr mitfühlendes Herz uns Kindern“* (Schultz 1931, 42). Katharine war 52 Jahre alt und bereits seit 25 Jahren im Dienst der Familie Schultz als der Krieg ausbrach. In Saarbrücken war sie schon lange als „Schultze Kathrin“ bekannt.

Vorskizze von Katharine Weißgerber;
Anton von Werner, um 1875. Saarlandmuseum, Stiftung Saarländischer Kulturbesitz.

Der Deutsch-Französische Krieg

Der Krieg zwischen dem Norddeutschen Bund unter der Führung Preußens und seiner süddeutschen Verbündeten mit dem Kaiserreich Frankreich war am 19. Juli 1870 erklärt worden. Nach zwei Wochen des Vorpostengeplänkels in dem Gebiet zwischen Saarbrücken und den französischen Grenzdörfern wagten die Franzosen am 2. August einen Vorstoß an die Saar. Saarbrücken (das heutige Alt-Saarbrücken) wurde besetzt, die zahlenmäßig weit unterlegenen Preußen zogen sich auf die Höhen rechts der Saar zurück.

Als an diesem 2. August in der Brückenstraße ein rheinländischer Füsilier getroffen zusammenbrach, barg Katharine Weißgerber den Verwundeten und brachte ihn in ein Nachbarhaus. Der Soldat verlangte sterbend nach einem katholischen Priester, den es zu der Zeit im vorwiegend evangelischen Saarbrücken noch nicht gab. Nur in St. Johann gab es eine katholische Gemeinde. Katharine fand sich bereit, dem letzten Wunsch des Sterbenden nachzukommen. Sie überquerte also zweimal die Alte Brücke, die unter heftigem Gewehrfeuer der französischen Schützen lag und brachte einen Priester mit zurück, der assistiert von Katharine die Sterbesakramente erteilte. Das Schultz'sche Haus wurde kurzfristig von einigen französischen Soldaten besetzt, die von Katharine bewirtet wurden. In ihrer resoluten Art verstand sie aber auch die Invasoren im Zaum zu halten und schließlich aus dem Haus zu komplementieren (Schultz 1931, 43).

Der ursprüngliche Plan der französischen Generalität sah einen Vorstoß durch die Pfalz und das Maintal tief nach Deutschland hinein vor. Nach einem chaotischen Aufmarsch und einer verlorenen Schlacht bei Weißenburg im Elsass wurden die Offensivpläne jedoch bald fallengelassen und der Rückzug auf die Festung Metz beschlossen.

So räumten die Franzosen Saarbrücken und zogen sich in befestigte Stellungen auf Stiering-Wendel und die Höhen bei Spichern zurück. Die Preußen, die nunmehr Verstärkung durch einige Regimenter erhalten hatten, rückten schnell über die Saar vor und besetzten die Höhenlinien vom Winterberg bis zur Bellevue. In der Euphorie dieses leichten Erfolges trafen die kommandierenden Generäle, nach denen heute einige Straßen in Alt-Saarbrücken benannt sind, die fatale Entscheidung, die Franzosen in ihren Stellungen frontal anzugreifen. Dazu mussten die Soldaten zuerst die zwei Kilometer breite wellige Ebene zwischen Bellevue, Lerchesflur und Winterberg auf der einen Seite und den Spicherer Höhen auf der anderen Seite überwinden, damals ein weitgehend unbebautes und baumloses Gebiet, das keinerlei Deckung bot. Die preußischen Generäle hatten offenbar aus den Kriegen des vergangenen Jahrzehnts wenig gelernt. Die Regimenter zogen auf wie zu Napoleons Zeiten, in dicht geschlossen Reihen frontal auf den Gegner zumarschierend. Zu guter Letzt mussten sie noch die steilen Hänge des Roten Berges und des Giffertwaldes erklimmen und die Franzosen aus ihren Stellungen verdrängen. Die Waffentechnik hatte sich aber entwickelt. Das französische Chassepot-Gewehr war den preußischen Gewehren in Reichweite und Treffsicherheit weit überlegen und bereitete den Preußen schreckliche Verluste, lange bevor diese überhaupt an ihren Gegner herankamen. Selbst der national gesonnene Saarbrücker Gymnasiallehrer Albert Ruppersberg, der zum 25. Jahrestag der Schlacht seine pathetische „Saarbrücker Kriegschronik" vorlegte, konnte sich einer leisen Kritik nicht enthalten. Einem Schlachtenbummler legte er die Worte in den Mund: *„Warum müssen sie auch geradewegs auf den Berg losstürmen [...] Wie gut könnten sie den kleinen Umweg über Arnual machen, dort in aller Ruhe den Stiftswald ersteigen und die Franzosen auf gleichem Boden in der Flanke fassen!"* (Ruppersberg 1895, 240).

Tatsächlich war es dann auch der unspektakuläre Flankenmarsch einer preußischen Division, die ohne auf nennenswerten Widerstand zu stoßen, von Gersweiler auf Forbach marschierte und die französischen Stellungen zu umfassen drohte. Die Franzosen zogen

sich daraufhin weitgehend geordnet Richtung Metz zurück. Auf preußischer Seite konnte man nun also einen Sieg verbuchen.
Bis es so weit war, musste aber noch viel Blut fließen. Immer neue Regimenter wurden in die Schlacht geworfen. Sie wurden aus Richtung Neunkirchen und Lebach herangeführt, hatten bereits Fußmärsche von 20 Kilometern in sengender Sonne hinter sich und mussten nach dem steilen Anstieg Richtung Bellevue sofort zum Angriff antreten.
Die Feldlazarette konnten in diesem schnellen Vormarsch nicht mithalten und lagen weit zurück. Nur wenige Sanitäter waren bei den Regimentern, die improvisierte Verbandsplätze anlegten. Das Schlachtfeld war übersät von Verwundeten und vor Erschöpfung zusammengebrochenen Soldaten.
So oblag es den Einwohnern von Saarbrücken, St. Johann und St. Arnual die Verwundeten

Gefechtsszenen der Schlacht von Spichern am 6. August 1870. Abbildung aus „Illustrierte Geschichte des Krieges 1870/71“ (Stuttgart 1871), ohne Autor. Privatarchiv Stefan Weszkalnys.

→ Chassepot-Gewehr. Typische französische Waffe des Deutsch-Französischen Krieges 1870/71. L. 118 cm. Leihgeber: Stefan Weszkalnys.

zu versorgen. Die wenigen Saarbrücker Ärzte führten auf den Verbandsplätzen Notoperationen durch, Schüler bargen Verwundete vom Schlachtfeld, darunter auch der spätere Maler Carl Röchling. Wer ein Fuhrwerk hatte, transportierte damit die Verwundeten nach Saarbrücken, wo sie in Kasernen, Schulgebäuden und Privathäusern untergebracht wurden. Das Saarbrücker Bürgerhospital verfügte über 70 Betten, am Abend der Schlacht waren aber 3.000 Verwundete zu versorgen. Laut Ruppersberg soll es kaum ein Haus in Saarbrücken geben haben, in dem keine Verwundeten unterkamen (RUPPERSBERG 1895, 247).

Wandgemälde in der Wirtschaft „Zur Bellevue", um 1930. Das Bild greift die Anekdote auf, dass ein Offizier Katherine Weisgerber zugerufen hat, sie solle das Schlachtfeld verlassen, da geschossen werde. Nach einer in der „Saarbrücker Kriegschronik" 1895 veröffentlichen Zeichnung Carl Röchlings.
Glasplattendia: Stadtarchiv Saarbrücken.

→ Urkunde über die Verleihung des Verdienstordens für Frauen und Jungfrauen durch König Wilhelm von Preußen an Katharine Weißgerber, 1871. Leihgeber: Historischer Verein für die Saargegend, ArchSlg HV R 8.

Wir Wilhelm,

von Gottes Gnaden

König von Preußen etc:

haben auf Vorschlag Ihrer Majestät der Kaiserin und Königin,
nach vorgängiger Prüfung durch die verordnete Kommission,
dem Fräulein Catharina Weißgerber zu Saarbrücken

das Verdienst-Kreuz für Frauen und Jungfrauen

verliehen, und ertheilen demselben über den rechtmäßigen Besitz dieser Auszeichnung das gegenwärtige Beglaubigungs-Schreiben mit Unserer eigenen Unterschrift und dem beigedruckten Königlichen Insiegel. Berlin, den 18. Juni 1871.

40-Jahr-Feier des Krieges in Saarbrücken. Landrat von Miquel und Bürgermeister Mangold würdigten in ihren Reden die *„Opferwilligkeit, mit der die Saarbrücker Bevölkerung den Kranken und Verwundeten beistand“*, aber auch sie verloren kein Wort über Schultze Kathrin (Saarbrücker Zeitung, 8.8.1910).

Erst 1928 fasste der Saarbrücker Stadtrat den Beschluss eine Straße nach Katharine Weißgerber zu benennen. Franz Theodor Schultz, nunmehr Reichsbahningenieur im Ruhestand, wandte sich schriftlich an die Stadtverwaltung mit der Anregung den Namen „Schultze-Kathrin-Straße“ zu wählen (Original im Stadtarchiv Saarbrücken). Auch die Redaktion der Saarbrücker Zeitung war offenbar der Meinung: *„Hier kommt natürlich nur die Bezeichnung ‚Schultze-Kathrin-Straße‘ in Frage“* (Saarbrücker Zeitung, 18.3.1928). Der Stadtratsbeschluss wurde tatsächlich dementsprechend umgewandelt.

1938 erhielt die Auguste-Viktoria-Schule, das heutige Rotenbühl-Gymnasium, den Namen „Katharine-Weißgerber-Schule“. Die zweite Saarbrücker Mädchenschule, die Ursulinenschule wurde zeitgleich nach Königin Luise benannt. Die Wahl der beiden so unterschiedlichen Frauengestalten sollte versinnbildlichen, *„dass Frauentugenden nicht an einen Stand gebunden sind.“* Zur Begründung des Namens Katharine Weißgerber hieß es: *„Die Tat dieses schlichten Mädchens aus dem Volke sollte allen Saarbrücker Mädchen ein beständiger Ansporn sein“* (Festschrift des Gymnasiums am Rotenbühl 1982, 70 f.). Annette Keinhorst sieht darin eine Vereinnahmung der Schultze Kathrin durch die Nationalsozialisten. *„Katharina Weißgerber war das ideale weibliche Rollenvorbild: einfach bescheiden, selbstlos, aufopfernd.“* Sie zeige damit eine *„schon länger als ein Jahrhundert währende Nützlichkeit als weibliche Lichtgestalt, die andere mögliche Vorbilder für Mädchen und Frauen in den Schatten drängt“* (Keinhorst 1998, 353). Vereinnahmt wurde sie aber auch von der anderen Seite. Als die Kommunisten an der Saar 1955 gegen das Saarstatut und für ein vereinigtes – möglichst sozialistisches – Deutschland kämpften, wurde ebenfalls Schultze Kathrin herangezogen. Der saarländische FDJ-Vorsitzende Heinz Merkel dichtete ihr eine patriotische Gesinnung an, für die es keinen Beleg gibt: *„Ihr Herz schlug schneller in patriotischer Begeisterung […] Das Bergmannskind […] wollte nicht mehr als ihrer patriotischen Pflicht genügen“* (Merkel 1955, 68).

In jüngerer Zeit schlägt das Pendel in die andere Richtung aus. Es genügte nicht mehr, dass sie Verwundete versorgte, es mussten nun im Sinne der Völkerverständigung *„Verwundete beider Nationen“* sein. Die Formulierung findet sich erstmals in einer Rotkreuz-Zeitung des Jahres 1982 (Jungmann 1982). Katharine Weißgerber wird hierin – nicht zu Unrecht – als eine Wegbereiterin des Roten Kreuzes gesehen. Die Formulierung taucht auch in einer Artikelserie der Saarbrücker Zeitung aus dem Jahre 2000 auf, in den Wikipedia-Artikeln zu Katharine Weißgerber und der Schlacht von Spichern, auf der Internetseite der Stadt Saarbrücken sowie auf der Internetseite der heutigen Katharine-Weißgerber-Schule.

Nun gibt es keinen Grund anzunehmen, dass Katharine sich nicht auch um französische Verwundete gekümmert hätte, wenn sie denn welchen begegnet wäre. Belege gibt es dafür aber keine. Katharine kam auf ihrem Zug übers Schlachtfeld nicht bis an die französischen Stellungen auf den Spicherer Höhen heran. So wurden die historischen Fakten in der Überlieferung um den Mythos erweitert.

Heute trägt die Gemeinschaftsschule Saarbrücken-Klarenthal den Namen „Katharine-Weißgerber-Schule“. Auf der Internetseite der Schule wird sie ideologiefrei gewürdigt: *„Zusammenfassend ist zu sagen, dass Katharine Weißgerber eine Persönlichkeit unserer Region ist, die ein hervorragendes Beispiel dafür gegeben hat, wie ein einfacher, bescheidener Mensch in bestimmen Situationen etwas Großartiges leisten kann und sich deshalb großen Respekt und Anerkennung verdient.“*

→ Der Autor

Ralf Parino, Jahrgang 1968, hat in Saarbrücken und Hagen Geschichte und Psychologie studiert. Seit 2000 ist er beim Regionalverband Saarbrücken beschäftigt und war von 2007 bis 2009 an das Historische Museum Saar abgeordnet. Er übernahm bei der Erschließung der Unterirdischen Burg wichtige Koordinierungsaufgaben und wirkte bei der Neugestaltung der Dauerausstellung „Saargeschichte seit 1870" mit.

Literatur- und Quellenverzeichnis

Dominik Bartmann, *Der Saarbrücker Rathauszyklus*. In: Dominik Bartmann (Hrsg.), Anton von Werner. Geschichte in Bildern (München 1993) 252–265.

Jürgen Boldorf, *Die Dienstmagd mit dem großen Herzen*. Saarbrücker Zeitung, 5.8.2000.

Jürgen Boldorf, *Schultze Kathrin und die Schlacht*. Saarbrücker Zeitung, 12.8.2000.

Jürgen Boldorf, *Ein Ehrengrab für eine Magd*. Saarbrücker Zeitung, 19.8.2000.

Dieter Heinz, *Auf Schultze Kathrins Spuren. Zum 100. Jahrestag des 6. August 1870*. Saarbrücker Hefte 32, 1970, 45–48.

Kurt Jungmann, *Drei Frauen auf Schlachtfeldern – Wegbereiter einer großen Idee*. Die Rotkreuzzeitung 5, 1982, 1–7.

Annette Keinhorst, *Schultze Kathrin. Eine polemische Saarbrücker Spurensuche*. In: Annette Keinhorst/Petra Messinger (Hg.), Die Saarbrückerinnen. Beiträge zur Stadtgeschichte. Schriftenreihe Geschichte, Politik und Gesellschaft der Stiftung Demokratie Saarland (St. Ingbert 1998) 349–354.

Heinz Merkel, *Die patriotische Haltung der Einwohner*. Heimat und Volkskalender 1955, 67–69.

Franz Theodor Schultz, *Persönliche Erinnerungen an Katherine Weißgerber genannt Schultze Kathrin*. Saarkalender 1931, 42–44.

Pierre Séguy, *Die Schulze Kathrin oder der Dank des Vaterlandes*. Saarheimat 14, 1970, 137–142.

Albert Ruppersberg, *Saarbrücker Kriegschronik. Ereignisse in und bei Saarbrücken und St. Johann sowie am Spicherer Berge 1870* (Saarbrücken 1895).

Anton von Werner, *Erlebnisse und Eindrücke. 1870 bis 1890* (Berlin 1913).

Gymnasium am Rotenbühl (Hrsg.), *Gymnasium am Rotenbühl Saarbrücken 1832–1982*. Festschrift zur 150-Jahr-Feier (Saarbrücken 1982).

Carl Röchling und Karl Ferdinand Freiherr von Stumm-Halberg

Stahlmagnate aus Saarbrücken

1827 – 1910 | 1836 – 1901

VON SUSANNE BAUER

Die Namen Röchling und Stumm standen jahrzehntelang stellvertretend für Kohle, Eisen und Stahl. Mit ihren Unternehmen haben die beiden Familiendynastien seit der Mitte des 19. Jahrhunderts die saarländische Industrie über die Grenzen Deutschlands hinaus bekannt gemacht. Carl Röchling (1827–1910) und Karl Ferdinand Stumm (1836–1901) prägten als Stahlunternehmer, als Arbeitgeber und als Politiker das Leben vieler Menschen an der Saar nachhaltig – vor allem in Neunkirchen und Völklingen.

Mit dem Unternehmen „Gebr. Röchling" leitete Carl Röchling einen breit aufgestellten Großkonzern, dessen Betätigungsfelder vom Kohlehandel über die Gaserzeugung bis hin zu Bankgeschäften reichten. Im Zentrum des Familienunternehmens stand das Eisen- und Stahlwerk Völklinger Hütte. Karl Ferdinand Stumm führte das Neunkircher Eisenwerk in dritter Generation und war ebenfalls an der Halberger und der Dillinger Hütte beteiligt. Neben seinem Unternehmen „Gebr. Stumm" galt sein Hauptaugenmerk der Politik. Als Vertrauter von Kaiser Wilhelm II. beeinflusste der als „König von Saarabien" betitelte Stumm auf lokaler und nationaler Ebene die Wirtschafts- und Sozialpolitik.

Die beiden Stahlbarone waren sowohl unternehmerische als auch politische Konkurrenten. Um die gegnerischen Werke herum hatten sie beispielsweise Sperrgrundstücke erworben, um den Rivalen an der Expansion zu hindern (SEIBOLD 2001, 94). Auch in wirtschaftspolitischen Fragen gerieten die Männer oft aneinander: Stumm war konservativ, ein Vertreter von Staatsinteressen und Befürworter von Schutzzöllen; der liberale Röchling war hingegen ein Anhänger des Freihandelssystems (HELLWIG 1936, 326).

← Private Silberschale Carl Röchlings mit Initialen. Silber und Glas. H. 19 cm. Leihgeber: Sammlung Horst Mahr, Völklingen.

Vorherige Doppelseite, links
Carl Röchling.
Künstler: Heinrich Windhausen; entstanden um 1912.
Öl auf Leinwand,
95,5 x 114,5 cm.
Original: Röchling Firmensitz, Mannheim.

Vorherige Doppelseite, rechts
Karl-Ferdinand Freiherr von Stumm-Halberg, 1888.
Künstler: Nathaniel Schmitt.
Öl auf Leinwand, 75 x 60 cm.
Leihgeber: Saarstahl AG.

Röchling-Villa auf dem Saarbrücker Triller, um 1900.
Foto: Historisches Museum Saar.

→ Musikzimmer in Schloss Halberg, um 1890. Auf Schloss Halberg wohnte Stumm mit seiner Famile seit 1880.
Foto: Privatbesitz Waltraud de Clara, Saarbrücken.

Carl Röchling

Carl Röchling wurde am 25. Februar 1827 in Saarbrücken geboren. Nach einer kaufmännischen Ausbildung trat er gemeinsam mit seinen drei Brüdern Theodor, Ernst und Fritz in das 1822 gegründete Kohlenhandelsunternehmen seines Onkels Friedrich Ludwig Röchling ein. In den 1850er Jahren gründete das expandierende Unternehmen europaweit Zweigniederlassungen und erwarb eigene Kohle- und Erzfelder. Für Carl Röchling war es ein besonderes Anliegen, auch in die Eisen- und Stahlproduktion einzusteigen. Nachdem er zu diesem Zweck Anfang der 1860er Jahre Studienreisen nach England und Schottland unternommen hatte, erwarb er 1862 eine erste Eisenhütte in Pont-à-Mousson (Seibold 2001, 82).

1881 kaufte Carl Röchling die zuvor zahlungsunfähig gewordene Völklinger Hütte. Das 1873 erbaute Werk war bereits 1879 wieder stillgelegt worden. Doch Röchling glaubte an die Zukunft der Hütte und an das Potential des Standortes. Nach dem Kauf berichtete er sofort per Brief (8. August 1881, Familienbesitz) an seinen Bruder: *„Lieber Theodor! Ich habe Dir eine große Neuigkeit mitzuteilen, ich habe gestern Völklingen zu 270.000 M ohne Erz-Concessionen gekauft“* (abgedruckt in Grewenig 2014, 40 f.). Bereits 1890, nur neun Jahre nach dem Kauf, hatten die Röchlings die Völklinger Hütte zum größten Trägerwalzwerk Deutschlands aufgebaut (Nutzinger 1931, 20). Durch den rasanten Fortschritt der Technik wurde das Werk auch in den Folgejahren kontinuierlich erweitert und umgebaut. Mit dem Tod des ältesten

Bruders Theodor 1885 stieg Carl Röchling schließlich zum Firmenpatriarchen und Familienoberhaupt auf.

In Carl Röchlings Todesjahr 1910 wurden durch die „Röchling'schen Eisen- und Stahlwerke GmbH" 1,2 Mio. Tonnen Eisenerz gefördert, 350.000 Tonnen Koks erzeugt, 550.000 Tonnen Roheisen erblasen, 420.000 Tonnen Stahl hergestellt und 5.500 Menschen (8.000 unter Einbeziehung der zahlreichen Nebenbetriebe) beschäftigt (Tille 1911, 203. 211). Das Familienunternehmen deckte die gesamte Wertschöpfungskette ab: vom Rohstoffabbau über die Produktion bis zum Vertrieb. Röchlings Söhne Louis (1863–1926) und Hermann (1872–1955) übernahmen frühzeitig verantwortungsvolle Positionen innerhalb des Unternehmens und führten nach seinem Tod die Geschäfte weiter. Während des Ersten und Zweiten Weltkriegs wurden in der Völklinger Hütte Rüstungsmaterial produziert und Zwangsarbeiter beschäftigt. 1971 fusionierten die Völklinger und die Burbacher Hütte zunächst zur „Stahlwerke Röchling-Burbach GmbH" sowie 1982 mit dem Neunkircher Eisenwerk zur „Arbed-Saarstahl GmbH". Die Völklinger Hütte wurde schließlich 1986 stillgelegt und 1994 von der UNESCO zum „Weltkulturerbe" erklärt. Die Familie Röchling hatte sich bereits 1978 aus Völklingen zurückgezogen. Das Unternehmen besteht aber bis zum heutigen Tage als „Röchling-Gruppe" mit Sitz in Mannheim fort; der Fokus liegt jedoch nicht mehr auf Eisen und Stahl, sondern auf Kunststoff.

Carl Röchling war nicht nur als Unternehmer, sondern auch als Politiker auf Stadt-, Kreis- und Landesebene hauptsächlich in und für Saarbrücken aktiv (Seibold 2011, 109). Laut § 46 der „Gemeindeordnung für die

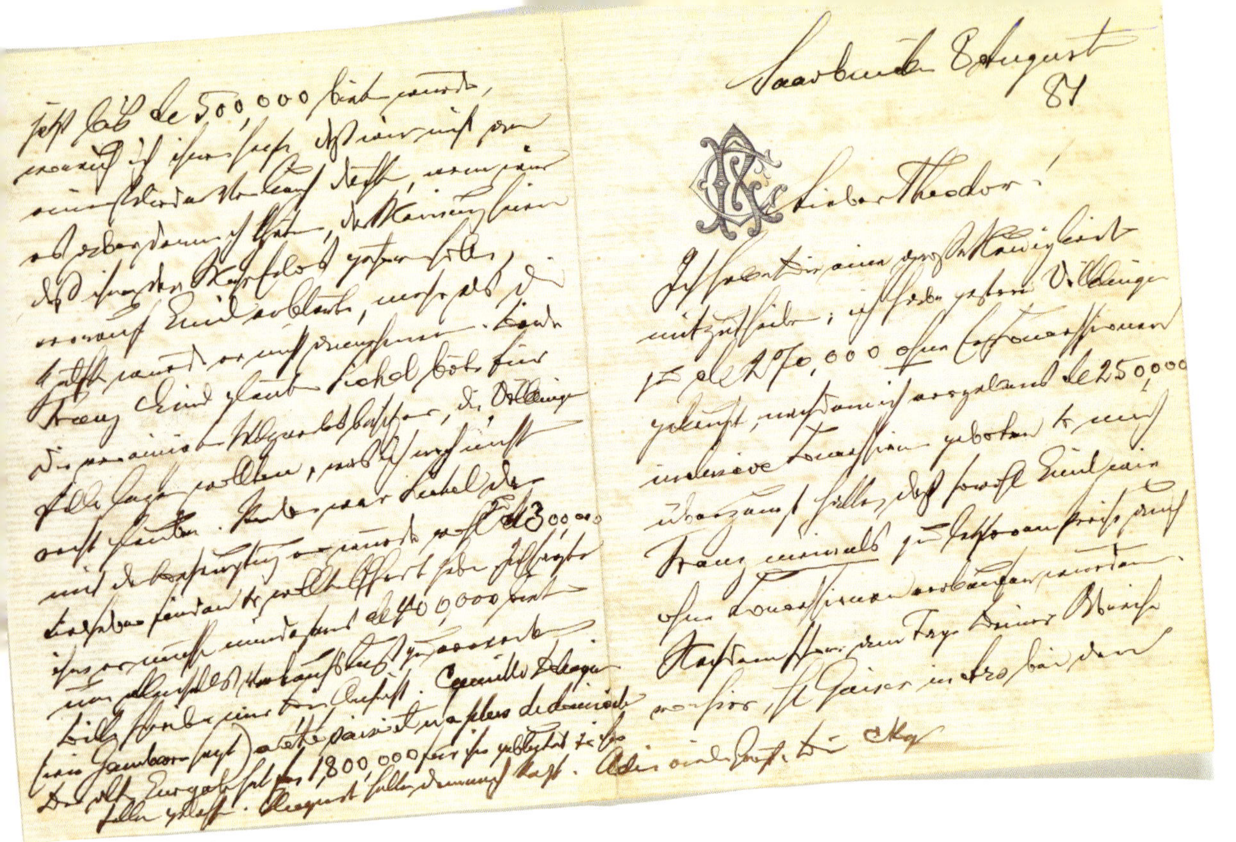

Saarbrücken 8 August 81

Lieber Theodor!

Rheinprovinz" stand ihm zudem als einem der meistbegüterten Grundbesitzer Völklingens die Mitgliedschaft im Völklinger Gemeinderat zu – ebenso wie Stumm in Neunkirchen. Von diesem Recht machte er von 1888 bis 1893 Gebrauch, bevor er den Anspruch an seinen Sohn Louis abtrat (Stadtarchiv Völklingen 1887; dasselbe 1893).

Aus der Ehe mit Alwine Vopelius gingen vierzehn Kinder hervor, von denen jedoch fünf früh verstarben (die Töchter Klara und Eleonore bereits im Kindesalter, die Söhne Max, Richard und Siegfried im Alter von 22, 21 und 19 Jahren). Die kinderreiche Familie lebte direkt über den Geschäftsräumen ihres Handelshauses in der Alt-Saarbrücker Wilhelm-Heinrich-Straße (Nutzinger 1927, 35). Anders als seine Söhne Louis und Hermann verlegte Carl Röchling seinen Wohnsitz nicht nach Völklingen, sondern blieb zeitlebens in Saarbrücken wohnen. Erst gegen Ende seines Lebens ab 1898 erbaute er sich eine großzügige Villa auf dem Saarbrücker Triller.

Karl Ferdinand Stumm

Karl Ferdinand Stumm wurde am 30. März 1836 ebenfalls in Saarbrücken geboren. Er wuchs in einem repräsentativen Herrenhaus in Neunkirchen unweit des familieneigenen Eisenwerks auf, das sein Großvater Friedrich Philipp Stumm gemeinsam mit seinen zwei Brüdern 1806 erworben hatte. Nach seiner Ausbildung und einem anschließenden vierjährigen Studium in Bonn und Berlin übernahm er 1858 mit nur 22 Jahren die Leitung des Neunkircher Eisenwerks. Er teilte sich diese Aufgabe noch bis 1871 mit seinem Onkel Karl Böcking, der das Unternehmen seit dem Selbstmord des Vaters 1848 übergangsweise geführt hatte.

Offiziell waren auch die drei Brüder Karl Ferdinand Stumms Mitbesitzer des Unternehmens, de facto hatten sie jedoch als Offiziere bzw. als Diplomat andere Karrierewege eingeschlagen. Zum Unternehmen gehörten neben dem Eisenwerk in Neunkirchen und einem Hochofenwerk in Ueckingen mehrere Erzfelder in Lothringen und eine Steinkohlegrube in Achenbach in Westfalen. Stumm war des Weiteren hauptbeteiligter Kommanditist der

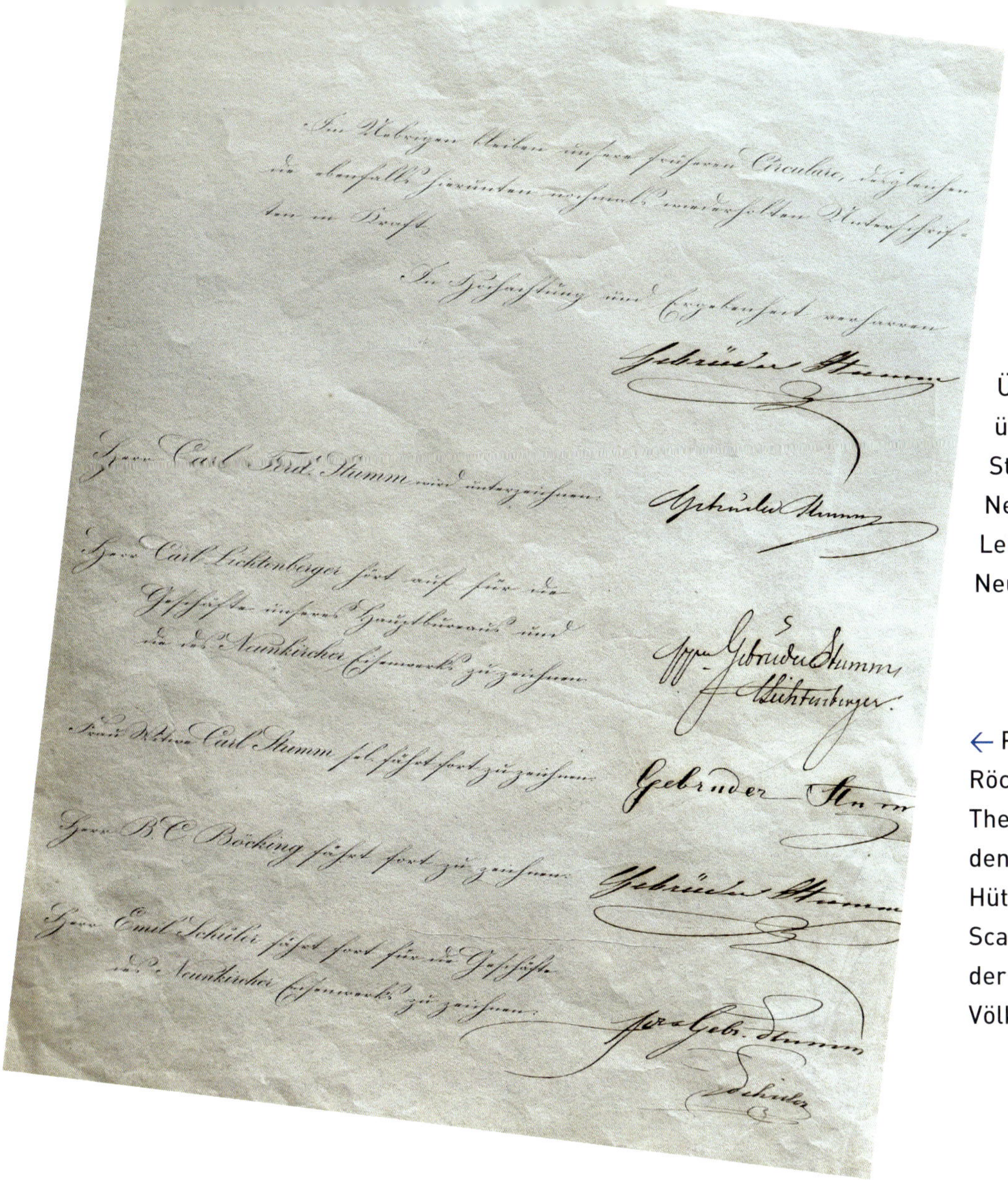

Übertragungsurkunde: 1858 übernahm Karl Ferdinand Stumm die Leitung des Neunkirchener Eisenwerks. Leihgeber: Stadtarchiv Neunkirchen.

← Privater Brief von Carl Röchling an seinen Bruder Theodor mit Mitteilung über den Kauf der Völklinger Hütte (Vorderseite). 1881. Scan nach einem Original der Sammlung Horst Mahr, Völklingen.

Halberger Hütte sowie Hauptaktionär und Aufsichtsratsvorsitzender der Dillinger Hütte (Jacob 1993, 26 f.). Im Jahr 1900, ein Jahr vor Stumms Tod, produzierte das Neunkircher Eisenwerk auf Hochtouren: Es wurden 278.000 Tonnen Roheisen erzeugt, 4.219 Menschen beschäftigt und in den fünf Stumm'schen Gruben 826.000 Tonnen Erz gefördert (Tille 1906, 59 f.). Anders als Carl Röchling hatte Stumm keine Söhne, die das Familienunternehmen hätten weiterführen können. Nach der Umwandlung in eine GmbH 1903 wurde sein Bruder Ferdinand Eduard Vorsitzender des Aufsichtsrates, für die Werksleitung waren die Generaldirektoren Theodor Zilliken und Fritz Horn verantwortlich. Das Unternehmen wurde schließlich 1978 vom luxemburgischen Konzern „Arbed" (Aciéries Réunies de Burbach-Eich-Dudelange) übernommen und 1982 mit der „Röchling-Burbach GmbH" zur „Arbed-Saarstahl GmbH" zusammengelegt. Im gleichen Jahr erfolgte auch die Stilllegung des Neunkircher Eisenwerks (Gillenberg 2005, 146).

Politisch widmete sich Karl Ferdinand Stumm der Wirtschafts- und Sozialpolitik, vor allem jedoch dem Kampf gegen die Sozialdemokratie. Er war Vorsitzender verschiedener Interessenverbände der Saarwirtschaft, u. a. des „Komitees der Arbeitgeber zur Bekämpfung der Sozialdemokratie" und der Saarbrücker Handelskammer. Neben seinem Engagement in der Lokalpolitik war er langjähriges Mitglied im Preußischen Abgeordnetenhaus, im Preußischen Herrenhaus sowie im Reichstag des Norddeutschen Bundes und im Deutschen Reichstag. In einer kurzen Phase in den 1890er Jahren – der sogenannten „Ära

Stumm" – besaß er das besondere Vertrauen Kaiser Wilhelms II. als einflussreicher Ratgeber in sozial- und innenpolitischen Fragen (HELLWIG 1986, 190 f.).

In Stumms Unternehmen regierte das „System Stumm", das er mehrfach als vorbildliches Modell in Reden vor dem Reichstag vorstellte und verteidigte. Stumm sah sich als „Herr im Haus" mit patriarchalischem Herrschaftsanspruch über seine Arbeiter inner- und außerhalb des Betriebs. Ein System der strengen Hand (Verbote und Disziplinarvorschriften) und der milden Hand (Einrichtungen der betrieblichen Sozialfürsorge) sollte einen reibungslosen Betriebsablauf nach seinen Vorstellungen garantieren. Anlass zur Kritik gab insbesondere die Kontrolle und Einmischung in das Privatleben der Arbeiter, die vom obligatorischen Heiratskonsens durch den Betriebschef bis zum Verbot der Lektüre bestimmter Tageszeitungen reichte – unter Androhung von Geldstrafe und Kündigung (LANG 1989, 138–140). Ebenso wie Stumm unterhielt auch Carl Röchling zahlreiche verschiedene Einrichtungen der betrieblichen Sozialfürsorge, wie Krankenhäuser, Wohnungen oder Schulen für die Werksangehörigen und ihre Familien. Auch die Ehefrauen Alwine Röchling und Ida Stumm gründeten und leiteten zahlreiche Projekte, die sich insbesondere an Frauen und Kinder richteten, beispielsweise die Sommerfrische für kränkliche Kinder. Die Betriebsstiftungen sollten qualifizierte Arbeiter und Angestellte an das Unternehmen binden, für Zufriedenheit und Loyalität sorgen und somit auch potenzielle Streiks im Keim ersticken.

Als überaus wohlhabender Unternehmer spendete Stumm beträchtliche Summen in Neunkirchen, beispielsweise für das Gymnasium und das Magdalenen-Krankenhaus. Ein besonderes Anliegen war der evangelische Kirchenbau: Sowohl die Christuskirche in Neunkirchen als auch die sogenannte Stumm-Kirche in Brebach wurden in seinem Auftrag erbaut. Außerdem spendete er für den Bau der katholischen Marienkirche in Neunkirchen sowie der katholischen Kirche Maria Hilf in Brebach (MARSCHALL 1999). Die Kirchenförderung war Teil des „Systems Stumm". Die Gotteshäuser wurden gezielt für die Arbeiter und Angestellten des Neunkircher Eisenwerks

← Goldene Hochzeit von Carl und Alvine Röchling, 1907.
Foto: Sammlung Horst Mahr.

Friedhof der Familie Stumm auf dem Saarbrücker Halberg.
Foto: Thomas Roessler, Historisches Museum Saar.

und der Halberger Hütte erbaut. (Stadtarchiv Neunkirchen 1895). Stumm hatte großes Interesse an einem moralisch gefestigten Privatleben seiner oftmals jungen, ledigen Arbeiter. Die Kirchengemeinschaft sollte Halt geben und vor den großen „Gefahren" des Alkohols und der Sozialdemokratie bewahren. Von seinen Kirchenbauten und zahlreichen Spenden profitierte aber auch die gesamte umliegende Bevölkerung. Stumm besaß, vor allem in Neunkirchen, eine dominierende Machtposition – gegen seinen Willen ließ sich nur schwer Politik machen. Seine Wohltätigkeit nutzte er dabei gezielt als Mittel, seine Macht und seinen Einfluss zu demonstrieren und zu festigen.

Mit seiner Ehefrau Ida (geb. Böcking) hatte Karl Ferdinand Stumm vier Töchter. Sein 1874 geborener Sohn Carl Heinrich Rudolph starb im Alter von nur 11 Monaten an Bronchitis. Seit 1880 wohnte Stumm mit seiner Familie auf Schloss Halberg in Saarbrücken, wo ihn 1892 Kaiser Wilhelm II. persönlich besuchte (Jacob 1993, 35). 1901 verstarb Stumm im Alter von 64 Jahren an Krebs.

Albert Weisgerber

Ein Grenzgänger der Moderne

1878 - 1915

Von Andrea Fischer

Der Maler Albert Weisgerber steht am Beginn der modernen Kunst des heutigen Saarlandes. Gleich August Macke und Franz Marc gehörte Albert Weisgerber vor dem Ersten Weltkrieg zu den fortschrittlichen künstlerischen Kräften, die den Weg in die Moderne vorausgegangen sind. Zur Verwirklichung seiner künstlerischen Ziele war dem ersten Präsidenten der „Neuen Münchener Secession" jedoch kaum mehr als ein Jahrzehnt vergönnt. 1915 fiel er mit Goethes „Faust" im Soldatengepäck mit nur 37 Jahren an der Westfront bei Fromelles in Französisch-Flandern. Damit fand sein vielversprechendes Künstlerleben im Ersten Weltkrieg allzu früh ein jähes Ende. Gleichwohl hatte Weisgerber in der kurzen Spanne seines künstlerischen Wirkens ein vielschichtiges und facettenreiches Werk von hoher Qualität und Individualität geschaffen, das ihn innerhalb der großen und umwälzenden Kunstströmungen seiner Zeit in mehrfacher Hinsicht als ausgesprochenen Grenzgänger der Moderne zeigt (Fischer 2003, 8). Nach künstlerischen Anfängen im Symbolismus und Jugendstil vollzog sich sein Aufstieg innerhalb der Münchner Moderne in raschen Schritten. Als Repräsentant der Münchner Avantgarde nahm er sehr bald eine markante und eigenständige Position am Übergang vom deutschen Impressionismus zum Expressionismus ein. Porträts, Selbstbildnisse und vor allem große Figurenbilder bestimmten neben einzelnen Landschaften und Vorstadtbildern sein Schaffen (Mönig 2015).

Während die Künstlerkollegen Franz Marc und August Macke, die ein ebensolches Schicksal teilten, internationale Bekanntheit erlangten, blieb deren Popularität dem Frühvollendeten aus der Saarpfalz bis heute versagt. Sein Bekanntheitsgrad ist, gemessen an der Qualität seines Werkes, weit hinter den Erwartungen zurückgeblieben. Im Gegensatz zum „Blauen Reiter", der unter dem Begriff des „Geistigen in der Kunst" den Weg in die Abstraktion einschlug, hielt Weisgerber beharrlich am Figurativen fest. Weisgerber wollte den radikalen Bruch mit der Tradition nicht mitvollziehen. Seine Kunst war fortschrittlich, jedoch nicht umstürzlerisch. Für die Rezeption seines Werkes bedeutet dies, dass der Maler innerhalb der Kunstgeschichtsschreibung in den Hintergrund geriet. Weisgerber suchte nach unverbrauchten Möglichkeiten

← Albert Weisgerber, um 1900.
Foto: AW-Archiv der Stadt St. Ingbert, Pers. Erinnerungsstücke II, 14.

Albert Weisgerber mit Violine (rechts) und seine Brüder, 1880er Jahre.
Foto: AW-Archiv der Stadt St. Ingbert, Pers. Erinnerungsstücke II, 76.

→ Albert Weisgerber (rechts) mit seinen Brüdern, um 1900.
Foto: AW-Archiv der Stadt St. Ingbert, Pers. Erinnerungsstücke II, 9.

des künstlerischen Ausdrucks, mit denen sich auch die traditionellen Themen neu und doch gültig gestalten ließen. Sein Ziel war es, eine Brücke aus der Vergangenheit in die aktuelle Gegenwart zu bauen. Ungeachtet der Prophezeiung vom Verschwinden des Menschen aus der Kunst, blieb Weisgerber einer im weitesten Sinne humanistischen Kunst verpflichtet, die den Menschen in den Mittelpunkt des künstlerischen Fragens rückte (Fischer 2008, 102). Albert Weisgerber war in seiner Zeit ein Neuerer, ein Moderner, der sich einer hohen Malkultur verpflichtet wusste und der in seinen letzten Bildschöpfungen der expressiven Bildkunst neue Dimensionen erschloss. Als leidenschaftlicher Mitstreiter im Ringen um die Moderne steht Albert Weisgerber mit seinem Leben und Schaffen beispielhaft für den suchenden Aufbruch einer ganzen Künstlergeneration zu Beginn des 20. Jahrhunderts. Eine breite Kenntnis seines Werkes und seiner Bedeutung für die Kunstgeschichte steht trotz vielfacher Initiativen der hiesigen Kunstpflege noch immer aus.

Kindheit und frühe Jugend in St. Ingbert

Albert Weisgerber wurde am 21. April 1878 in dem damals noch zu Bayern gehörenden saarpfälzischen Industriestädtchen St. Ingbert geboren. Er entstammte „kleinen" Verhältnissen, die nicht gerade dazu bestimmt waren, die Laufbahn eines Künstlers zu ergreifen (Ishikawa-Franke 1978, 20 f.). Der Vater war Bäcker und betrieb in Weisgerbers

Geburtshaus in der St. Ingberter Kaiserstraße eine Gastwirtschaft. Albert war unter sieben Kindern das jüngste. Von den drei Schwestern und Brüdern starben zwei der Geschwister nur kurze Zeit nach der Geburt. St. Ingbert war damals ein aufstrebendes Industriestädtchen. Kohle, Eisen und Glas bildeten einst die zentralen Wirtschaftszweige der Stadt, die zur Herausbildung einer eigenständigen Industriekultur in St. Ingbert geführt hatte. Schon 1733 war dort das erste Eisenwerk, die „Schmelz", in Betrieb genommen worden, 1772 die Glashütte (Sauder 2006, 367). Die Stadt hatte im 19. Jahrhundert einen rasanten Aufstieg zum wichtigsten industriellen Zentrum der Pfalz erlebt. Auch in der Gastwirtschaft des Vaters verkehrten viele Industriearbeiter. Weisgerbers elementare künstlerische Begabung wurde früh ersichtlich. In der Lateinschule eher ein mittelmäßiger Schüler, vergnügte er sich mit Vorliebe damit im Unterricht, seine Lehrer und Mitschüler heimlich zu zeichnen. Sein Geschick und seine Versiertheit begeisterten manchen Klassenkameraden. Weisgerbers Talent zum Zeichnen scheint dabei in der Familie gelegen zu haben. Auch der Vater sowie vor allem dessen Bruder „Onkel Fritz", ein Schmelzarbeiter, der mit flinken Strichen *„wie der Teufel im Nu"* (Ishikawa-Franke 1978, 21) Tierköpfe und anderes mit Kreide auf die Tische in der Wirtschaft des Vaters zeichnete, reizten den Jungen mit ihnen zu wetteifern. Mit sichtlichem Ehrgeiz und wachsendem Selbstbewusstsein zeichnete der 13-jährige 1891 eine Folge von Fürstenbildern, darunter auch den bayrischen Prinzregenten

Luitpold. Weisgerbers künstlerische Neigungen fanden rasch die Aufmerksamkeit des Vaters. Dieser förderte den Jungen nach Kräften. Die trefflichen Zeichenproben seines Sprösslings legte er dem Direktor der Kreisbaugewerbeschule in Kaiserslautern vor, der das hoffnungsvolle Talent sogleich erkannte. Nach nur drei Jahren verließ der Knabe, der eigentlich die Laufbahn des Volksschullehrers ergreifen sollte, die St. Ingberter Lateinschule und brach nach Kaiserslautern auf.

Lehr- und Studienjahre

Auf Empfehlung des Direktors ließ der Vater seinen Sohn von Mai 1891 bis April 1894 an der Kreisbaugewerbeschule in Kaiserslautern in der Klasse für Zimmer- und Dekorationsmalerei ausbilden (Sauder 2006, 369 f.). Die Noten des Jungen während der dreijährigen Schulzeit in Kaiserslautern waren vortrefflich. Er zählte stets zu den Besten. Während der Ferien weilte er bei den Eltern in St. Ingbert und suchte seine Kenntnisse bei dem Malermeister Roppenecker zu erweitern. Bei den Deckenmalereien für den Saal des Becker-Bräu sowie für die Kirche in Bliesmengen, die heute zerstört sind, wirkte der tüchtige Schüler eifrig mit (Weber 1965, 13). Schon früh erprobte er sich auf dem Gebiet der Wandmalerei, was ihn später zum großen Format befähigen sollte. Weisgerber erkannte jedoch recht bald, dass er über das Handwerkliche hinauswachsen wollte. Mit dem festen Wunsch und Willen, etwas aus seinem Talent zu machen, zog es den Jungen nach einer kurzen Lehrzeit bei einem Frankfurter Dekorationsmaler schließlich in die bayerische Metropole. Seit Herbst 1894 Schüler an der Münchner Kunstgewerbeschule, schaffte er mit glänzenden Zeugnissen ausgestattet, 1897 den Sprung an die Münchner Akademie, wo er sein Können zunächst in der Zeichenklasse von Gabriel von Hackl weiter gefördert sah. Nach nur zwei Semestern durfte sich Weisgerber jedoch bereits neben Hans Purrmann und später auch Wassily Kandinsky und Paul Klee zu den vielbeneideten Schülern des Malerfürsten Franz von Stuck zählen. Zum Besuch der Akademie wurde dem jungen Maler von der St. Ingberter Volksbank eine monatliche Unterstützung von zehn Mark bewilligt (Sauder 2006, 369). Die Akademien in Frankfurt mit Hans Thoma oder Karlsruhe mit Wilhelm Trübner hätten für ein Kunststudium geographisch weitaus nähergelegen, doch der junge Mann aus St. Ingbert fühlte sich als Bayer, den es in die Hauptstadt an der Isar zog. Zudem genoss München Ende des 19. Jahrhunderts den Ruf, neben Paris die bedeutendste Kunststadt Europas zu sein. Saarländer wurde Weisgerber eigentlich erst nach seinem Tod, als nach dem Krieg aufgrund des Versailler Vertrages zunächst das Saargebiet entstand, dem Teile der Westpfalz und damit auch St. Ingbert angegliedert wurden.

Künstlerleben in München und Paris

Albert Weisgerber war Zeit seines Lebens in besonderer Weise mit München, seiner geliebten Wahlheimat, verbunden. München hatte ihn künstlerisch geprägt und ihm Anerkennung als führendem Vertreter der Moderne gebracht. Der Absolvent der Münchner Akademie war nicht nur Mitbegründer und erster Präsident der „Neuen Münchener Secession", sondern hatte sich auch als ständiger Mitarbeiter der progressiven, 1896 von Georg Hirth gegründeten satirischen Wochenzeitschrift „Jugend" einen herausragenden Namen gemacht. Für das fortschrittliche Unterhaltungsblatt, das zum Namensgeber des Jugendstils wurde, schuf er über ein Jahrzehnt rund 500 Illustrationen. Mit solchen Auftragsarbeiten finanzierte er sein rastloses Künstlerdasein,

→ Ölgemälde: Selbstbildnis am Attersee, 1911. H. 78 cm x 65 cm Leihgabe: Albert-Weisgerber-Stiftung, St. Ingbert.

das ihn auf mehreren Studienreisen auch nach Frankreich und Italien führte. Die bayerische Metropole befand sich um 1900 nach dem Weggang von Slevogt und Corinth als Kunststadt zunächst in einer Krise (SCHRICK 1994, 75 f.). Doch allen Unkenrufen vom Niedergang Münchens als Kunststadt zum Trotz entwickelte sich Schwabing, wo eine große Schar von Künstlern und Intellektuellen verblieben war, zu einem fruchtbaren Nährboden für eine junge Generation der Münchner Moderne, innerhalb derer Weisgerber schon bald eine führende Rolle einnehmen sollte. Aus der Enge einer kleinen Provinzstadt kommend, sah sich Weisgerber in die belebende Atmosphäre Schwabings hineinversetzt und nahm intensiv Anteil am künstlerischen und geistigen Leben der Isar-Stadt. In den einschlägigen Schwabinger Künstlercafés und Treffpunkten wie dem „Café Stephanie“ oder dem legendären „Simpl.“ pflegte er zahlreiche freundschaftliche Kontakte zu Künstlerkollegen, Literaten, Musikern und Intellektuellen der unterschiedlichsten Couleur. Seine Vernetzung war europäisch im besten Sinne. Die interessantesten Geister seiner Zeit

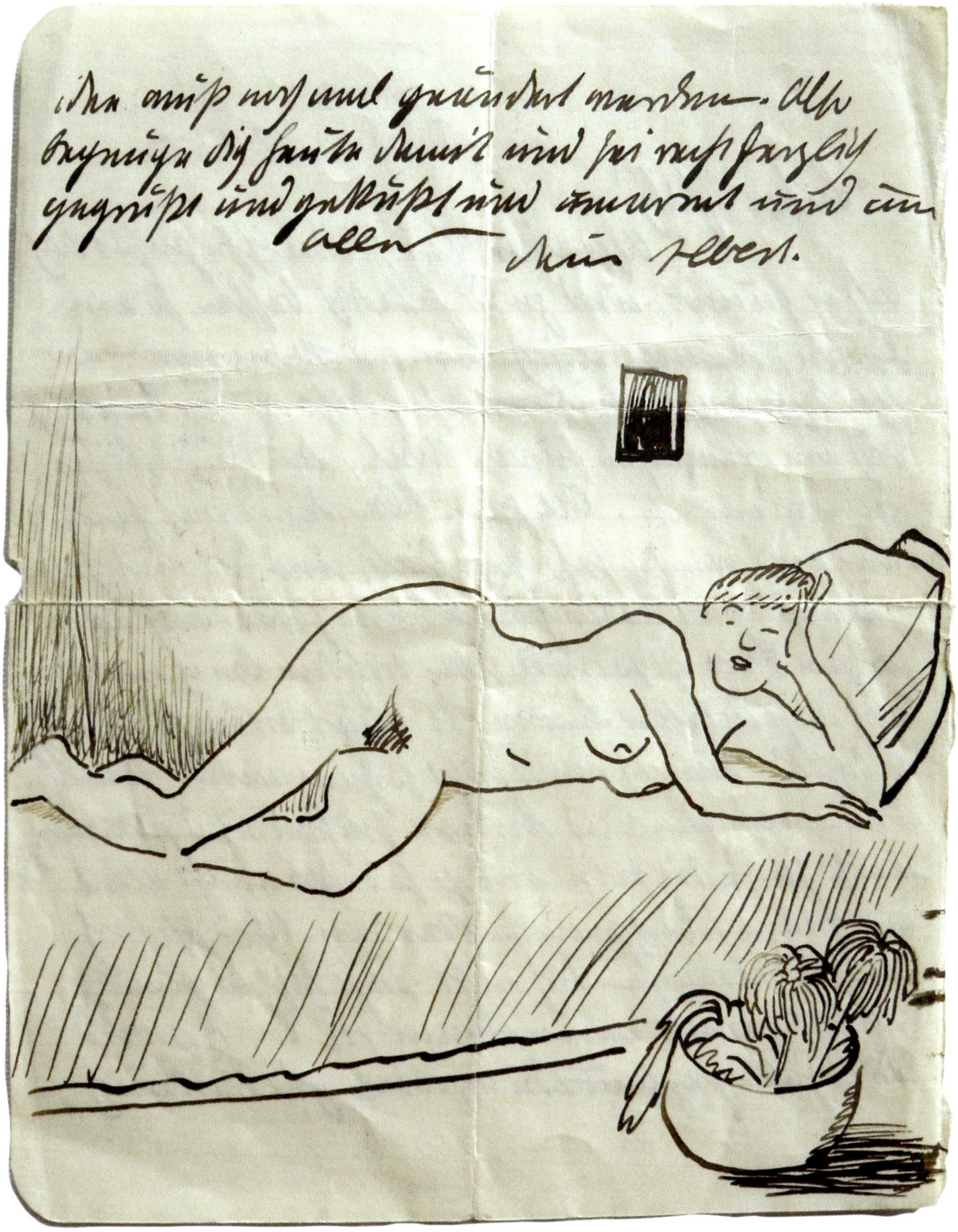

← Albert Weisgerber malt im Biergarten des Gasthauses „Grüne Laterne", St. Ingbert 1904. Foto: AW-Archiv der Stadt St. Ingbert, Pers. Erinnerungsstücke II, 19.

Die Tuschezeichnung befindet sich auf der Rückseite eines Briefes aus Paris, 1906, Feder in Braun auf Briefpapier, H. 20,5 x 16,5 cm.
Leihgabe: Albert-Weisgerber-Stiftung, St. Ingbert, Pers. Erinnerungsstücke II, 33.

zählten zu seinen Freunden und Weggefährten (Sauder 2006, 386). Hierzu gehörten Vertreter der literarischen und künstlerischen Avantgarde Münchens wie etwa Max Halbe, Frank Wedekind, Joachim Ringelnatz, Erich Mühsam, Ludwig Scharf, Alfred Kubin, Hans Purrmann, Karl Arnold und viele andere. Seit 1901 mit Beendigung der Akademiezeit stellte Weisgerber in der „Secession" aus und war damit in den Kreis der fortschrittlichen Münchner Kräfte aufgenommen. Der Maler, der sich zeitlebens der Festlegung auf einen Stil verweigerte und sich trotz seiner

vielfältigen Kontakte innerhalb der Avantgarde keiner der revolutionären Künstlergruppen anschloss, erwies sich auf seinem Weg zu künstlerischer Selbstständigkeit als ausgesprochener Grenzgänger, diversen Anregungen gegenüber offen, die er gleichwohl zu einer eigenständigen Bildform umzudeuten wusste. Neben dem Einfluss der dunkeltonigen Malkultur der Münchner Schule wurden sowohl die Lichtmalerei des Impressionismus als auch der Expressionismus mit seiner psychischen Ausdruckskraft der Farbe richtungsweisend. Die Kunstzentren München und Paris bezeichneten die Pole einer für Weisgerber künstlerisch bedeutsamen Achse. Maßgebliche Impulse erhielt der Maler auf einer Reise nach Berlin, wo ihn 1905 die französischen Impressionisten nachhaltig beeinflussten. Unversehens reiste er in die französische Metropole, wo er in den Jahren von 1905 bis 1907 mit Unterbrechungen fast zwei Jahre hindurch zu dem legendären Künstlertreff des „Café du Dôme" am Montparnasse gehörte (Elvers-Švamberk 2015, 91). Dort lernte er Matisse kennen und traf sich mit einer bunten Schar aus Deutschland angereister Künstler,

← Hans Purrmann, Albert Weisgerber und Henri Matisse, München 1910. Foto: AW-Archiv der Stadt St. Ingbert, Pers. Erinnerungsstücke II, 8.

Liegender Akt auf der Rückseite eines Briefes (Fragment), den Albert Weisgerber an seine Braut geschrieben hat.
Paris 1906 (?), Feder in Braun auf Briefpapier, H. 17,7 x 11,2 cm.
Leihgabe: Albert-Weisgerber-Stiftung, St. Ingbert, Pers. Erinnerungsstücke II, 30.

darunter Rudolf Levy, Hans Purrmann und Jules Pascin. In vielfacher Weise war Weisgerber in Paris mit den modernen Kunstströmungen in Berührung gekommen, hatte sich mit der Alten Kunst ebenso auseinandergesetzt wie mit der Avantgarde. Einfluss gewannen vor allem Cézanne, Toulouse-Lautrec, aber auch Matisse und Manet. Paris besaß für Weisgerber eine katalysatorische Kraft, stürzte den Maler jedoch in eine tiefe Schaffenskrise. *„[...] Mein Pariser Aufenthalt, ist ein einziger moralischer Kater der mich aber so arg mitnimmt, daß mir manche Stunden lang alle*

Albert Weisgerber mit seiner Frau Grete und den Brüdern Friedländer, Sommer 1907 in Hamburg. Foto: AW-Archiv der Stadt St. Ingbert, Pers. Erinnerungsstücke II,7.

Lust zum Malen vergeht. [...] das Ringen nach Stil, will ich sagen, das verlangt Bären Kraft" (SAUDER 2006, 90 f.), klagte er 1906 in einem Brief an den späteren Bundespräsidenten und Freund Theodor Heuss.

Nach den Pariser Aufenthalten verlief Weisgerbers Leben in geregelteren Bahnen. Er heiratete die Malerin Grete Pohl, eine Bankierstochter jüdischer Herkunft aus Prag und nahm eine Stelle als Lehrer an der Münchner Damenakademie an. Weisgerber blieb dennoch auch nach Paris ein Suchender, geworfen zwischen die Zeiten und schwankend zwischen den künstlerischen Lagern und Vorbildern. Der welt- und wesensoffene Maler war seiner Heimatstadt und Familie dabei über viele Jahre eng verbunden. Auf seinen Reisen zwischen den Kunstmetropolen München und Paris hat er immer wieder gerne in St. Ingbert Station gemacht. Seine berühmten Biergarten-Bilder malte er unweit des Elternhauses in der „Luschd", dem Biergarten des damaligen Gasthauses „Grüne Laterne" in der Kaiserstraße (WEBER 1965, 20).

In Albert Weisgerbers letzten Jahren nahmen vor allem biblisch-religiöse und mythologische Stoffe im Werk des Künstlers einen herausragenden Rang ein. Die Begegnung

Albert Weisgerber beim Verlassen eines Unterstandes während des Ersten Weltkrieges. Foto: AW-Archiv der Stadt St. Ingbert, Pers. Erinnerungsstücke II, 21.

Klara Marie Faßbinder

Persönliche Mission: Frieden stiften

1890 - 1974

Von Karin Maass

Am 4. Juni 1974 starb bei Bonn eine Frau, die 1969 vom Präsidenten der Französischen Republik, General de Gaulle, den akademischen Orden „Les Palmes académiques“ verliehen bekommen hatte. Diese öffentliche Ehrbekundung für sie hatte der deutsche Bundespräsident Heinrich Lübke (CDU) abgelehnt und damit einen Proteststurm in der internationalen Presse und unter Fachkollegen ausgelöst. Erst sein Nachfolger, Bundespräsident Gustav Heinemann (SPD), stimmte drei Jahre später der Ordensverleihung an die unbeirrbare Anwältin einer friedlichen Völkerverständigung zu. Diese Anerkennung bedeutete Klara Marie Faßbinder so viel, dass sie verfügte, mit dem Orden begraben zu werden (Becker 2017). Wer war diese Frau, der die Ehrung durch den französischen Staat so viel bedeutete?

← Klara Marie Faßbinder.
Foto: Archiv der deutschen Frauenbewegung, Kassel, A-F-NLP 40/0203.

Katholische Werte

Klara Marie Faßbinder kam am 15. Februar 1890 in Trier zur Welt. Sie wuchs in einer gläubigen, katholischen und kaisertreuen Lehrerfamilie als fünftes von sieben Kindern auf. In ihrem kindlichen Erleben, so schildert sie es in ihren Lebenserinnerungen, waren die biblischen Geschichten ausgesprochen lebendig: die Flucht nach Ägypten fand im Garten hinter dem Haus statt und die darin befindliche Laube war der Tempel in Jerusalem. Ganz besonders die Heiligenlegenden begeisterten das Mädchen. Während eines Sommerferienaufenthalts im Pfarrhaushalt ihres Onkels schlief sie eines Nachts in Nachahmung ihrer heiligen Vorbilder asketisch und heldenhaft auf dem harten Fußboden unter dem Bett. Ihre Tante entdeckte sie dort und gab zu bedenken: Gott hat jedem seinen Platz auf dieser Erde angewiesen, und jeder habe dort seine Liebe zu ihm zu zeigen und Opfer zu bringen. Sie solle lieber über ihren eigenen Platz nachdenken, als den Heiligen einfach nur nachzueifern (Fassbinder 1961, 8).

1896 zog die Familie von Trier nach Brühl, denn der Vater trat eine Stelle am dortigen Lehrerseminar an. Während einer Religionsstunde an der Höheren Töchterschule, erzählt Klara Marie Faßbinder rückblickend, hatte sie ein weiteres Schlüsselerlebnis, das ihr christliches Selbstverständnis formte: Der von der jugendlichen Schülerin geschätzte Kaplan erzählte vom Heiligen Thomas von Aquin. Dieser fordere, der Mensch müsse der Stimme seines Gewissens folgen, möge sie ihn in Irrtum führen oder nicht. Selbst, so der Geistliche, wenn man deshalb aus der Kirche ausgeschlossen, sprich exkommuniziert würde; *„[...] der Sinn des Wortes „Gewissen" ist mir damals unauslöschlich in die Seele gesenkt und ist eine Richtschnur für mein ganzes Leben geworden"* (Fassbinder 1961, 9).

Von Wissensdurst und Bildungshunger

Als begabtes Kind mit schneller Auffassungsgabe eckte Faßbinder des Öfteren bei Mitschülerinnen und Lehrerinnen an. Sie fasste früh den Entschluss, einmal Lehrerin zu werden, *„damit meine Kinder einmal eine gerechte Lehrerin bekämen"* (Fassbinder 1961,19). Sie folgte damit der Familientradition, denn neben ihrem Vater waren auch ihre Großväter mütter- und väterlicherseits Lehrer. Außerdem entschieden sich bis auf ihre jüngere Schwester alle Geschwister für diesen Beruf (Becker 2010). Gleichzeitig ergriff sie eine der wenigen Möglichkeiten für Frauen in Preußen, Bildung zu erlangen. Ab 1906 besuchte Faßbinder das Höhere Lehrerinnenseminar in Koblenz und schloss es 1909 mit dem Lehrerinnenexamen für mittlere und höhere Mädchenschulen ab. Anschließend arbeitete sie drei Jahre an Höheren Mädchenschulen in Darmstadt und Bonn.

Unterdessen verbesserten sich die Bildungsmöglichkeiten für Mädchen und Frauen wesentlich: 1908 werden Frauen in Preußen zum Abitur und Studium zugelassen. Hierfür hatten Eltern, Lehrerinnen, Lehrer und Frauenverbände jahrelang gekämpft.

Nun entschloss sich Klara Marie Faßbinder, gemeinsam mit ihrer jüngeren Schwester Marie das geforderte einjährige Vorbereitungsjahr auf das Abitur zu absolvieren, um 1913 als „Externe" in Münster das Abitur ablegen zu können. Dann schrieb sie sich an den Universitäten in Bonn und München für die Fächer Deutsch, Geschichte und Französisch ein. Sie studierte begeistert französische Sprachwissenschaften und ging während ihrer Münchener Zeit dreimal in der Woche ins Theater. Diese für sie so aufregende Zeit endete abrupt mit dem Ausbruch des 1. Weltkriegs.

Die patriotische Pflicht

Im Krieg leerten sich die Hörsäle der Universitäten. Im Sommer 1916 entschloss sich Faßbinder schweren Herzens, ihr Studium vorzeitig zu beenden, um ihren Teil zur Verteidigung des Landes beizutragen. Ihre ausgeprägte patriotische Haltung ließ keine andere Entscheidung zu. Sie bestand ihr Staatsexamen 1917 mit Auszeichnung und absolvierte ihr einjähriges Referendariat an einer Kölner Mädchenschule. Dann trat sie am 1. Mai 1918 ihre Arbeit beim vaterländischen Hilfsdienst in der Abteilung für Fortbildung und Unterricht an. Ihr Einsatzort war das Armeehauptquartier der 3. Armee in Montgon bei Sedan in den französischen Ardennen. Um den Kampfgeist der Truppe zu stärken, hielt Faßbinder für Offiziere und Soldaten Vorträge über Geschichte und Nationalökonomie, organisierte Kirchenkonzerte und Diskussionsabende, stellte eine kleine Leihbücherei zusammen und schrieb Artikel für den „Champagnerkameraden". Sie war trotz ihres Französischstudiums zutiefst von der moralischen Überlegenheit der Deutschen gegenüber dem französischen Erbfeind überzeugt: *„[...] meine französischen Studien hatten mich*

→ "Internationale Konferenz zur friedlichen Lösung der deutschen Frage", 1952. Klara Marie Faßbinder in der Mitte, vorne, rechts neben ihr Martin Niemöller.
Foto: Günter Bratke, picture-alliance/dpa.

in keiner Weise für das Verständnis des Volkes und des Landes bereit gemacht. Das Land hat sich mir erst viel später in seinem schier unerschöpflichen Reichtum erschlossen. Das Volk in jenem Sommer 1918. Unverdientermaßen. Denn was mich dorthin führte, war eher Hochmut" (FASSBINDER 1961, 46).

Bei der Führung der Armee löste sie als Frau mit Universitätsabschluss bisweilen Irritation aus: *„Unser Generalquartiermeister, ein Fürst, erfuhr im Jahre 1918 zu seiner maßlosen Überraschung, daß deutsche Frauen an deutschen Universitäten studierten! – Zehn Jahre nachdem Preußen als letztes deutsches Land endlich die Tore seiner Universitäten für alle aufgetan hatte! – Oder jener ostpreußische Major, der mich nicht genug bemitleiden konnte, daß mich ‚armes Mädchen' meine ‚grausamen Eltern' zu solch einem ‚Hundeleben' verurteilt hätten, zu studieren! Denn heiraten würde doch kein Mann eine solche Frau, auch wenn sie hübsch sei (was er von mir fand). Da hätte der Mann doch viel zu viel Angst vor so einem Blaustrumpf! ‚Sie armes, armes Mädchen!'"* (FASSBINDER 1961, 52). Klara Marie Faßbinder schien über diese veraltete Rollenvorstellung eher belustigt als verärgert gewesen zu sein.

Ent-Täuschungen

Nahe der Front erwachte Faßbinder jäh aus ihren patriotischen Träumen. Sie traf auf eine Truppe, die nicht mehr an den Sieg glaubte. Von einer moralischen Überlegenheit der deutschen Armee konnte keine Rede sein. Diese behandelte die französische Zivilbevölkerung oft mit einer unangemessenen Härte, schlimmer noch, deutsche Soldaten hatten bei

Klara Marie Faßbinder, am Tisch stehend. Foto: Archiv der deutschen Frauenbewegung, Kassel, A-F-NLP 40/0201.

der einheimischen Bevölkerung den Ruf, Vergewaltiger zu sein. Faßbinder berichtet von erschreckenden Vorkommnissen (FASSBINDER 1961, 52). Die strenge Hierarchie in der Armee führte zu absurdem und unmenschlichem Verhalten. Offiziere vernichten lieber Lebensmittel, als sie an hungernde Untergebene weiterzugeben.

In zahlreichen Gesprächen beeindruckten sie einfache Soldaten mit ihren politischen Einsichten. In ihr regte sich Protest gegen den Krieg. Sie kam langsam zu der Überzeugung, dass Soldaten ihr Leben für einen nutzlosen und unmenschlichen Krieg einsetzten. Außerdem erhielt „der Erbfeind" in Montgon ein Gesicht. Französische Familien wendeten sich häufig an Klara Marie Faßbinder mit der Bitte, zu übersetzten und zu vermitteln, wenn es Konflikte mit den deutschen Besatzern gab. Auf diese Weise entstanden viele freundschaftliche Kontakte, die Klara Marie

Faßbinders Haltung gegenüber den Franzosen veränderten: „*Eine warme Welle überflutete mein Herz. Wie in einem Blitzschlag kam mir mein Hochmut zu Bewußtsein, aus dem heraus ich bisher den Franzosen geholfen hatte. Das war wie weggeschmolzen in einem Nu. – Das Menschliche nahm den Platz des Hochmutes ein. Was ich von da ab für die Leute von Montgon tat, war äußerlich das gleiche wie bisher. Aber innerlich war es anders. Das Wort vom „Erbfeind", das meine Kindheit und Jugend beherrscht hatte, war wie weggeblasen*" (Fassbinder 1961, 59).

Frauenemanzipation

Vor dem 1. Weltkrieg hielt Faßbinder es mit Goethe: „*Politisch Lied, ein garstig Lied*" und zog es vor, sich von der Politik fern zu halten. Es kümmerte sie auch wenig, dass Frauen in Deutschland kein Wahlrecht besaßen. Nach dem 1. Weltkrieg hatte sie eine völlig veränderte Haltung gegenüber diesen Themen: „*[...] ich (wurde) von der absoluten Notwendigkeit der politischen Frauenarbeit überzeugt, in der Gemeinde, im Staat und im zwischenstaatlichen Leben. Aber in ihrer Weise, nicht als Kopie oder folgsame Jüngerin des Mannes. Dann bleibt sie lieber zu Hause!*" (Fassbinder 1961, 91). Sie engagierte sich in zahlreichen Frauenverbänden, dem Verein katholischer deutscher Lehrerinnen, dem Katholischen Deutschen Frauenbund (in beiden bereits seit 1909) sowie ab 1926 im Deutschen Staatsbürgerinnenverband.

Im Saargebiet zur Völkerbundzeit

Nach dem „Bankrott" der Zivilisation im 1. Weltkrieg, suchte Klara Marie Faßbinder ihre moralische Regeneration sowie Festigung ihrer Werte in der Lektüre christlicher Autoren, wie Elisabeth Langgässer, Gerdrud von Le Fort, Romano Guardini, Romain Rolland und Paul Claudel. Im Januar 1919 nahm sie in Bonn ihr geliebtes Studium wieder auf. Sie promovierte über den mittelalterlichen, provenzalischen Dichter Rimbaut de Vaqueiras und erhielt für ihre Doktorarbeit die Bestnote „summa cum laude". Anschließend absolvierte sie die Assessorprüfung, um eine höhere Beamtenlaufbahn antreten zu können.

1920 ging Faßbinder nach Saarbrücken. Sie begab sich somit wieder in die Nähe Frankreichs und in die ihrer Eltern, denn 1914 war ihr Vater nach St Wendel versetzt worden. In Folge des Versailler Vertrags erhielt das Saargebiet erstmals ein geschlossenes politisches Territorium und wurde von einer internationalen Regierungskommission des Völkerbundes verwaltet. Nach 15 Jahren, 1935, sollte die Bevölkerung darüber abstimmen, ob sie zu Deutschland oder Frankreich gehören oder die Regierung durch den Völkerbund beibehalten wollte. Für Klara Marie Faßbinder gab es diesbezüglich keinen Zweifel. „*Es war mir natürlich klar [...], daß dies ein deutsches Land war und daß ohne seine Rückkehr zu Deutschland bei der Volksabstimmung 1935 nie Frieden zwischen Deutschland und Frankreich werden könne. Das wünschte ich mir aber aus ganzer Seele. Mitzuhelfen, daß die Saar deutsch bliebe, ohne in Chauvinismus und Feindseligkeit gegen Frankreich zu verfallen, war mir ein Ziel, allen Opfers wert. Mein Opfer bestand darin, daß ich auf die Universitätslaufbahn verzichtete*" (Fassbinder 1961, 79). Stattdessen kehrte sie in ihren alten Beruf als Lehrerin zurück. Sie arbeitete in Saarbrücken kurze Zeit an der Cecilienschule (heute Sozialpflegerisches Berufsbildungszentrum in der Schmollerstraße 10) und dann am Lyzeum II der Auguste-Viktoria-Schule (heute Gymnasium am Schloss, Spichererbergstraße 15).

„*Als ich nach Saarbrücken zog, kam ich mir zuerst vor wie ein Fisch, der aufs trockene Land geworfen ist und vergeblich nach Luft schnappt. Es gab in dieser Stadt ein bedeutendes Musikleben, vornehmlich für die reichen Saarindustriellen, die sich in ihr Casino die Oper von Wiesbaden oder ähnliches holten. Das „Volk" war davon ausgeschlossen. Nur ein beschränkter Kreis des gebildeten Bürgertums, vor allem die „Altdahiesigen", war zugelassen. Es gab ein bescheidenes Theatergebäude in einer ehemaligen Reitschule, in der von Zeit zu Zeit „Truppen" gastierten. Vorträge waren selten, Buchhandlungen zweitrangig, keine öffentlichen Bibliotheken"* (FASSBINDER 1961, 79). Während der Völkerbundzeit wetteiferten Paris und Berlin auch auf kulturellem Gebiet um die Gunst der Bevölkerung: *„[...] diese fünfzehn Jahre (waren) eine Segenszeit für die Bevölkerung,"* resümierte Faßbinder (ebenda).

Im Februar 1921 ergriff sie die Gelegenheit, an einem neuen Platz zu wirken. Sie wurde Landessekretärin des neu gegründeten Landesverbands des Bühnenvolksbunds (BVB), einer *„Vereinigung zur Theaterpflege in christlich deutschem Volksgeist"*. Dieser sah Theater als Orte der Volksbildung an und versuchte, die Arbeiterschaft über verbilligte Eintrittskarten in die Theater zu locken. Gleichzeitig war es ein Versuch der Kirchen, aktiv in die Gesellschaft hineinzuwirken (FASSBINDER 1922, 636). Es gehörte zu Faßbinders Aufgaben, einen Spielplan für die BVB-Theatergemeinden in Ottweiler, Dudweiler, Ludweiler und Merzig mit Vorstellungen verschiedener Truppen zu erstellen. Faßbinder setzte auf den Spielplan ganz bewusst deutsche Theaterstücke. Vor jeder Vorstellung führte sie in das Stück ein und genoss, wie sie sagte, den Kontakt mit dem „Proletariat" (FASSBINDER 1961, 82).

Der französischen „Obersten Polizeibehörde", der „Sûreté Publique Supérieure" erschien der BVB suspekt und er bestellte die Landessekretärin ein. Der Generalsekretär persönlich befragte Faßbinder nach den Motiven ihrer Arbeit, *„[...] es steckt doch etwas anderes dahinter als bloß ihr Christentum und ihr Theater und das Volk!"* Und sie antwortete ihm rundheraus: *„Ja, es steckt noch etwas anderes dahinter. Wir wollen durch unsere Arbeit dazu beitragen, dass die Volksabstimmung 1935 für Deutschland ausfällt, denn dies ist ein deutsches Land mit deutschen Menschen!"* (EBD., 84).

Privat verfolgte sie dieses Ziel ebenfalls sehr offen und gleichzeitig subversiv: Alle vierzehn Tage lud Faßbinder einen ausgewählten Kreis Deutscher und Angehörige der Völkerbundregierung zu einem guten Essen ein. So lernten diese sich ungezwungen kennen und sprachen, in angenehmer Atmosphäre, über die Zukunft des Saargebiets. Hier zeigte sich bereits Faßbinders besonderes Talent, zwischen Konfliktparteien zu vermitteln, das sie nach dem 2. Weltkrieg charakterisieren und auszeichnen würde (EBD., 99).

Neben ihrer Arbeit für den BVB engagierte sich Klara Marie Faßbinder in diesen Jahren auf zahlreichen internationalen Friedenskongressen und Tagungen. Der Austausch mit französischen Katholiken und Schriftstellern war ihr besonders wichtig. Sie übersetzte zahlreiche Werke Paul Claudels, schrieb Bücher über das literarische Leben in Frankreich und trug so dazu bei, Deutsche und Franzosen wieder einander anzunähern.

1935 und die Folgen

Genau das lehnten die Nationalsozialisten ab. Klara Marie Faßbinder war sich dessen bewusst und stimmte 1935 dennoch für den Anschluss des Saargebiets an Deutschland, in dem die Nationalsozialisten seit 1933 die Macht hatten, die sie ganz klar ablehnte. Aber die patriotischen Treuegefühle der Bewohner des Saargebiets zu Deutschland waren während der Völkerbundzeit eine konstituierende Größe, die von katholischen Autoritäten, wie Bischof Bornewasser und dem Vorsitzenden des katholischen Lehrerverbands Martin, auch 1935 noch bedingungslos unterstützt wurde (KÜPPERS 2014, 222 f.).

Mit dem Anschluss an NS-Deutschland wurde Klara Marie Faßbinder entlassen. Der Bühnenvolksbund fiel der kulturpolitischen Gleichschaltung der Nazis zum Opfer.

Kalte Zeiten

Nach dem zweiten Weltkrieg wurde Klara Marie Faßbinder Professorin für Geschichte an der Pädagogischen Akademie in Bonn. Gleichzeitig engagierte sie sich in Vereinen, auf unzähligen Reisen und Tagungen beharrlich für die Verständigung Deutschlands mit dem Osten, gegen die Wiederbewaffnung Deutschlands und gegen den Vietnamkrieg. Zu diesem Zweck führte sie unzählige Gespräche mit dem Ministerpräsidenten der DDR Otto Grotewohl, dem sowjetischen Botschafter Wladimir Semjonow, dem Moskauer Metropolit Nikolai, dem Patriarchen von Venedig Roncalli, Vertretern der UNO und vielen, vielen anderen. Sie suchte das Gespräch, wo es zwischen offiziellen Stellen schwierig geworden war. *„Es ist gut, dass sich menschliche Begegnungen auch über die Trennungslinien zwischen den Völkern herausbilden. […] eine junge Vertreterin aus Kolumbien […] sagte mir offen, daß ihr ganzes Weltbild sich gewandelt habe, seit sie so anständige Vertreter aus dem Ostblock kennenlernte. Daheim*

Frauen-Protestversammlung im Bonner Bürgerhaus anlässlich der ersten Lesung des "Gesetzentwurfs über das Notdienstgesetz", 28.9.1960. Klara Marie Faßbinder, am Tisch stehend.
Foto: Archiv der deutschen Frauenbewegung, Kassel, A-F-NLP 40/0202.

habe sie gedacht, nur Menschen ihres Glaubens seien vertrauenswert" (FASSBINDER 1961, 236). Aber es herrschte der Kalte Krieg, die Fronten waren verhärtet und die bundesdeutsche Regierung traute Faßbinders pazifistischer Überzeugung und christlicher Motivation nicht: *„Unter Kommunisten tritt sie als fromme Katholikin auf, und bei den Katholiken ist sie eine stramme Kommunistin. Das ist nicht zu überbietenden Falschheit"*, gibt Bundespräsident Lübke einmal gegenüber Journalisten zum Besten (POSSER 2000, 75). 1953 wurde sie erneut ihres Amtes enthoben und in den vorzeitigen Ruhestand geschickt. 1966 lehnte Lübke die Ordensverleihung ab. Erst drei Jahre später, 1969, stimmte Bundespräsident Heinemann dieser zu. Für viele Menschen ist Klara Marie Faßbinder mit ihrer Beharrlichkeit und Tapferkeit, mit der sie sich

Mitglieder der Westdeutschen Frauenfriedensbewegung: Elly Steinmann (li.) und Klara Marie Fassbinder (re.) in Rom, 1963.
Foto: Archiv der deutschen Frauenbewegung, Kassel, A-F-NLP 40/0284.

→ Flugblattaktion, nachdem Bundespräsident Heinrich Lübke die Verleihung des Ordens "Les Palmes académiques" an Klara Marie Faßbinder verweigert hat. Darunter Notiz von Paul Claudel an Klara Marie Faßbinder.
Leihgeber: Archiv der deutschen Frauenbewegung, Kassel, SK 51_3.

Warum ist es zum Fall Lübke - Faßbinder gekommen?

Frau Prof. Dr. Klara-Marie Faßbinder sollte für ihre Bemühungen um die deutsch-französische Verständigung, besonders für Übersetzungen von Dichtungen Paul Claudels, von der französischen Regierung der Orden „les palmes académiques" verliehen werden.

Nach dem Ordensgesetz vom Jahre 1957 muß der Bundespräsident in einem solchen Falle seine Zustimmung geben. Nach monatelangem Hinauszögern kam mit Datum vom 27. Oktober 1966 die Mitteilung, der Bundespräsident lehne ab. Gründe für dieses Verhalten wurden nicht bekanntgegeben. Auf Grund dieser Tatsache erhob sich ein Sturm in der in- und ausländischen Presse. Fast ausnahmslos wurde die Haltung des Bundespräsidenten mißbilligt. Viele Professoren und Geistesschaffende richteten Petitionen an Heinrich Lübke, um ihn zur Änderung seines Entscheides zu bewegen.

Ungezählte Zuschriften und Sympathie-Erklärungen kamen zu Frau Professor Faßbinder ins Haus. Im Bundestag gab es in einer Fragestunde lange Auseinandersetzungen, in deren Verlauf 30 Anfragen von zwei Staatssekretären nur vage und unzureichend beantwortet wurden.

Durch Erkundigungen der Presse und einzelner Persönlichkeiten wurde eindeutig bekannt, daß die Gründe der Ablehnung politischer Natur waren, nämlich die konsequente Friedensarbeit von Frau Prof. Faßbinder, die vor weltanschaulichen und politischen Grenzen nicht halt macht.

Zu allem Überfluß hat sich der Bundespräsident in Berlin vor Journalisten wie folgt geäußert:

„Unter Kommunisten tritt sie als fromme Katholikin auf, und bei den Katholiken ist sie eine stramme Kommunistin. Das ist nicht zu überbietende Falschheit ... Im übrigen habe ich Claudels „Seidenen Schuh" seinerzeit gesehen ... Das hat sie doch nur übersetzt, um den Katholiken etwas vorzunebeln, um ihre Gesinnung zu verdecken. Das war ein Trick, aber wir haben ihn durchschaut." (Spiegel 6/1967)

Der Verlauf dieses Gespräches wurde amtlich bestätigt.

Zu dieser diffamierenden Äußerung sei festgestellt:

1. Paul Claudels Bühnenwerk „Der seidene Schuh" ist nicht von Frau Faßbinder, sondern von Hans Urs von Balthasar übersetzt worden.
2. Welchen Erfolg sich Frau Prof. Dr. Faßbinder davon versprechen sollte, „unter Kommunisten als fromme Katholikin und bei den Katholiken als stramme Kommunistin" aufzutreten, das wird, wie so manches, sicher das Geheimnis des Bundespräsidenten bleiben.
3. Im Jahre 1938, als es nicht wie heute en vogue war, deutsch-französische Verständigung zu praktizieren, bekam Frau Prof. Dr. Faßbinder von Paul Claudel einen Brief, in dem es heißt: „Ich fürchte sehr, daß Ihre Sympathie für mich Ihnen Unannehmlichkeiten mit der Gestapo bringt . . ."

Hat Bundespräsident Lübke ein ähnliches Schreiben aus jener Zeit vorzuweisen?

le 30 Juin 38
S. Paul

Je crains beaucoup que votre sympathie pour moi ne vous entraine dans des ennuis avec la Gestapo.

— Claudel

▶

für den Frieden, die Völkerverständigung und ihre christliche Überzeugung einsetzte, ein großes Vorbild. Hiervon legt nicht zuletzt die Festschrift zu ihrem 80. Geburtstag Zeugnis ab, zu der zahlreiche, prominente Autorinnen und Autoren aus Religion, Politik und Literatur Beiträge schrieben (Baur/Fölsing 1970). In St. Arnual (Saarbbrücken) ist seit dem 27. Mai 2010 eine Straße nach ihr benannt.

→ Die Autorin

Karin Maaß studierte Kunstgeschichte und Französische Philologie an der Universität Trier. Sie arbeitete als wissenschaftliche Mitarbeiterin an der Universität Trier, dem Staatlichen Konservatoramt des Saarlandes, dem Saarbrücker Frauenbüro, der Stiftung Saarländischer Kulturbesitz und freiberuflich als Museumspädagogin. Von 2004-08 war sie im Vorstand des Bundesverbandes Museumspädagogik und 2006-07 als Lehrbeauftragte der Universität des Saarlandes tätig. 2007 gab sie das Handbuch „Das barrierefreie Museum. Theorie und Praxis der Zugänglichkeit von Ausstellungen“ mit heraus. Seit 2007 ist sie Lehrerin für Bildende Kunst und Französisch.

Literatur- und Quellenverzeichnis

Ruth Bauer/Karin Maass, *Frauenwege in Saarbrücken*. Historische Stadtrundgänge (Saarbrücken 2002).

Hanneclär Baur/Günter Fölsing, *Das politische Engagement der Christen heute.* Zum 80. Geburtstag von Klara Marie Faßbinder (Bonn 1970).

Thomas P. Becker, *Klara Marie Faßbinder* (1890-1974), Pazifistin. Onlinebeitrag vom 30. September 2010. <http://www.rheinische-geschichte.lvr.de/persoenlichkeiten/F/Seiten/KlaraMarieFassbinder.aspx> [Stand: 27. Juni 2017].

Thomas P. Becker, *Auskunft des Nachfahren in einem Telefonat mit der Autorin im April 2017.*

Klara Marie Fassbinder, *Die Bestrebungen zur Reform des Theaters und der christliche Volksteil Deutschlands*. Pädagogische Post 41, 1922, 635–637. <http://www.digizeitschriften.de/dms/img/?PID=1003137911_01|LOG_0678&physid=PHYS_0639#navi> [Stand: 27. Juni 2017].

Klara Marie Fassbinder, *Begegnungen und Entscheidungen*. Blätter aus einem Lesebuch (Darmstadt 1961).

Annette Keinhorst/Petra Messinger (Hrsg.), *Die Saarbrückerinnen*. Beiträge zur Stadtgeschichte. Geschichte, Politik und Gesellschaft 2 (St. Ingbert 1998).

Heinrich Küppers, *Das christlich-katholische Lager an der Saar 1933 bis 1945.* In: Hans-Christian Herrmann/Ruth Bauer, Widerstand, Repression & Verfolgung. Beiträge zur Geschichte des Nationalsozialismus an der Saar. Politik, Geschichte und Gesellschaft 14 (St. Ingbert 2014) 213–236.

Diether Posser, *Anwalt im Kalten Krieg.* Deutsche Geschichte in politischen Prozessen 1951–1968 (Bonn 2000).

Elly Steinmann, *Die Lehrmeisterin*. Klara Marie Fassbinder – Porträt 15. Februar 1890–3. Juni 1974. In: Florence Hervé, Brot & Rosen. Geschichte und Perspektive der demokratischen Frauenbewegung (Frankfurt am Main 1979) 181-183.

Angela Braun-Stratmann (*1892–1997)

Politikerin, Frauenrechtlerin, Mitbegründerin der saarländischen AWO

Foto: Privatarchiv Rudolf Sommer, Spiez.

von Melanie Huropp

Angela Stratmann wurde am 22. August 1892 in Neuss geboren. Schon früh begann sie sich politisch zu engagieren, wohl beeinflusst von ihrem späteren Ehemann Max Braun: 1923 heiratete sie den sozialdemokratischen Politiker und Chefredakteur der „Volksstimme". Im selben Jahr zog das Paar nach Saarbrücken.

Am 13. Februar 1924 wurde die saarländische Arbeiterwohlfahrt (AWO) gegründet. Beteiligt am Aufbau wurde sie deren Vorsitzende von 1925 bis zum Verbot 1935. Unter ihrer Leitung richtete die AWO Nähstuben und Volksküchen sowie organisierte Ferienmaßnahmen und Bildungsveranstaltungen. Sie klärte über Anforderungen in der Kindererziehung auf und trat für deren Schutz vor Gewalt ein. Ende der 20er Jahre wurden ihre Beiträge politischer. Frauenrechte und Frauenbildung, Sozialdemokratie aber auch die Opposition gegenüber dem Nationalsozialismus und der Rückkehr ins Reich bildeten ihren Schwerpunkt.

Das Ehepaar floh 1935 nach Frankreich. Hier war Angela Braun-Stratmann ab 1936 im „Office pour les Réfugiés Sarrois" tätig. Mit Kriegsbeginn 1939 musste das Ehepaar erneut flüchten. Über Umwege gelangten sie nach London, wo Braun-Stratmann zunächst im W.S.V. (Woman's Volontary Service) aktiv wird. 1941, eingestellt im Ministry of Food, ist sie für die Volks- und Kinderspeisung verantwortlich.

Kurz vor der Rückkehr 1945 starb Max Braun. Allein zurück übernahm sie abermals den Vorsitz der AWO. Für ihr Auskommen arbeitete sie als Journalistin bei der Saarbrücker Zeitung und als Chefredakteurin der Frauenzeitschrift „Charme". Erneut engagierte Braun-Stratmann sich politisch. Sie wurde Mitglied der Verfassungskommission des Saarlandes und zog 1946 als eine von drei Frauen in den Landtag ein. Frieden, Völkerverständigung und der Europagedanke bestimmen ihr Wirken. 1953 zog sie sich zurück und siedelte drei Jahre später nach Frankreich über. Dort verstarb sie am 19. Juni 1966.

1997 wurde sie posthum für ihr Lebenswerk mit der Benennung einer Straße im Saarbrücker Stadtteil Malstatt geehrt.

Literatur- und Quellenverzeichnis

Gabriele Lagemann, *Uns fliegen keine gebratenen Tauben in den Mund.* Angela Braun-Stratmann (1892–1966). Sozialdemokratin und Frauenpolitikerin. In: Annette Keinhorst (Hrsg.), Die Saarbrückerinnen. Beiträge zur Stadtgeschichte. Schriftenreihe Geschichte, Politik und Gesellschaft der Stiftung Demokratie Saarland 2 (St. Ingbert 1998).

Ruth Bauer/Karin Maass, *Frauenwege in Saarbrücken.* Historische Stadtrundgänge (Saarbrücken 2002).

Johannes Hoffmann

Ein Zeitzeugeninterview zur Genese des Saarlandes zwischen Deutschland, Frankreich und Europa

1890 - 1967

VON RAINER HUDEMANN, ARNO KRAUSE, ROLAND STIGULINSZKY

Das folgende, hier gekürzte Interview wurde am 28. Februar 2017 im Historischen Museum Saar aufgezeichnet.
Moderation: Prof. Dr. Rainer Hudemann (Hu)
Zeitzeugen:
Arno Krause (Kr)
Roland Stigulinszky (St)

Hu: Herr Stigulinszky und Herr Krause, Sie hatten ja recht entgegengesetzte Positionen in dieser hochinteressanten Nachkriegszeit. Wie sehen Sie, auch rückblickend, Johannes Hoffmann als Mensch und als Politiker?

St: Für mich ist bei Hoffmann besonders wichtig, was eigentlich auf fast alle Politiker zutrifft: sein tragisches politisches Dasein. Er ist vor Hitler in die Emigration geflohen. Er ist in der Nachkriegszeit zurückgekommen und stand dann vor der Situation, mit dem Siegerstaat ein Arrangement zu treffen. Mit großen Erwartungen und Plänen ist er in diese Position hineingekommen, doch durch die Siegerstaatsbedingungen wurde ihm ein französischer Generalgouverneur vor die Nase gesetzt. Das heißt alles, was er anging, war immer daran gebunden, es in Übereinstimmung mit den französischen Vorstellungen zu realisieren. Dies ist auch oft gut gelungen, z.B. im sozialen Bereich, in dem das Saarland eine herausragende Stellung hatte. Nach acht Jahren trat er ab und ist zwar nicht vergessen, aber seine Zeit ist vorbei gewesen. Das macht ihn zu einer tragischen Figur.

Kr: Man kann über Johannes Hoffmann nicht wirklich sprechen, wenn man sich nicht erinnert, wie er es vor 1933 als selbstverständlich ansah, dass das Saargebiet zu Deutschland gehört. Nach den Bestimmungen des Versailler Vertrags von 1919 bekam er auch die Chance, dies möglich zu machen. Was er allerdings nicht für möglich hielt, war, dass in Deutschland ein System an die Macht kam, welches alles in Frage stellte, was seine politische Einstellung als christlicher Demokrat betraf. Hoffmann war damals als Chefredakteur der Saarländischen Landeszeitung einer der wenigen, die den Mut hatten, vor der Zentrumspartei (sprich der heutigen CDU) nach 1933 auszusprechen, dass er sich unter den herrschenden Bedingungen in Deutschland nicht dafür

← Johannes Hoffmann, 1950er Jahre.
Foto: Landesarchiv Saarbrücken.

einsetzen könne, dass sich das Saargebiet zu Hitler-Deutschland bekennt. Denn sollte Hitler an die Macht kommen, so würde das Krieg bedeuten. Das 1935 stattfindende Referendum biete den Saarländern die Möglichkeit, sich Hitler und seiner Partei zu widersetzen. Hoffmann forderte alle Saarländer auf, unter diesen Umständen beim Völkerbund zu bleiben. Jedoch musste er feststellen, dass seine Forderung nicht erhört wurde, da die nationalistisch-faschistische Welle eine immense Kraft besaß. Denn die demokratische Legitimation, die das Abstimmungsergebnis von 1935 für Deutschland und für Hitler gebracht hat, war überwältigend: 90 % aller Saarländer hatten die Rückkehr ins Reich, trotz Hitler, Dachau und der Verfolgung und Inhaftierung seiner Gegner gewählt. Deshalb müssen wir uns heute dazu bekennen, dass die Saarländer ihm in einer demokratischen Abstimmung die Legitimation gegeben haben und dass vor allem im Ausland der Eindruck entstand, alle Deutschen stünden hinter Hitler.

Was Hoffmann in der Emmigration in Luxemburg, Frankreich und Brasilien erlebt hat, hat ihn natürlich geprägt, jedoch auch die Erfahrungen nach seiner Rückkehr, denn er hatte dieses Chaos, das im Saarland vorherrschte, prophezeit. Er trauerte jedoch nicht um das, was passiert war, sondern versuchte, das

Interview, 28. Februar 2017:
Rainer Hudemann (rechts), Arno Krause (Mitte) und Roland Stigulinszky (links).
Foto: Thomas Roessler, Historisches Museum Saar.

Saarland neu aufzubauen. Dafür musste er sich an den Vorhaben der Alliierten und via Frankreich orientieren, um die zukünftige Position des Saarlandes mitzubestimmen.

Hu: Zumindest in den westlichen Besatzungszonen hat der demokratische Wiederaufbau ja unmittelbar im Herbst 1945 begonnen. War es vor diesem Hintergrund unvermeidlich, eine Art „Sonderweg" für das Saarland zu wählen?

Kr: Ja, es war unvermeidlich, denn Deutschland hatte ja noch keine politischen Strukturen, an die man sich hätte halten können. Deutschland war in verschiedene Zonen unterteilt: in die amerikanische, französische, englische und russische Zone. Das Saargebiet war sich damit selbst überlassen. Für Hoffmann gab es zunächst niemanden, der ihm hätte sagen können, was nun aus dem Saarland werden sollte. Das Saarland musste den Entscheid der Alliierten, den Franzosen die Nutzung der Gruben und Hütten im Saarland als Reparationsmöglichkeiten zuzugestehen, zur Kenntnis nehmen. Die Bundesrepublik gewann erst wieder durch den Ausbruch des Kalten Krieges an politischem Gewicht, auch für die Alliierten. Dadurch konnte sich die Bundesrepublik Deutschland 1949 staatspolitisch konstituieren. Das Saarland war jedoch vor der Bundesrepublik, schon 1947, in der Lage, einen autonomen Staat mit wirtschaftlichem Anschluss an Frankreich zu gründen.

Hu: Die innerfranzösischen Vorstellungen über die Entwicklung des Saarlandes waren sehr gegensätzlich, was die damalige Bevölkerung nur teilweise sehen konnte. Welchen Eindruck hatten Sie, Herr Stigulinszky, als profilierter Gegner von Johannes Hoffmann und breit in die Bevölkerung hineinwirkender Künstler, von diesem Verhältnis zwischen der neuen saarländischen Regierung und der französischen Vorherrschaft?

St: Ich glaube, dass alles sehr belastet war, vor allem weil der Versailler Vertrag nach dem Ersten Weltkrieg eben die Position des Saargebietes festgelegt hatte und Frankreich nach dem Ersten und Zweiten Weltkrieg und den erlittenen schweren Schäden allen Grund hatte, eine klare und bessere Lage in der Joho-Ära zu erzielen ["Joho" ist die gängige Abkürzung für Johannes Hoffmann, Anm. d. Red.]. Außerdem ließen sich die Lage nach dem Ersten Weltkrieg, auf der Basis des Versailler Vertrages, und die Entwicklung nach dem Zweiten Weltkrieg nicht unbedingt miteinander vergleichen. Joho war eindeutig für eine Zusammenarbeit mit Frankreich. Allerdings konnte er sich bei der Durchführung bestimmter Pläne, und dass die Franzosen seinen Vorschlägen zugunsten des Saarlandes nicht immer gefolgt sind, bei niemandem beklagen, auch nicht bei Adenauer, für den er beinahe eine Unperson war. Aber selbst mit seinen und seiner Minister Erfahrungen der Emigration ist es ihm nicht gelungen, es besser zu machen. Meiner Meinung nach wurde von den Saarländern zu selten bedacht, dass er, um seine Politik realisieren zu können, unter Zwängen handeln und sich durchlavieren musste. Seine Politik war eben nicht die optimale Schlussfolgerung aus seinen Emigrationserfahrungen. Außerdem hatte er viele Gegner seiner Politik, obwohl es ihm zu Teilen gelungen ist, Gutes für die Saar zu tun, wie z.B. dass die soziale Lage der Saar international Spitze war. Ich denke, Johannes Hoffmann war ein ganz politisch, christdemokratisch orientierter Mensch, mit einem deutschen Kulturbewusstsein und sich auch Deutschland als Kulturvolk zugehörig fühlend.

Kr: Aber dadurch, dass es zu diesem fürchterlichen Krieg kam und dass es am Ende in Deutschland niemanden mehr gab, der für Deutschland sprechen konnte, musste sich Johannes Hoffmann mit den Fragen auseinandersetzen, ob er alles so weiter laufen lässt wie bisher oder ob er dies zum Anlass nimmt, etwas für sein Land unter den gegebenen Möglichkeiten zu tun. Neben ihm hatten natürlich noch weitere Akteure diese Absichten, wie beispielsweise viele seiner Mitemigranten, Mitmenschen aus der Arbeiterschaft, aus der Gewerkschaftsbewegung oder aus der SPD-Bewegung, der Sozialdemokratischen Partei Saar SPS. Alle wollten wieder ein demokratisches Gebilde mit sozialer Verantwortung aufbauen. Im Hinblick auf die soziale Frage wundere ich mich nicht, warum das Saarland so schnell ein Sozialstaat werden konnte: Es hatte keine Militärausgaben, da die Verteidigung die Franzosen und die Alliierten übernahmen. Also standen dem Land alle Steuereinnahmen zur Verfügung. Richard Kirn plädierte damals als SPS-Vorsitzender dafür, dass diesmal das Saarvolk mitgenommen wird, indem wir dem Saarland endlich das zugutekommen lassen, was dessen Reichtümer an Gruben und Hütten auch ermöglicht hat – nämlich Wiederaufbau, Arbeitsplätze und soziale Sicherheit. Dies hat dazu geführt, dass 1959 nach der politischen Wiedervereinigung mit der Bundesrepublik Deutschland, soziale Sonderrechte eingeräumt wurden, um den Besitzstand der Saarländer zu wahren.

Was man Joho bis heute zum Vorwurf macht,

geleistet hat. Weil mir beim Heini doch zu viel Drittes Reich durchklang, und ich, der ich voll hinter dem Dritten Reich als Bub gestanden hatte, dachte: nicht diese Musik.

Hu: Überzeugte Nationalsozialisten hat es ja, ohne jetzt Namen zu nennen, auf beiden Seiten gegeben. Noch eine Bemerkung zum „Tintenfisch“: Das bisher wichtigste Buch zum Saarland nach 1945, „Politik und Wirtschaft im Saarland“, hat Armin Heinen geschrieben. Er arbeitet ständig mit den Karikaturen, um die vielfältigen Reaktionen in der Bevölkerung verständlich zu machen. Der Tintenfisch ist für Historiker eine überaus ergiebige und viel genutzte Quelle.
Das führt uns zum Kulturbereich, den wir

Johannes Hoffmann am Schreibtisch seines Arbeitszimmers im „Weißen Haus“ (Schillerstraße, heute Bismarckstraße), 1950er Jahre. Foto: Landesarchiv Saarbrücken.

→ Am 5. Februar 1955 wurde an die Privatadresse von Johannes Hoffmann, der selbst nicht anwesend war, ein gelber Geschäftsbrief zugestellt. Der Postbote informierte darüber, dass dem Saarbrücker Postamt II der Brief verdächtig sei, woraufhin der Innenminister und der Polizeipräsident verständigt wurden. Letzterer ließ das Päckchen zur Waffenmeisterei der Landespolizei bringen. Die Experten fanden darin die Briefbombe und konnten sie entschärfen. L. 13 cm. Leihgabe: Landespolizeipräsidium, Saarland.

MARGASIT

auch hier im Museum vor uns sehen. Hier ist das gemeinsame Werk von Saarländern und Franzosen besonders eindrucksvoll gewesen und bis heute geblieben. Welche Bedeutung hatte das für Johannes Hoffmann und seine Regierung, welche für das Saarland?

St: Ich kann dazu eigentlich nur sagen, dass ich – im Gegensatz zu etlichen in der Öffentlichkeit auch bemerkenswerten Leuten – das Maß an französischer Kultur sehr genossen habe und es eine Bereicherung für mich war. Die Beziehung des Saarländers zu Frankreich ist in der Regel eine überaus positive. Ich könnte jedenfalls mit Freunden, die sich als Frankreichhasser äußern, nicht viel anfangen. Kritisieren kann man überall etwas, natürlich auch bei den Franzosen. Aber der französische Kultureinfluss ist ein absolutes Plus für uns Saarländer gewesen.

Kr: Beispielsweise wird auch bis heute die Kinder- und Jugendbuchmesse von Doris Pack organisiert. Bezogen auf die Zeit bis 1955 haben weder Hoffmann noch die SPD unter Richard Kirn eine gezielte Politik betrieben, die Saarländer zu Franzosen zu machen.

St: Ja klar. Französische Politik hat ja wie oft nichts zu tun mit der französischen Kultur.

Kr. Richtig, aber immerhin war klar, dass das sowohl für Hoffmann als auch für die SPS offensichtlich war. Man kann aus Saarländern, kulturell gesehen, keine Franzosen machen. Wenn wir sagen, dass die Saarländer Deutsche sind und eine deutsche Kultur besitzen, so muss man jedoch auch sagen, dass sie sich in einer Situation befinden, in der eine Befruchtung von französischer und deutscher Kultur stattfindet, die sich europäisch neu demonstrieren kann. 1962 haben Franz Mai, der Intendant des Saarländischen Rundfunks, der auch eine gewisse Frankophilität hatte, und ich auf dem Halberg eine der tollsten Schriftsteller-Tagungen, die es damals gab, organisiert. Frankreich war vertreten durch die Schriftsteller Yves Bonnefoy, Michel Butor, Robert Escarpit und Eugène Ionesco, Deutschland war vertreten durch Stefan Andres, Friedhelm Kemp, Alfred Kern und Rudolf W. Leonhardt. Wir hatten Persönlichkeiten von hoher Bekanntheit zusammengeführt, die in der Schriftenreihe der Europäischen Akademie Otzenhausen ihren Platz gefunden haben. Wir wollten dokumentieren, dass sich Kultur gegenseitig befruchten muss. Kultur muss man nicht isolieren und separieren, sondern sie wird erst besonders ergiebig durch gegenseitige Befruchtung.

Ich war, als junger Saarländer Jahrgang 1930, auch in der Hitlerjugend, war auch zum Schanzen eingesetzt in Marienau und in St. Avold. Ich war sehr früh politisch interessiert und kann sagen, dass ich nach 1945 viel mehr von den neuen englischen und amerikanischen Schriftstellern begeistert war. Auch „Des Teufels General“ von Carl Zuckmayer z.B. oder Victor Hugo oder Romain Rolland – das waren Menschen, die mich damals ungemein fasziniert haben und die übrigens durchaus europäisch dachten. Wir reden die ganze Zeit über die Tatsache, dass der Mensch von der Wiege bis zum Grabe nationalstaatlich gedacht hat und erzogen wird. Und sich davon nicht wirklich in dem Sinne befreien kann, in der europäischen Vielfalt Europas wahre Größe endgültig zu erkennen. Denn dieses dauernde separieren und sich abheben führt immer wieder dazu, dass man, statt wirklich voneinander zu profitieren, sogar eigentlich unterm Strich wieder verliert.

Und das erleben wir gerade besonders jetzt, in einer Dramatik, die fast vergleichbar ist mit der Zeit von 1926 bis 1933. Ob die Person Erdogan heißt, Orban oder Wilders oder

→ Untersuchungsakte zum Briefbombenattentat. B. 15,2 cm.
Leihgabe: Landespolizeipräsidium, Saarland.

330
VERSUCHTES
SPRENGSTOFFATTENTAT
AM 5. 2. 1955
AUF DEN
SAARL. MINISTERPRÄS.
JOHANNES HOFFMANN

Johannes Hoffmann als Redner
im Abstimmungskampf, 1955.
Foto: Union Stiftung.

Madame Le Pen. Sobald man Gefahr verspürt, ist man am überlegen, ob man das durch mehr Sicherheit, sprich Polizei oder Grenzen, verhindern kann, was völlig kontraproduktiv ist. Im Gegenteil, es schafft wieder neue Gegnerschaften, die es verhindern, dass wir den jetzigen Herausforderungen der Welt überhaupt gerecht werden. Für mich war klar – das wusste auch Johannes Hoffmann: das, was wir jetzt leisten müssen, gilt es zu erkennen. Dass wir Saarländer sind, dass wir Deutsche sind, dass wir im Hinblick auf Europa auch Weltbürger werden müssen. Und deswegen ist Hoffmann sicherlich ein Mann, der in die Geschichte eingeht. Er war ein integral denkender Europäer und hatte gehofft, auch durch die europäische Lösung das Ziel Europa zu erreichen. Die Entscheidung Frankreichs, die politische Integration Europas abzulehnen, war für die Saarländer und Johannes Hoffmann eine große Enttäuschung.

St: Joho hat genau das, nämlich dass sie ihn fallen lassen, am Wahlabend, nachdem er mit dem französischen Botschafter telefoniert hatte, gesagt.

Hu: Zum Hintergrund der Saar-Situation gehörte 1954/55, dass die französische Regierung ihre Kolonialtruppen aus der Europäischen Verteidigungsgemeinschaft herausgenommen hatte, aber sehr spät erst merkte, dass die Deutschen damit möglicherweise den Oberbefehl erhalten könnten. Und zweitens hatten unmittelbar vor der Parlamentsabstimmung die Militärs den Ministerpräsidenten Mendès France geheim informiert, dass der technische Durchbruch zur eigenen Atombombe erreicht war. In diesem Moment brach der EVG-Plan zusammen: keine Atombewaffnung in deutsche Hände!

Kr: Und ein dritter Aspekt, der sie vielleicht noch anders gestimmt hätte, war der vergebliche Versuch von Ministerpräsident Mendès France, in London zu sagen, wenn wir das Ganze hier retten wollen – und es ging darum, die Deutschen wieder wehrfähig zu machen und in die NATO aufzunehmen –, dann muss England sich am EVG-Vertrag beteiligen. Denn sie haben ja als Alliierte an einem Tisch gesessen: Engländer, Franzosen und Amerikaner auf der einen Seite, Russen und Chinesen auf der anderen Seite. Sie haben damals gesagt, wenn ihr da mitmacht, dann können wir das noch verantworten, denn dann brauchen wir nicht zu befürchten, dass die Deutschen in die Rolle des Oberbefehlshabers kommen könnten. Hoffmann, der wirklich gekämpft hat

→ Saar-Kennzeichen, welches in eine Vorrichtung an der Fahrerseite des Dienstwagens von Johannes Hoffmann eingeschoben wurde. Dieses machte kenntlich, dass der Ministerpräsident im Auto saß. D. 11,5 cm.
Leihgabe: Landespolizeipräsidium, Saarland.

REGIERUNG DES SAARLANDES · DER MINISTERPRÄSIDENT ·

Max Braun

Sozialist – Bohèmien – Widerstandskämpfer

1892–1945

VON GERHARD PAUL

Bis weit nach seinem Tode war er ein Mann, der polarisierte. Die einen hielten ihn für einen „Salon-Sozialisten" und „Arbeiterverräter". Für die anderen war er ein „vaterlandsloser Geselle" und „Landesverräter". Der Saarländische Rundfunk bezeichnete ihn 2016 als „Widerstandskämpfer mit weißen Gamaschen". In jedem Fall war er ein Mann zwischen den Stühlen, der nur schwer in ein Schema passte. Was ihn auszeichnete und aus der Masse der Politiker seiner Zeit herausragen ließ, waren seine politische Weitsicht und seine Vision einer europäischen Verständigung.

Vom Rhein an die Saar

Die Rede ist von Max Braun, dem saarländischen Sozialistenchef der ausgehenden 1920er und beginnenden 1930er Jahre, der gerade einmal 12 Jahre an der Saar lebte und hier dennoch Spuren hinterlassen hat. Am 13. August 1892 in Neuss in einfachen Verhältnissen geboren, war er vom Sternzeichen her „Löwe", eine Kämpfernatur, ein Rebell. Politisch könnte man ihn als linksrheinischen Sozialisten charakterisieren, dem das weltoffene Paris nicht nur geografisch, sondern vor allem mental weitaus näherlag als das preußisch-protestantische Berlin.

Max Braun war ein Mann des Wortes und jemand, der das Licht der Öffentlichkeit liebte. Von Militär und Waffen hielt er indes wenig, von preußischem Drill und eiserner Disziplin noch weniger. Geschickt hatte er es verstanden, sich dem obligatorischen Wehrdienst zu entziehen. Nach dem Besuch einer Lehrerbildungsanstalt war er zunächst einige Jahre Lehrer gewesen, bevor es ihn hauptberuflich in die Politik zog. Im Kriegsjahr 1914 trat Braun der großen Antikriegspartei, der SPD, bei, die sich in der nationalen Hochstimmung des beginnenden Weltkrieges mit ihrer Zustimmung zu den Kriegskrediten im Reichstag dann doch für den Krieg entschied – eine Wunde, die Braun von Anbeginn an schmerzte. Seit 1919 engagierte er sich in der Kommunalpolitik seiner Heimatstadt. Später wurde er Vorsitzender der SPD-Fraktion und gab die regionale SPD-Zeitung heraus – eine Tätigkeit, die ihm immer mehr Spaß machte und ihn schließlich gänzlich einnahm.

← Max Braun (Ausschnitt), 1934.
Foto: IMAGNO / Austrian Archives (S).

Die vier Geschwister Braun, v.l.n.r.: Catharina - Max - Josephine - Heinz, um 1910. Foto: Privatarchiv Rudolf Sommer, Spiez.

1923 übernahm er auf Bitten des reichsdeutschen SPD-Vorstandes den Posten des verwaisten Chefredakteurs der „Volksstimme“, der SPD-Zeitung in Saarbrücken. Zusammen mit seiner Frau, der gleichfalls aus Neuss stammenden Lehrerin und Frauenrechtlerin Angela Stratmann, zog er noch im selben Jahr in die Saarmetropole. Politisch ging es mit Braun rasch aufwärts. Seit 1925 gehörte er dem Landesvorstand der sozialdemokratischen Partei des von Deutschland abgetrennten Saargebiets an. Von 1928 bis 1935 war er deren erster Vorsitzender. Zudem vertrat er seine Partei als Abgeordneter im Saarländischen Landesrat – einer Art Regionalparlament mit allerdings beschränkten Befugnissen – sowie im Stadtrat von Saarbrücken.
Oskar Lafontaine hat 1987 Max Braun als eine *„Mischung aus bürgerlicher Eleganz*

Aufnahme 1934 vor dem Hotel Beau-Séjour in Gersau. Vorne, v.l.n.r.: Mathilde Sommer - Mutter Braun - Angela Braun-Stratmann. Hinten, v.l.n.r.: Heinz Braun - Max Braun - Emil Kirschmann. Foto: Privatarchiv Rudolf Sommer, Spiez.

und intellektueller Bohème" beschrieben (PAUL 1987, 7). Tatsächlich zeichnete Braun im Gegensatz zu den puritanisch anmutenden Gestalten der Berliner Sozialdemokratie eine barocke Lebensfreude und eine offene Wesensart aus, die ihn in der Sozialdemokratie seiner Zeit zum Sonderling machten. Nicht so bei den jüngeren Parteigenossen an der Saar, die ihn gerade deshalb verehrten. Braun war belesen, ein Freund des Theaters, dem weiblichen Geschlecht zugetan. Er liebte elegante Kleidung und französische Limousinen. Schon wegen seines äußeren Erscheinungsbildes und seines Lebensstils war er eine Provokation für die eher vom proletarischen Protestantismus und preußischen Patriotismus der frühen Arbeiterbewegung geprägten älteren Partei- und Gewerkschaftssekretäre, wie es sie auch an der Saar zuhauf gab. Es war daher

kein Zufall, dass der Berliner SPD-Chef Otto Wels, 20 Jahre älter als Braun, stets Vorbehalte gegen die Saarbrücker Bohème hegte.

Max Braun bei einer politischen Veranstaltung, 1934. Foto: Privatarchiv Rudolf Sommer, Spiez.

Mahner und Warner

Zu sehr Querdenker und Visionär geriet Braun auch politisch mit der an autonomen Denkern nicht gerade gesegneten reichsdeutschen SPD in Konflikt. In seiner Funktion als Chefredakteur der „Volksstimme" hatte er die Wahl Paul von Hindenburgs zum neuen Reichspräsidenten mit derben Worten kommentiert: *„Wenn sich eine Nation jemals blamieren kann, dann hat sich die unsere […] unsterblich blamiert. Hoffen wir nur, daß diese Lächerlichkeit nicht tödlich ist"* (Volksstimme, 27.4.1925). Wir wissen heute, wie tödlich diese Lächerlichkeit war und wie recht Braun mit seiner Befürchtung hatte, denn kein geringerer als Hindenburg sollte acht Jahre später Adolf Hitler

Max Braun als Redner, 1934 / 1935.
Foto: Privatarchiv Rudolf Sommer, Spiez.

zum Reichskanzler küren. Der Vorstand der reichsdeutschen SPD leitete gleichwohl eine Untersuchung von Brauns „nationaler Zuverlässigkeit“ ein, die zwar mit dessen Entlastung endete, aber dennoch zeigte, wie tief die Gräben zwischen Berlin und Saarbrücken waren. Wie für die große Mehrheit der Saarländer stand auch für Braun außer Frage, dass das Unrecht des Versailler-Vertrages beseitigt werden und das Saargebiet nach Ablauf der völkerrechtlich vorgegebenen 15-Jahres-Frist an Deutschland zurückkehren müsse. Das hinderte ihn nicht daran, gute Kontakte nach Frankreich zu pflegen. Den späteren französischen Ministerpräsidenten Léon Blum, ein Sozialist wie er, zählte er zu seinen Freunden. Braun war einer der ersten Politiker, der begriffen hatte, dass eine friedliche Neuordnung Europas nur über den Weg einer deutsch-französischen Verständigung erreichbar und hierfür die Lösung der Saarfrage unabdingbare Voraussetzung war. Als

"Matz" (Spitzname in Anspielung auf Max Braun). Puppe am Galgen in Saarbrücken, 1935. Foto: Scherl / Süddeutsche Zeitung Photo.

Radikaldemokrat waren Braun Nationalismus und Nationalsozialismus gleichermaßen verhasste Ideologien, die er in Reden und Leitartikeln immer wieder geißelte, weshalb er bereits seit 1930/1931 mit Morddrohungen rechter Heißsporne überhäuft wurde.
Überregionales und internationales Ansehen erregten Brauns antinationalsozialistische Einstellung und seine Haltung in der Saarfrage nach 1933. Mit Hitlers Machteinsetzung und der Kapitulation der reichsdeutschen SPD vor

dem Nationalsozialismus hatten sich für ihn die Koordinaten in der Saarfrage verändert. Noch 1933 war bei ihm die Gewissheit gereift, dass Hitler Expansion und Krieg bedeute und der Faschismus insgesamt einen Rückfall in die Barbarei darstelle. Unter der Überschrift „Europa erwache!" hatte er gewarnt: *„Hitler ist der Krieg!"* (Deutsche Freiheit, 17.8.1933). Der an die Macht gelangte Nationalsozialismus betreibe Kriegsvorbereitung, und der von ihm angezettelte Krieg werde in einem noch „katastrophaleren Zusammenbruch" enden als 1918. Am 14. November 1933 konkretisierte Braun seine Warnung: *„Der Hitler, der jemals die Saar bekäme, bliebe an der Saargrenze nicht stehen, sondern mit dem Schlüssel der Ludwigskirche würde er den Versuch machen, in das Straßburger und Metzer Münster einzudringen"* (Deutsche Freiheit, 14.11.1933). Der Weg zur europäischen Aussöhnung gehe daher nur über die „Leichen der faschistischen Nachwächter".

Nach dem Verbot der reichsdeutschen SPD durch Hitler gelang es Braun, die Sozialdemokratie des Saargebiets zu einer eigenständigen Partei umzubauen und diese auf Distanz zum Exil-Parteivorstand zu bringen. Mit einer neuen Zeitung, der „Deutschen Freiheit", verfügte Braun über ein Sprachrohr, mit dem er seine Politik auch überregional verbreiten konnte. Nachdem es ihm nicht gelungen war, den Völkerbund dazu zu bewegen, die für 1935 vorgesehene Abstimmung über den völkerrechtlichen Status des Saargebietes zu verschieben, legte sich Braun als erster an der Saar für ein Fortbestehen der bestehenden Unabhängigkeit vom Deutschen Reich und damit auf den Status quo fest. Gegen den ausdrücklichen Willen des Exil-Parteivorstandes suchte er das Gespräch mit den Kommunisten sowie mit unabhängigen Katholiken. Braun wurde treibende Kraft einer gemeinsamen Front gegen die 1935 drohende Rückgliederung, die Anfang Juli 1934 offiziell stand und am 26. August 1934 in Sulzbach eine erste Massenkundgebung organisierte. Sie sollte zur größten Anti-Hitler-Kundgebung der NS-Zeit auf deutschem Boden werden.

All dies machte Braun zur exponierten Zielscheibe der nationalsozialistischen Propaganda und des Nazi-Terrors. Rundfunk und Presse des „Dritten Reiches" schossen sich auf ihn ein. Ein von der Gestapo jenseits der Grenze eingefädelter Sprengstoffanschlag verfehlte nur knapp sein Ziel. NS-Organisationen setzten ein Kopfgeld auf ihn aus. Überall im Saargebiet fanden symbolische Hinrichtungen oder Verbrennungen von Max-Braun-Puppen statt. Der Automobilclub des Saargebietes verweigerte Braun eine Mitgliedschaft. Sein langjähriger Friseur kündigte ihm seine Dienste (Braun o. J.).

Trotz Brauns unermüdlichem Versuch, die Saarbevölkerung davon zu überzeugen, unter den veränderten politischen Bedingungen gegen eine Rückkehr des Saargebiets an das „Dritte Reich" zu votieren, sprachen sich am 13. Januar 1935 gerade einmal 10 Prozent der Wahlbevölkerung für eine Status quo-Lösung der Saarfrage aus. Jahrelange nationalistische Bekenntnisse und nationalsozialistische Versprechungen hatten die Gehirne der Saarländer so sehr vernebelt, dass selbst viele Sozialdemokraten und Kommunisten für die Rückgliederung ihrer Heimat an Hitler-Deutschland gestimmt hatten.

Im französischen und britischen Exil

Der Hass der Nationalsozialisten auf Braun entlud sich jetzt in vollem Maße, so dass sich dieser gezwungen sah, zusammen mit Frau und Freundin nach Frankreich zu emigrieren, wo die drei zunächst im benachbarten Forbach und dann in Moulin-lès-Metz Zuflucht fanden. Braun genoss den Status eines privilegierten Flüchtlings, der es ihm nicht nur ermöglichte, sein unkonventionelles Privatleben, sondern auch seinen Kampf gegen Hitler-Deutschland unvermindert fortzusetzen.

Als Mitbegründer einer „Beratungsstelle für Saarflüchtlinge" in Forbach sowie als Gründer des „Office Sarrois" in Paris kümmerte er sich um die Belange der saarländischen Emigranten in Frankreich. Vor allem aber setzte Braun

seine publizistische Tätigkeit gegen Nationalsozialismus und „Drittes Reich" fort. Er avancierte zu einem der aktivsten deutschen Journalisten im französischen Exil. Als Chefredakteur leitete er die Emigrantenblätter „Nachrichten von der Saar" (1935–1936), eine Zeit lang parallel die „Freiheit-Korrespondenz", vor allem aber bis Kriegsbeginn die in Frankreich weiter erscheinende „Deutsche Freiheit". Gemeinsam mit anderen abtrünnigen Sozialdemokraten und dem Schriftsteller Heinrich Mann gab er die „Deutschen Informationen" heraus, die sich zum wichtigsten Organ der deutschen Opposition in Paris entwickelten. Neben seinen eigenen Zeitungen schrieb Braun immer wieder auch für die „Pariser Tageszeitung", die „Neue Weltbühne", das „Mitteilungsblatt der Deutschen Freiheitsbibliothek" und „Die Zukunft".

Max Braun und seine Frau Angela Braun-Stratmann, 1933. Foto: Privatarchiv Juliane Braun, Gauting.

→ Seit 2005 verleiht die saarländische SPD an verdiente Partei-Mitglieder die „Max-Braun-Medaille"

Brauns Widerstand gegen Hitler und dessen „Drittes Reich“ war nicht nur publizistischer, sondern auch ganz handfester Art – so etwa bei der Hilfe für das von den Faschisten Europas bedrohte republikanische Spanien. Seit 1936 warb er unter den saarländischen Emigranten in Frankreich für den Eintritt in die Internationalen Brigaden, besuchte persönlich die Kämpfer von der Saar zwischen Ebro und Guadalquivir und bemühte sich um Waffenlieferungen an die bedrohte Republik. In Paris selbst war er einer der führenden Kräfte bei der Bildung einer deutschen Volksfront gegen Hitler. Im sogenannten Lutetia-Kreis, der sich nach dem vornehmen Hotel Lutetia am Boulevard Raspail nannte, in dem man sich traf, hoffte er, Sozialisten jeder Couleur, Kommunisten und bürgerliche Oppositionelle an einen Tisch zu bringen und mit ihnen gemeinsam den Kampf gegen die NS-Diktatur in Deutschland abzustimmen – gewissermaßen die Einheitsfront an der Saar fortzusetzen. Letztlich aber scheiterte auch dieses Unternehmen – dieses Mal am Verhalten der Kommunisten, die sich nicht an Absprachen hielten, eine Politik hinter den Kulissen betrieben und zudem durch die Terrorpolitik Stalins und seine „Säuberungs“-Politik diskreditiert waren.

Der Hoch- und Aufbruchstimmung des Jahres 1936 folgten die Katerstimmung des Scheiterns des Lutetia-Kreises 1938, die Niederlage der Republik in Spanien 1939 sowie die deutsche Besetzung Frankreichs 1940. Mithilfe eines ehemaligen französischen Innenministers und eines französischen Ministers beim Sultan von Casablanca gelang es Braun, zusammen mit seinen beiden Frauen noch rechtzeitig vor dem Eintreffen der Deutschen nach Marokko zu entkommen. Über Gibraltar erreichte die Gruppe schließlich Großbritannien, wo man Braun kurz nach seiner Ankunft als Ausländer auf der Isle of Man internierte (Braun o. J.).

Aus der Internierung entlassen, engagierte er sich in Großbritannien auch weiterhin gegen die braune Diktatur. Politisch schloss er sich der sogenannten „Gruppe der Parlamentarier“ um den ehemaligen SPD-Reichstagsabgeordneten Karl Höltermann an, die eine Gesamtvertretung des Exils anstrebte. Als Journalist beteiligte er sich am britischen Ätherkrieg gegen Deutschland, ob beim Kurzwellensender „Gustav Siegfried Eins“ (GS1) oder später beim „Kurzwellensender Atlantik“ und beim „Soldatensender Calais“, für die er Recherchen durchführte und Texte schrieb.

Die NS-Behörden waren Braun seit seiner Emigration nach Frankreich auf der Spur. Aus ihrer Sicht war er ein Staatsfeind und Landesverräter erster Güte. 1936 entzog man ihm daher die deutsche Staatsangehörigkeit, weil er – so die offizielle Begründung – durch sein *„Verhalten gegen die Pflicht zur Treue gegen Reich und Volk“* verstoßen und *„die deutschen Belange geschädigt“* habe (Deutsches Nachrichtenbüro, 3.12.1936). Die Gestapo setzte eine hochrangige Agentin auf ihn an. Seine Aktivitäten in Frankreich und die seiner Angehörigen in Deutschland wurden von Hitlers Geheimpolizei überwacht. Abermals schlug ein Attentatsversuch fehl. Nachdem ihm 1940 erneut die Flucht aus Hitlers Machtbereich gelungen war, setzte ihn das Reichssicherheitshauptamt in Berlin mit der Bezeichnung B215 schließlich auf die „Sonderfahndungsliste G.B. (Großbritannien)“. Auf ihr waren all jene Persönlichkeiten verzeichnet, die im Falle einer erfolgreichen Invasion und Besetzung der britischen Inseln von Sonderkommandos der SS mit besonderer Priorität ausfindig gemacht und verhaftet werden sollten.

Joseph Clemens Maurer

Missionar, Entwicklungshelfer und erster Kardinal Boliviens

1900–1990

VON REINER JUNG

Am 27. August 1990 starb in der bolivianischen Stadt Sucre José Clemente Maurer, Missionar, Erzbischof von Sucre und der erste Kardinal des Andenstaates.

„La manifestación de dolor fue general y sincera“ (überall herrschte aufrichtige Betroffenheit), so beschreibt der Historiker Josep M. Barnadas die Reaktionen auf die Nachricht vom Tode Maurers (BARNADAS 2000, 248). Etwa 90.000 Menschen nahmen Abschied von ihrem Kardinal. Weihbischof Leo Schwarz, der aus Trier angereist war, schildert die Stimmung: *„Da ziehen sie vorbei die kleinen und die großen Leute. Die Prozessionen dauern bis spät in die Nacht. Immer wieder treffen Delegationen auch aus dem Hinterland der Erzdiözese ein. [...] Sie heben ihre Kinder hoch und machen ein großes Kreuzzeichen. In der Indianersprache hört man den einen oder anderen leise sagen: ‚Ai tatai...‘ das heißt: ‚Ach Väterchen, wer wird uns nun trösten?‘“* (SCHWARZ 1990).

← Erzbischof Maurer in Bonn, 1960.
Foto: Ludwig Wegmann, Bundesarchiv Koblenz.

Doch wer war dieser Mann, dessen Tod die Menschen so bewegt hat? Für die Bolivianer ist er „El cardenal Maurer de Bolivia“, wo er seit 1926 lebte. Doch mit einigem Recht kann man Maurer auch als Saarländer betrachten, denn er verbrachte seine Kindheit im hiesigen Industrierevier, dem er sich zeitlebens verbunden fühlte.

Kindheit und Jugend

Joseph Clemens Maurer kam am 13. März 1900 in Püttlingen auf die Welt, das damals zum preußischen Landkreis Saarbrücken gehörte. Der Vater, Peter Maurer, war Bergmann. Dieser hatte von seiner ersten Frau Anna, die 1889 starb, drei Kinder: Johann (8), Peter (4) und Katharina (6). 1890 heiratete Peter Maurer Josephs Mutter Angela, geborene Clemens. Die Familie lebte in einem kleinen Haus mit Scheune und Garten, das mit einem Darlehen der Knappschaftskasse und Prämien des Bergfiskus gebaut worden war (BARNADAS 2000, 14).

Peter Maurer war einer der für die Saarregion typischen Bergmannsbauern. Nach der Arbeit in der Grube wartete die Feldarbeit. Das Leben war hart und ohne Luxus, aber die saarländischen Bergmannsbauern waren nicht in dem Maße vom Phänomen der Verelendung betroffen, wie die Arbeiter in anderen Regionen. Das eigene Haus gab Sicherheit, der bescheidene Grundbesitz lieferte Nahrung: *„Wir hatten Wiesen und Felder, damit wir eine Kuh und jedes Jahr 2 Schweine zum Schlachten hielten. Kartoffeln hatten wir fürs ganze Jahr, nur die Brotfrucht ging im Laufe des Frühjahrs aus, sodass wir den Sommer hindurch Brot kaufen mussten"* (Maurer o. J., 3). Nach der Zahlung des monatlichen Abzugs blieb dafür allerdings nicht viel Geld übrig. Durch das System der Prämienhäuser sicherte sich die Bergverwaltung eine stabile Belegschaft, die von ihr abhängig war, denn bei einer Kündigung musste das Darlehen zurückgezahlt werden (Sander 2016, 30).

Die Erfahrungen als Kind eines Bergmannsbauern sollten Joseph Clemens Maurer prägen – ebenso wie der katholische Glaube. Josephs Mutter übernahm seine religiöse Erziehung. Er lernte das Leben in der Gemeinde mit den vielfältigen Bräuchen und Festen kennen und wurde Messdiener. Schon früh stand sein Berufswunsch fest: *„Vater und Mutter sprachen immer davon, wie schön es wäre, wenn ein Kind der Familie Priester würde. Ich war gleich bereit und wuchs nun mit dem einzigen Gedanken auf: Du musst Priester werden"* (Maurer 1921, 3).

Internat, Noviziat und Studium

Josephs Vater hatte im Jahre 1908 an Laienexerzitien im Redemptoristenkloster des lothringischen Ortes Téterchen (damals Teterchen) teilgenommen. Die Klostergemeinde lebte nach den Regeln des hl. Alphons de Liguori mit dem Ziel, den Armen das Wort Gottes zu verkünden (Schütz 2000, 26). Angesteckt durch die Begeisterung des Vaters trat Josephs älterer Bruder Peter 1910 als Laienbruder in die „Kongregation des Heiligsten Erlösers" ein. Das gab auch Josephs Wunsch Priester zu werden eine konkrete Ausrichtung: *„‚Ich gehe zum Peter ins Kloster', sagte ich und die lieben Eltern gaben ihre Zustimmung"* (Maurer 1921, 5). Im Herbst 1912 reiste der Zwölfjährige ins Juvenat des Redemptoristenordens nach Bertigny bei Fribourg in der Schweiz (Maurer 1921, 7).

Das Pensionat lag inmitten von Obst- und Gemüsegärten und man hatte einen schönen Blick auf die Freiburger Voralpen. Doch der Tagesablauf der Internatsschüler war streng geregelt. Sie lernten in kleinen Gruppen und wurden zweisprachig erzogen, in Deutsch und Französisch. Fleiß, Gehorsam, Demut, Anstand und Hilfsbereitschaft sollten gemäß der Juvenatsregel die Attribute der künftigen Priester und Missionare sein (Schütz 2000, 35).

Sein theologisches Studium begann Maurer 1919 in Echternach. Am 14. August 1920 reiste er in den Marienwallfahrtsort Drei Ähren (Les Trois Epis) bei Colmar im damaligen Reichsland Elsaß-Lothringen, wo sich das Noviziat der Straßburger Provinz der Redemptoristen befand, das aber schon im Mai 1921 nach Landser südlich von Mühlhausen verlegt wurde. Nachdem er als Novize das Leben im Orden kennengelernt hatte, legte Joseph am 10. September 1921 die zeitlichen Gelübde für drei Jahre ab und bestätigte sie am 19. September 1924 in der „ewigen Profess". Joseph Maurer setzte sein Theologiestudium im Studienhaus des Ordens in Echternach fort, wo er am 19. September 1925 zum Priester geweiht wurde (Barnadas 2000, 34 f.).

Vom Missionar zum Primas von Bolivien

Der Entschluss Pater Maurers als Missionar nach Bolivien zu gehen, wo der Orden bereits 1910 ein Kloster in Tupiza gegründet hatte, reifte über mehrere Jahre heran (Barnadas 2000, 35). Nach Ende seines Theologiestudiums trat er die Reise nach Südamerika an. Am 6. September 1926 nahm Maurer, begleitet von weiteren Patres aus dem Orden, den Zug von Mühlhausen nach Marseille, wo sie zusammen mit Hunderten von Auswanderern an

Pater Maurer (letzte Reihe Mitte) und Reisegefährten. Nach vier Monaten Aufenthalt in Yingas geht es endlich heimwärts nach La Paz. Suiqui, 14. Oktober 1929.
Foto: Stadtarchiv Püttlingen.

Bord des Passagierdampfers Valdivia gingen. Die Seereise führte von Marseille über Rio de Janeiro und Montevideo nach Buenos Aires. Von dort fuhren sie mit der Eisenbahn nach Tupiza. Am 6. Oktober 1926 um 6 Uhr morgens entgleiste der Zug. Pater Maurer weckte die anderen mit dem Ruf: *„‚Der ganze Zug liegt auf der Straße!‘ […] Wie durch ein Wunder gab es weder Tote noch Verletzte.“* (Haas 1926, 5). Nach einem kurzen Zwischenaufenthalt beim Bischof von San Miguel de Tucumán kamen sie am 8. Oktober 1926 in Tupiza an.
Der junge Missionar stand nun vor großen Herausforderungen. Bolivien war dreimal so groß wie die Bundesrepublik, hatte damals aber nur drei Millionen Einwohner. Der Anteil der indigenen Bevölkerung betrug 70 %, hauptsächlich Quechua und Aymara, die in großer Armut und Abhängigkeit lebten. Es gab nur wenige Eisenbahnlinien und kaum Straßen. Wochenlang war Pater Maurer zu Fuß oder mit dem Pferd unterwegs zu *„seinen Indios“* auf unwegsamen Bergpfaden oder durch dichte Urwälder (Fochtler 2000, 62 f.). Er teilte das Leben der Indios auf den mehr als 3000 m hohen Hochebenen, wo die

Empfang für Bischof Maurer in Püttlingen, 1950.
Foto: Stadtarchiv Püttlingen.

Temperaturunterschiede zwischen Tag und Nacht über 50 ° C betrugen. Und er kümmerte sich um die Menschen im Tiefland, die auf den Haziendas der Nachfahren der Conquistadores schuften mussten. Maurer lernte neben Spanisch auch die Indiosprachen Aymara und Quechua. Er versuchte, die Kultur und die Denkweise der Menschen zu verstehen und zu respektieren. Ankommenden Missionaren und Helfern aus Europa gab er Tipps für die interkulturelle Kommunikation: *„Wollt ihr nicht zuerst die Landessprache besser kennen lernen? – legt nicht immer wieder deutsche Maßstäbe an… aquicito – das heißt ganz in der Nähe, aber hier kann das noch 20 km weit weg sein. En seguida – das heißt sofort, aber hier auf keinen Fall in den nächsten Stunden. Ihr müsst lernen auf bolivianisch umzudenken, wenn ihr die Leute verstehen und ihnen nicht unrecht tun wollt“* (Vössing 1975, 78).

→ Mitra von Bischof Maurer.
B. 30 cm.
Leihgeber: Stadt Püttlingen.

DOMINUS AEDIFICATIO MEA

Maurers Klugheit und sein Organisationstalent wurden im Orden geschätzt. 1944 stieg er zum Provinzial der Redemptoristen-Provinz Bolivien auf. 1950 wurde er zum Weihbischof in der Hauptstadt La Paz ernannt und zum Titularbischof von Cea geweiht (Barnadas 2000, 61).

Erzbischof Maurer (r.) mit dem späteren Trierer Weihbischof Leo Schwarz (M.) im Kolonisationsgebiet Ticucha. 1965.
Foto: Stadtarchiv Püttlingen.

Nach der Bischofsweihe in Rom besuchte er Püttlingen. Eine große Menschenmenge empfing ihren Bischof und die Gemeinde schenkte ihm seinen ersten Bischofsstab, der von dem Saarbrücker Goldschmied Rudi Butterbach nach einem Entwurf von Emil Braesch gefertigt worden war. Anlässlich dieses Besuchs überreichte Gilbert Grandval, der Hohe Kommissar Frankreichs an der Saar, Maurer eine prunkvolle Mitra (Fochtler 2000, 77). Bei seiner Rückkehr nach Bolivien bereitete man ihm einen großen Empfang. Schon 1951 wurde er Erzbischof von Sucre und damit Primas der katholischen Kirche in Bolivien.

→ Zu den Pontifikalien, den Insignien bzw. Amtsabzeichen eines Bischofs, gehören neben der Bischofsmütze (Mitra) und dem Bischofsstab auch das Brustkreuz (Pektorale) und der Bischofsring.
L. Brustkreuz: 9 cm.
Leihgeber: Stadt Püttlingen.

Kardinal Maurer bei Bauarbeiten, um 1968.
Foto: Stadtarchiv Püttlingen.

Eine besondere Eigenschaft Maurers war sein Humor. Als er 1967 von seiner Ernennung zum Kardinal erfuhr, kommentierte er das folgendermaßen: *„Wenn es schon sein muss, gut. Für Bolivien danke ich dem Heiligen Vater. Ich wünsche ihm ja nichts Schlechtes, aber einen Papst mitwählen, das täte ich doch noch gern"* (Vössing 1975, 88).
Auch als hoher kirchlicher Würdenträger verlor Maurer die Probleme der indigenen Bevölkerung nicht aus den Augen. Er wollte auch die entlegensten Pfarrorte seiner Erzdiözese besuchen, verbrachte viele Wochen des Jahres im Sattel und übernachtete häufig in den Hütten der Armen (Barnadas 2000, 169).

Haus für Familien und Allein-erziehende mit mehr als sechs Kindern in Sucre, 2014.
Foto: Kardinal-Maurer-Gesellschaft, Püttlingen.

Der Kardinal, die Regierenden und die Soziale Frage

Bolivien erlebte seit 1825 über 200 revolutionäre Umstürze oder Militärcoups. Wie viele Länder Südamerikas war es geprägt durch ein „extraktives politisches System". Das bedeutet: Es gab keine ausreichende pluralistische Verteilung und demokratische Kontrolle der Macht, die sich in den Händen weniger konzentrierte. Diese schufen Wirtschaftsinstitutionen, die ihnen die Ressourcen sicherten und weite Teile der Bevölkerung vom Wohlstand ausschlossen (Acemoglu/Robinson 2012, 505). Die spanischen Eroberer hatten von den Inkas die Mita, ein System der Tributleistung durch Arbeit, übernommen. Als Gegenleistung für die Gewährung von Schutz und Nahrung durch die Inka-Elite mussten die tributpflichtigen Indios als Zwangsarbeiter in den Plantagen schuften. Später zwangen die Spanier ein Siebtel der männlichen Bevölkerung zur Arbeit in den berüchtigten Potosi-Minen. Auch wenn die Potosi-Mita 1825 abgeschafft wurde, blieben die extremen sozialen Ungerechtigkeiten in Bolivien bestehen (Acemoglu/Robinson 2012, 38).

Die Rolle Maurers in der turbulenten bolivianischen Innenpolitik des 20. Jahrhunderts kann hier nur schlaglichtartig beleuchtet werden. Die Quellenlage ist schwierig und eine umfassende wissenschaftliche Biographie fehlt bislang. Ich stütze mich hier vor allem auf die Arbeiten von Barnadas (2000) und Tokarski (2006): In den frühen Jahren gab es kaum Beziehungen zu den Regierenden. Als Primas von Bolivien und erster Kardinal des Landes war Maurer aber eine Autorität. Gegenüber den wechselnden Diktatoren und linken Revolutionsregimen verteidigte er die Rechte der Kirche. Pragmatisch versuchte er gewaltsame Auseinandersetzungen zwischen den Machthabern und oppositionellen Gruppen zu vermeiden. Er setzte sich entschieden für die Einhaltung der Menschenrechte, insbesondere für verhaftete Priester und Arbeiter ein (Barnadas 2000, 219, 229 f.). Wegen ihres sozialen Engagements hatte die Kirche eine starke gesellschaftliche Position. Der Kardinal war aufgrund seiner Stellung und seines Ansehens während der Diktaturen die wichtigste Vermittlungsinstanz in sozialen Konflikten (Tokarski 2006, 17; Barnadas 2000, 259 f.).

Im Kommunismus sah Maurer seit den 1950er Jahren eine Gefahr für Bolivien und ganz Lateinamerika, auch der Befreiungstheologie stand er skeptisch gegenüber (Barnadas 2000, 229 f.). Das hinderte ihn jedoch nicht daran, in seinem berühmten Hirtenbrief *„Nuestro compromiso christiano al servicio de los pobres“* vom 25. Juli 1971 zu fordern, dass die Kirche zugunsten der Armen auf ihre Reichtümer verzichten müsse (Maurer 1971). Daraufhin kam es zu Protesten *„der armen Marktfrauen“*, die befürchteten, er wolle die Juwelen der hochverehrten Jungfrau von Guadelupe veräußern (Barnadas 2000, 261). Auch in seinem schon 1969 verfassten Testament weist Maurer auf ein Grundproblem der bolivianischen und anderer südamerikanischer Gesellschaften hin: *„Und wenn mir in dieser letzten Stunde meines Lebens ein Rat an die Regierenden erlaubt ist: Verbessert die Lebensbedingungen unserer Arbeiter. Achtet auf gute Schulbildung, besonders auch auf dem Lande. Verbannt aus der öffentlichen Verwaltung das Krebsgeschwür der Habsucht, die Schmiergelder und die Vetternwirtschaft“* (eigene Übers. des span. Orig., Barnadas 2000, 266).

Das soziale Werk

Neben der pastoralen Arbeit engagierte sich Maurer für die Verbesserung der Infrastruktur, der Bildung und des Gesundheitswesens. Er ließ das 300 Jahre alte Priesterseminar San Cristobal wieder aufbauen, Krankenhäuser und Pflegeheime instandsetzen (Mestre 1975, 64). Die Festschrift zu seinem 75. Geburtstag führt alleine 40 Projekte in Sucre auf. Dazu kamen viele in anderen Landesteilen (Mestre 1975, 68 f.). Schon lange vor seiner Ernennung zum Kardinal engagierte er sich für den Bau von Wohnungen für kinderreiche Familien, die zuvor in Elendsquartieren an den Stadträndern lebten. 1971 gründete Maurer in Sucre das Siedlungswerk „Fundación Cardenal Maurer“. Die Familien sollten durch Wohneigentum eine Perspektive erhalten. Jede Wohneinheit besteht aus drei Schlafzimmern, einem Bad, einem kleinen Innenhof. Alle Häuser waren an die Kanalisation angeschlossen und verfügten über Elektrizität (Mestre 1975, 60).

→ Bischofsstab von Joseph Clemens Maurer. Gesamtl. 199 cm. Leihgeber: Stadt Püttlingen.

Max Ophüls

Meisterregisseur und Kosmopolit

1902 - 1957

von Marcel Ophuls

Der folgende Text basiert auf einem vom Historischen Museum Saar geführten und aufgezeichneten Interview mit Marcel Ophuls am 02.05.2017. Kursiv geschriebene Partien sind ergänzende Erläuterungen und wurden nachträglich von Jessica Siebeneich hinzugefügt. Alle anderen Abschnitte entstammen dem Wortlaut von Marcel Ophuls, Sohn von Max Ophüls.

Der Film,- Theater und Hörspielregisseur Max Ophüls wurde am 6. Mai 1902 in St. Johann, heute ein Stadtteil von Saarbrücken, als Max Oppenheimer geboren. Sein Vater, der jüdische Textilhändler Leopold Oppenheimer, besaß mehrere Konfektionshäuser und auch seine Mutter Helene, geborene Bamberger, entstammte einer Kaufmannsfamilie. Gemeinsam mit seiner Schwester Friedel wuchs Max Oppenheimer in einer liberalen, großbürgerlichen Familie auf und kam schon früh mit dem Theater in Berührung. Sein Durchbruch als Filmregisseur gelang ihm 1932/1933 mit der Verfilmung des Artur Schnitzler-Romans „Liebelei". 1933 floh er vor den Nazis nach Frankreich, von wo er 1941 erneut fliehen musste. Er emigrierte mit seiner Familie in die USA, kehrte aber 1949 nach Frankreich zurück. Die französische Staatsbürgerschaft hatte er 1938 angenommen.
Am 26. März 1957 starb Max Ophüls an einem Herzinfarkt im Alter von 54 Jahren.

← Max Ophüls, 1950er Jahre.
Foto: Archiv Heinz Köster,
Deutsche Kinemathek.

Beginn der Karriere

Seine Kindheit in Saarbrücken war keine glückliche, denn seine Mutter mochte ihn nicht besonders gern. Und so war für ihn die Welt des Theaters schon als Teenager „a form of escape", eine Fluchtmöglichkeit. Eine Möglichkeit sich, wenn man Siegmund Freud glauben möchte, in eine Traumwelt zu begeben.
Die weitverzweigte Familie meines Vaters war wohlhabend, zum Teil sogar sehr reich. Mein Großvater Leopold hatte klein angefangen. Leo Oppenheimer war der Sohn eines Rabbiners, eines von 12 Kindern und war zunächst ein einfacher Schneider in Worms. Er war aber gescheit genug die Tochter seines Chefs, meine Großmutter Helene Oppenheimer, geborene Bamberger, zu heiraten. – Mein Vater mochte sie nicht, meine Mutter mochte

sie nicht und ich mochte sie auch nicht. Sie klagte den ganzen Tag über alles und jeden und mein Großvater Leopold stand unter ihrem Pantoffel. Dessen wurde ich selbst Zeuge, als wir meine Großeltern in der Nähe von Paris besuchten, wo sie seit 1933 ein kleines Haus besaßen. Während der Mittagsmahlzeit sagte sie zu ihm: „Schmatz nicht so, Mann!" und Leopold äußert sich nicht dazu und erst im Alter merkte mein Vater wie ähnlich er ihm sah und was für ein lieber und gescheiter Mann mein Großvater war. In seiner Jugend aber wollte Max vor seinem Familienalltag fliehen und da ihm dies durch das

Max Ophüls bei den Dreharbeiten zu „Der Reigen", 1950. Im Gespräch mit der Schauspielerin Simone Simon, die das Dienstmädchen spielt. Foto: Fotograf unbekannt, Deutsches Filminstitut.

→ Originales Filmplakat „Der Reigen", 1950. H. 83,5 x B. 59 cm. Leihgeber: Deutsche Kinemathek – Museum für Film und Fernsehen

ADOLF WOHLBRÜCK
der Reigen
Ein Sacha Gordine Film
NACH ARTHUR SCHNITZLER's WELTBERÜHMTEM NOVELLENBAND
MIT
Danielle Darieux · Jean Louis Barrault · Isa Miranda
Simone Simon · Gérard Philipe · Simone Signoret
Regie: Max Ophüls · Musik: Oscar Strauss
UNION FILM VERLEIH GMBH
MÜNCHEN BERLIN FRANKFURT/M DÜSSELDORF HAMBURG

Theater möglich schien, wollte er Schauspieler werden. Er wollte den Schauspielern, die in Saarbrücken zu sehen waren, ähnlich sein, er wollte in diese Welt eintreten. Dieses Ziel suchte er so schnell wie möglich zu erreichen. Seinen ersten Erfolg als Schauspieler feierte Max Oppenheimer am Saarbrücker Stadttheater im Februar 1920 in einer Inszenierung von Gustav Freytags Komödie „Die Journalisten" – eine Aufführung des literarischen Vereins der Oberrealschule. Seine Verkörperung des Bolz wurde in der ortsansässigen Presse gelobt und bestärkte ihn in seinem Wunsch Schauspieler zu werden. Ende des Jahres verließ er Saarbrücken und ging nach Stuttgart ans Landestheater wo er Schauspielschüler des dortigen Oberregisseurs Fritz Holl wurde (Asper 2011, 13). Ihm verdankte er seinen Künstlernamen Ophüls, den er 1920 annahm.
Ich habe weder meinen Vater noch meine Mutter, die Schauspielerin Hilde Wall, jemals auf der Bühne stehen sehen – obwohl ich mit ihr, als sie im siebten Monat schwanger war, auf der Bühne stand. Aber meine Mutter meinte immer, mein Alter [Max Ophüls, Anm. d. Red.] sei kein guter Schauspieler gewesen und er hat ihr da nie widersprochen. Aber ich habe Archivbilder von ihm gesehen und ich glaube, er war seiner Zeit nur voraus. Ich vermute er hat sozusagen unterspielt, das heißt er spielte nüchterner, sachlicher und moderner als seine Schauspielkollegen, mit weniger unerträglichem Pathos und Sentimentalität. So wie später Humphrey Bogart in seinen Filmen.

Zum Film kam er wegen einem Mädchen. Das erzählt mein Vater in seinen Memoiren „Spiel im Dasein", die er in Hollywood verfasst hat, wobei er meiner Meinung nach hier die Wahrheit ein wenig ausschmückte.

Die nächsten Stationen von Max Ophüls waren das Stadttheater Aachen und das Dortmunder Theater, wo er zum ersten Mal Regie führte. In Barmen-Elberfeld – dem heutigen Wuppertal – wurde er am vereinigten Stadttheater als Schauspieler und Spielleiter engagiert. Hier konnte er sein Regietalent entfalten, durch seine umfang- und facettenreichen Aufgaben Routine erwerben und seine spezifische Handschrift entwickeln. 1925 folgte er dem Ruf ans Wiener Burgtheater. Hier lernte er auch die Schauspielerin Hilde Wall kennen, die er ein Jahr später heiratete.
Zunächst war er Schauspieler und nebenbei Regisseur, Spielleiter und Oberspielleiter – zum Intendanten schaffte er es nie – in Ruhrgebietsstädten wie Dortmund und in Barmen-Elberfeld. Dann wurde er, soweit ich weiß, als jüngster Schauspieler und Regisseur, ans Wiener Burgtheater gerufen.
Noch heute meinen deshalb weltweit viele Leute, die seine Filme bewundern, er sei Wiener. Mein Vater mochte Wien und die Zeit beim Burgtheater nicht. Er fand es zu bürgerlich, zu akademisch und zu verstaubt. Ob er da recht hatte, kann ich nicht wirklich beurteilen, denn immerhin war es auch die Welt von Stefan Zweig, Siegmund Freud und Joseph Roth. Die Stadt war vermutlich nicht verstaubt, aber die Inszenierungen, mit denen er am Wiener Burgtheater beauftragt wurde, waren es. Das einzige, was er in Wien mochte, war meine Mutter.
Nach nur vier Inszenierungen wurde mein Vater von dem Intendanten Herterich entlassen, mit der Begründung, er sähe zu jüdisch aus. Nachdem der Kündigungsgrund publik geworden war, gab es einen großen Skandal, der jedoch letztendlich im Sande verlief. Aber deshalb bin ich am 27. November 1927 in Frankfurt am Main geboren worden. Als mein Vater und ich Jahre später einmal in seinem Mercedes-Cabriolet durch Wien fuhren,

→ Brief der Acadamy of Motion Picture Arts and Science an Max Ophüls: Mitteilung über die Osacar-Nominierung von Max Ophüls für sein Drehbuch zum Film „Der Reigen".
H. 29,3 cm x 25,2 B.
Leihgeber: Stadtarchiv Saarbücken (Geschenk von Marcel Ophuls auf Initiative des Historischen Museums Saar zusammen mit Thomas Brück, Stadt Saarbrücken).

Academy of Motion Picture Arts and Sciences

CERTIFICATE

OF

NOMINATION FOR AWARD

Be it known that

Jacques Natanson

and

Max Ophuls

were nominated for an Academy Award of Merit
for Outstanding Achievement

Screenplay

"La Ronde"

This judgment being rendered with reference to Motion Pictures First Regularly Exhibited in the Los Angeles district during the year ending December 31, 1951

PRESIDENT

SECRETARY

Max Ophüls, Ankunft am Flughafen Berlin-Tempelhof, 1950er Jahre.
Foto: Archiv Heinz Köster, Deutsche Kinemathek.

stoppte er vor einem Hotel, zeigte auf eine Etage und sagte: „Schau, du bist zwar in Frankfurt geboren, aber hier bist du entstanden."
Am Neuen Theater Frankfurt hat er nur noch inszeniert und nicht mehr selber gespielt. Denn nach den bösen Verrissen in Wien beendete er seine Karriere als Schauspieler. Über das Warum haben wir nie gesprochen. Von Frankfurt ging es nach zwei Spielzeiten weiter nach Breslau. Breslau war damals

eine proletarische Stadt und mein Vater stand politisch sehr weit links, war fast ein Kommunist. In Breslau inszenierte er Hörspiele, schrieb ein Weihnachtsstück, er schrieb Sketche und Chansons für eine Revue und war Schnelldichter im Kabarett: Dies hieß, dass ein Zuschauer irgendeinen Satz sagte und der Schnelldichter sofort ein Gedicht daraus machte. Und dann kam er endlich nach Berlin. Zur Zeit der Weimarer Republik war Berlin die Stadt, nach der sich alle sehnten. Hier traf sich alles, was Rang und Namen hatte. Da war Max Reinhard, der junge Billy Wilder, Fritz Kortner. Alle waren in Berlin und Max Ophüls wagte, nachdem er zuvor bereits ein Gastspiel in Berlin inszenierte hatte, den Schritt nach Berlin. Zunächst brachte er auf dem Kurfürstendamm eine amerikanische Boulevard-Komödie auf die Bühne, die „The Royal Family" hieß und am Broadway ein großer Erfolg war. Während dieser Zeit, in der er Rosa Valetti kennen lernte und große Bewunderung für Adele Sandrock hegte, fuhr er einer jungen Schauspielerin nach Babelsberg hinterher, die dort von der UFA für eine kleinere Rolle in dem Film „Nie wieder Liebe" engagiert war. Regisseur war der Russe Anatol Litvak. Wie der Zufall es wollte, suchte Erich Pommer, der Chef der UFA, Dialog-Regisseure für Filme, die von Ausländern inszeniert wurden. Und einer dieser Regisseure war Anatol Litvak, den ich später selber sehr gut kannte, dessen Regieassistent mein Vater nun wurde.

Zur Zeit des aufstrebenden Tonfilms waren Pommer und seine Mitarbeiter auf der Suche nach neuen Talenten und beobachteten auch den jungen Regieassistenten Max Ophüls bei den Dreharbeiten. Er wurde zum Produktionsleiter gerufen, der ihm anbot, ein Thema für einen Kurzfilm zu suchen. Mein Vater begab sich in die UFA-Bibliothek, um nach Themen zu suchen, an denen die UFA bereits Rechte erworben hatte. So drehte er 1931 seinen ersten Film „Dann schon lieber Lebertran" nach einer Kurzgeschichte von Erich Kästner. Ihm stellte man den großen Kameramann Eugen Schüftan zur Seite, der später in den USA unser Nachbar war. So kam mein Vater zum Film.

Nach seinem erfolgreichen Erstling „Dann schon lieber Lebertran" folgten weitere Engagements und Ophüls schuf 1932 mit „Die verkaufte Braut" von Smetana die erste Tonfilmoper. Nach seiner Flucht folgten Regiearbeiten in Frankreich, Italien und den Niederlanden. Auch in Hollywood versuchte er als Regisseur Fuß zu fassen, bevor er 1949 nach Frankreich zurückkehrte. Der internationale Durchbruch gelang ihm mit „Der Reigen", für den er eine Oscarnominierung fürs Drehbuch erhielt. Sein letzter Film war „Lola Montez".

Die Bedeutung des Saarlands für Max Ophüls

Nachdem mein Vater aus Saarbrücken weggegangen war, spielte die Region keine große Rolle mehr in seinem Leben und er hat wenig von seiner Kindheit und Jugend geredet. Er meinte aber auch – und zu seiner Zeit stimmte dies vielleicht auch –, dass Saarbrücken keine schöne Stadt gewesen sei. Er hatte keine besondere Lust zurückzukehren, außer um 1935 gegen „Heim ins Reich" zu reden. Die Tatsache, dass er Saarländer war, ist wichtig, denn deshalb hatten wir die Möglichkeit Franzosen zu werden. Aber seiner Heimatstadt stand er nicht sehr nahe. Aber das lag auch an seiner Auffassung „Home is where I get a job". Wo er lebte, war ihm egal, denn er arbeitete ja immer. Es ging ihm lediglich darum, Filme zu machen.

Mein Verhältnis zu Max Ophüls

Ich glaube, ich habe zu den Dingen, die wichtig sind im Leben, meistens die gleiche Einstellung wie mein Vater. Wobei ich in diesen Tagen sicherlich mehr Franzose bin, als er es jemals war. Immerhin geht es momentan um die Wurst *[Anm. der Redaktion: Dieser Text*

Max Ophüls (2.v.l.) bei den
Dreharbeiten zu seinem letzten
Film „Lola Montez", 1955.
Foto: Fotograf unbekannt,
Deutsches Filminstitut.

eine Max-Ophüls-Passage, eine kleine Einbahnstraße in einem Vorort von Paris und an der Universität von Nancy gibt es eine Max-Ophüls-Klasse. In Saarbrücken wurden eine Grundschule und ein Platz nach ihm benannt. Und auch in Dortmund gibt es einen Max-Ophüls-Platz. Soweit ich es sehen kann, werden seine Filme in Deutschland häufiger ausgestrahlt als in Frankreich.

Für mich ist dies aber nicht so wichtig. Von viel größerer Bedeutung ist für mich die Tatsache, dass mein Vater noch heute bei anderen Regisseuren, wie Jean-Luc Godard oder mir, ein so hohes Ansehen genießt. Auf beiden Seiten des Atlantiks gibt es große Regisseure, die Ophülsianer sind. Und auch bereits verstorbene Regisseure waren Fan von meinem Vater. So hörte beispielsweise Stanley Kubrick einen ganzen Tag lang auf, „Le Sentier de la Gloire" („Paths of Glory") zu drehen, als mein Vater in Hamburg starb. Vincente Minelli hat in seinen Memoiren geschrieben, dass Max Ophüls einen riesigen Einfluss auf seine Filme hatte. Robert Altmann war ein großer Ophüls-Fan usw., usw. Das ist, glaube ich, für mich die größte Erbschaft.

Am Ende seines Lebens kehrte Max Ophüls zum Theater zurück. Seine Inszenierung der Komödie „Der tolle Tag" von Beauchmarchais im Deutschen Schauspielhaus Hamburg feierte am 5. Januar 1957 Premiere und wurde ein großer Erfolg. Diesen konnte er jedoch nicht mehr genießen: am 26. März 1957 starb er im Hamburger Marienkrankenhaus. Nach einer Trauerfeier in Hamburg wurde seine Urne nach Paris überführt und am 5. April 1957 auf dem Friedhof Pére-Lachaise beigesetzt (Asper 2011, 123 f.). In Saarbrücken ist nach ihm der Max-Ophüls-Preis benannt, der seit 1980 alljährlich vergeben wird. Es ist das wichtigste Filmfestival für den deutschen Nachwuchsfilm im deutschsprachigen Raum.

→ Der Autor

Der Regisseur und Dokumentarfilmer Marcel Ophuls, Jahrgang 1927, wurde in Frankfurt am Main geboren. Der Sohn des Filmregisseurs Max Ophüls floh 1933 mit seinen Eltern zunächst nach Frankreich und dann in die USA. Nach seinem Studium an der University of California und der Sorbonne in Paris arbeitete er zunächst als Regieassistent von John Huston und Anatol Litvak. Zwischen 1956 und 1959 war Marcel Ophuls Hörfunk- und Fernsehredakteur beim SWR in Baden-Baden. Ab Mitte der 60er Jahre begann er sich als Dokumentarfilmer einen Namen zu machen. Für die Dokumentation „Hotel Terminus. Zeit und Leben des Klaus Barbie" über den SS-Folterer Klaus Barbie bekam er 1989 den Oscar für den besten Dokumentarfilm verliehen. 2015 erschienen seine Memoiren „Meines Vaters Sohn". Marcel Ophuls lebt nach seinen Jahren im Exil und zahlreichen berufsbedingten Auslandaufenthalten in Frankreich.

Literatur- und Quellenverzeichnis

Max Ophüls, *Spiel im Dasein* (Berlin 2015).

Marcel Ophüls, *Meines Vaters Sohn* (Berlin 2015).

Helmut G. Asper, *Max Ophüls. Deutscher – Jude – Franzose.* In: Hermann Simon (Hrsg.), Jüdische Miniaturen (Berlin 2011).

Helmut G. Asper, *Max Ophüls. Eine Biographie mit zahlreichen Dokumenten, Texten und Bildern* (Berlin 1998).

Erich Honecker

Diktator aus Wiebelskirchen

1912–1994

VON MARTIN SABROW

Gehört der am 25. August 1912 in Neunkirchen geborene und am 29. Mai 1994 in Santiago de Chile verstorbene Dachdecker, Widerstandskämpfer, Parteifunktionär und DDR-Machthaber Erich Honecker zu Recht in einen Katalog herausragender Vertreter einer „Saarprominenz"?

Prominentenstatus erlangte er jedenfalls, schon bevor er 1971 in der Nachfolge Walter Ulbrichts zum SED-Generalsekretär und damit obersten Machthaber der DDR aufstieg. Als ostdeutscher Parteifunktionär der ersten Stunde hatte Honecker seit Mai 1945 an führender Stelle im ZK-Apparat der neugegründeten KPD zunächst überparteilich angelegte „Antifaschistische Jugendausschüsse" in der Sowjetischen Besatzungszone aufgebaut und war 1946 zum Gründungsvorsitzenden der Freien Deutschen Jugend gewählt worden. Die Jugendpolitik blieb sein Metier zunächst auch, als er in den Folgejahren erst in das Zentralkomitee (ZK) der SED, 1949 dann in die erste Volkskammer der neugegründeten DDR gewählt wurde und 1950 zum Kandidaten des Politbüros aufstieg. Endgültig aus dem Schatten einer wenig beachteten Funktionärskarriere im Parteiapparat begann Honecker herauszutreten, als er von einer einjährigen Entsendung an die Parteihochschule der KPdSU in Moskau zurückkehrte. 1958 zum Vollmitglied des SED-Politbüros und ZK-Sekretär für Sicherheits- und Kaderfragen bestellt, galt er in den Augen der Öffentlichkeit bereits als Ulbrichts Kronprinz, bevor er 1961 mit der Leitung des Mauerbaus an der innerstädtischen Grenze in Berlin seine organisatorischen Befähigungen unter Beweis stellte. Dass Honecker in den Folgejahren alle Konkurrenten ausstach und sich dank seines guten Verhältnisses zum sowjetischen Parteichef Leonid Breschnew im Mai 1971 an die Stelle seines langjährigen Ziehvaters Ulbricht zu setzen vermochte, stellte dann in der Öffentlichkeit keine Überraschung mehr dar.

In den anschließenden 18 Jahren seiner Herrschaft entwickelte Honecker sich nach anfänglicher Betonung eines kollektiven Führungsstils bald zu einem Autokraten, bei dem alle Fäden der Parteiherrschaft zusammenliefen. Während die von ihm propagierte Einheit von Sozial- und Wirtschaftspolitik in den siebziger Jahren eine deutliche Erhöhung des Lebensstandards in der DDR zur Folge hatte,

← Erich Honecker, 1976.
Foto: Fotograf unbekannt; Bundesarchiv, 183-R1220-401.

nahm Honecker eine anfänglich spürbare kulturelle Liberalisierung bald wieder zurück. Innenpolitisch verringerte sich der Kredit, den Honecker in seinen ersten Amtsjahren bei Teilen der Bevölkerung genossen hatte, immer weiter und machte spätestens seit Beginn der achtziger Jahre dem allgemeinen Empfinden Platz, eingekapselt in einer bleiernen Zeit zu leben.

Außenpolitisch hingegen erwarb Honecker sich nach der gleichzeitigen Aufnahme von Bundesrepublik und DDR in die UNO 1973 wachsenden Respekt und galt in den 80er Jahren bei aller blockpolitischen Loyalität gegenüber der Sowjetunion als ernstzunehmender Anwalt der ost-westlichen Entspannungspolitik. Wie prominent er mittlerweile geworden war, zeigte der Besuch, den Honecker im September 1987 auf Einladung Bundeskanzler Kohls der Bundesrepublik abstattete. In Bonn residierte Honecker als ein umworbener

Erich Honecker (2. von links, vorne) mit seiner Mutter und seinen Geschwistern Willi, Katahrina und Frieda, 1915/16.
Foto: Fotograf unbekannt; Bundesarchiv, 183-W0910-317.

→ Wilhelm Honecker sr. (erste Reihe Mitte) und sein Sohn Erich (erste Reihe rechts) im Spielmannszug des Roten Frontkämpferbunds in Wiebelskirchen um 1929.
Foto: Fotograf unbekannt; Bundesarchiv, 183-W0910-324.

Potentat, den über 2400 Medienvertreter umschwirrten und dem nahezu die gesamte politische und wirtschaftliche Elite der Bundesrepublik ihre Aufwartung machte.

Wiebelskirchen

Zu erörtern bleibt das zweite Kriterium einer Aufnahme in die hier vorgestellte Reihe prominenter Deutscher: die enge Verbindung mit der Saar. Zumindest herkunftsgeschichtlich ist die Antwort eindeutig. Die um 1700 aus dem Zürcher Oberland eingewanderte und ihren Namen mundartlich von „Honegger" auf „Honecker" ändernde Familie entwickelte sich in den beiden Folgejahrhunderten zu einer über das ganze Saargebiet verbreiteten Sippe. Ihr zu Erich Honecker führender Familienzweig erfuhr noch im 18. Jahrhundert einen allmählichen Abstieg von der Hofpacht zur Industriearbeit, wahrte aber die Spur seiner calvinistischen Abstammung, als er sich im frühen 19. Jahrhundert in Wiebelskirchen, einer der wenigen evangelischen Industriegemeinden der Region, ansiedelte. Hier wuchs als eines von sechs Geschwistern in einem Bergmannshaushalt auch Erich Honecker unter ärmlichen oder zumindest bescheidenen Lebensumständen auf, behielt aber gleichwohl seine Kindheit in dem *„schönen Ort"* in guter Erinnerung: *„Mir haben die Menschen, die dort wohnten, gefallen und die Gebäude, die dort standen. Das waren zum größten Teil kleine Häuser von Bergarbeitern, von Metallarbeitern und kleinen Geschäftsleuten. Ich möchte noch sagen, mir haben sogar die Pfarrer gefallen. [...] Trotz der sozialen Unterschiede gab es damals eine große Übereinstimmung zwischen den Menschen"* (ANDERT/HERZBERG 1990, 104).

Das war weniger heimat- als vielmehr milieugeschichtlich gemeint: Wiebelskirchen war für Honecker das *„rote Dorf“*, in dem bei *„den Reichstagswahlen in meinem Geburtsjahr 1912 [...] der sozialdemokratische Kandidat die meisten Stimmen erhalten hatte“* (HONECKER 1980, 4). Neunkirchen und Wiebelskirchen entwickelten sich seit dem Ende des Ersten Weltkriegs zu regionalen Zentren eines *„links-proletarischen Milieus”* (MALLMANN/STEFFENS 1989, 137) an der Saar, das über die Parteigrenzen hinweg ein sozialdemokratisches und dann kommunistisches Gegenmilieu zur katholischen und zur bürgerlichen Lebenswelt erstehen ließ. Vater Wilhelm Honecker, erst Hauer und nach dem Ersten Weltkrieg Gewerkschaftsobmann in der Grube „Dechen“, trat 1922 mit vielen anderen von der USPD zur KPD über und erzog seine Kinder im Geiste Lenins, Liebknechts und Luxemburgs. Ohne erkennbare Adoleszenzkonflikte wuchs mit seinen Geschwistern auch Erich Honecker in das politische Lebensmilieu der Familie hinein. Schon mit 10 Jahren in den später so genannten Jung-Spartakus-Bund aufgenommen, trat er 1926 zum Kommunistischen Jugendverband Deutschlands über und avancierte 1929 zu dessen örtlichem Leiter. Als er 1931 von einem einjährigen Besuch der Internationalen Lenin-Schule in Moskau zurückkehrte, setzte er seine Karriere als Jugendfunktionär rasch weiter fort und avancierte zum Politischen Leiter der Saar-Bezirksleitung des Kommunistischen Jugendverbands, bevor er 1933 sogar in dessen Zentralkomitee gewählt wurde.

Nach 1933 im antifaschistischen Jugendwiderstand zunächst im Ruhrgebiet und dann in Süddeutschland tätig, kehrte Honecker im Herbst 1934 noch einmal in das Saargebiet zurück, um den Kampf der kommunistischen Parteibezirksleitung Saar für den Erhalt des Status quo in der vom Völkerbundrat für Januar 1935 angesetzten Volksabstimmung zu unterstützen. In dieser Aufgabe unterstand er dem ebenfalls an die Saar abgeordneten Parteifunktionär Herbert Wehner, der damals der Führungsspitze der illegalen KPD angehörte und viele Jahre später über seinen damaligen Mitstreiter anerkennend urteilte: *„Ich kannte ihn als einen aktiven Funktionär, wie man sagt, aus der Kommunistischen Jugend, der ich selber nie angehört habe, aber aus einer Zeit, in der er im Saargebiet tätig war und auch seine Familie. Und ich kannte ihn aus der schweren Zeit der – wie man sagt – unterirdischen Arbeit, die ich organisiert habe, und an der ich hinterher mitgewirkt habe”* (WÖRDEHOFF/DONAT 1990, 359). Honeckers Lebensmittelpunkt allerdings stellte zu dieser Zeit nicht mehr das Elternhaus in Wiebelskirchen dar, sondern der Sitz der KPD-Bezirksleitung in Saarbrücken, wo die Fäden der Schlacht um die Mehrheit zusammenliefen und auch das Parteiblatt, die „Arbeiter-Zeitung”, gedruckt wurde, in der der Name Honeckers als Autor und Agitator immer häufiger erschien.

Gefängnis und Nachkriegsjahre

Doch der Kampf um die Saar wurde zum Desaster: Als die Anschlussbefürworter am 13. Januar 1935 einen überwältigenden Triumph feierten, war Honecker in der Heimat seines Lebens nicht mehr sicher, und mit dem letzten Abendzug verließ er am 28. Februar 1935 die Saar, die er über zehn Jahre lang nicht wiedersehen sollte, um in ein ungewisses Exil nach Paris zu entkommen. Nachdem er dort ein halbes Jahr lang von der Welt abgeschnitten auf seinen nächsten Parteieinsatz hatte warten müssen, wurde er im Spätsommer 1935 nach Berlin beordert, um in der Reichshauptstadt den schon weitgehend zerschlagenen kommunistischen Jugendwiderstand zu stärken. Lange konnte er die ihm zugewiesene Funktion als illegaler Bezirksleiter allerdings nicht wahrnehmen. Im Zuge einer Übernahme illegalen Propagandamaterials aus Prag geriet er in das Visier der Gestapo und wurde im Dezember 1935 beim Verlassen seiner Wohnung in Berlin-Wedding verhaftet. Nach anderthalbjähriger Untersuchungshaft vom Volksgerichtshof zu einer zehnjährigen

Polizisten bewachen den Berliner Mauerbau in der Harzer Straße, 1961. Foto: Siegmann; Bundesarchiv, B145 - 00014423.

Freiheitsstrafe verurteilt, verbrachte Honecker die restliche Dauer des „Dritten Reiches" im Zuchthaus Brandenburg-Görden, aus dem ihn erst die Befreiung durch die Rote Armee erlöste.

Auch in der Haftzeit verlor er die Bindung an die Saar nicht. Verwandte und Freunde hielten Kontakt zu ihm, wie es unter diesen Umständen möglich war. Und auch sein einstiger Lehrer sandte ihm Grüße ins Gefängnis, während sich umgekehrt Honecker in seiner Brandenburger Haftzelle immer wieder nach Hause zurückträumte, wie ein Haftkamerad später bezeugte: *„In den Jahren unseres Zusammenlebens in einer Zelle konnte ich bei ihm ein ausgeprägtes Heimatgefühl feststellen. Wiebelskirchen und seine Umgebung schilderte mir E.H.* [Erich Honecker] *so oft und eindringlich, daß ich es bald wie meine eigene Westentasche kannte und mich dort im Schlaf hätte zurechtfinden können"* (Rossmann 1979).

Wie sehr sich Honecker auch späterhin seiner Jugend an der Blies verbunden fühlte, zeigte sich gleich nach der Befreiung im Mai 1945, als er mehr zufällig in Verbindung mit der aus Moskau gekommenen Gruppe Ulbricht geriet, die sich im Dienste der sowjetischen Besatzungsmacht darangemacht hatte, die Verwaltung der zerstörten Reichshauptstadt neu aufzubauen. Wie Honecker sich später erinnerte, kannte Ulbricht offensichtlich *„die Arbeit, die ich im faschistischen Deutschland geleistet habe und auch die zehn Jahre Zuchthaus. Oder er wurde vorher darüber informiert. Jedenfalls frug er mich, was für Absichten ich denn jetzt nach der Befreiung hätte. Ich habe ihm gesagt, weißt du, ich möchte jetzt vor allen Dingen zurück nach Hause nach dem Saargebiet fahren, meine Eltern, soweit vorhanden, zu sehen, um mich dann in die Arbeit der Partei an der Saar einzureihen. Er sagte, bleib mal hier, das Saargebiet bekommen ja sowieso die Franzosen. Du kannst hier nützlich sein im Zentralkomitee der Partei. Kannst du die Jugendarbeit machen, bist du einverstanden?"* (Andert 1990).
Er war natürlich einverstanden. Aber auch wenn sich sein Leben fortan in Berlin abspielte statt an der Blies, vergaß er seine Herkunft nicht, sondern hielt auch weiterhin sehr viel engeren Kontakt zu seiner Heimat, als gemeinhin angenommen. Ungeachtet der katastrophalen Verkehrsverhältnisse schlug er sich im November 1945 von Berlin aus ins Saargebiet zu seinen Eltern durch und blieb dort bis über Weihnachten. Auch später noch und schon als FDJ-Vorsitzender fand er mindestens noch einmal den Weg nach Hause und kam im Sommer 1947 zum Geburtstag seiner Mutter nach Wiebelskirchen, um dort die folgenden vier Wochen zu verbringen; ein weiterer Besuch scheiterte 1948 nach Honeckers eigenen Angaben daran, dass französische Grenzkontrollorgane seinen Personalausweis zerrissen. Auch nach diesem Fiasko bemühte sich Honecker offenbar ausdauernd, wenngleich vergeblich noch mehrfach, nach Wiebelskirchen zu gelangen. Zu Heiligabend 1948 telegrafierte er, dass ein Kommen leider unmöglich sei und ließ sich in seinem Bemühen zunächst auch von der Verfestigung der deutschen Teilung wenig beeindrucken. Wenige Wochen nach Gründung der Bundesrepublik schrieb er am 18. Juni 1949 nach Hause, dass er seiner Mutter persönlich zum Geburtstag habe gratulieren wollen, die geplante Reise aber verschieben musste und kündigte auch nach der Proklamation des zweiten deutschen Teilstaates unverdrossen noch am 17. Oktober 1949 an, dass er versuchen werde, auf einige Tage nach Hause zu kommen.
Dabei blieb es für diesmal – und für die nächsten knapp vier Jahrzehnte. Stattdessen kamen nun seine Eltern häufig nach Ost-Berlin und übernahmen 1953/1954 auch die Betreuung der aus einer außerehelichen Beziehung hervorgegangenen Tochter Sonja, solange die Mutter Margot Feist einen einjährigen Lehrgang auf der Moskauer Parteihochschule absolvierte. Neben den Eltern fuhren auch seine Schwestern und später deren Kinder regelmäßig auf Verwandtschaftsbesuch nach Wandlitz und hielten die Verbindung zu Honeckers neuer Familie, aber auch zu seiner Tochter aus seiner vorherigen Ehe mit Edith Baumann aufrecht. Honecker selbst hingegen nahm 1963 und 1969 Abstand davon, an der Beisetzung seiner Mutter und seines Vaters in Wiebelskirchen teilzunehmen, obwohl die Bundesbehörden ihm die Freistellung von der Strafverfolgung zugesichert hatten und auch Ulbricht ihm die Entscheidung offengehalten hatte. Doch der Organisator des Mauerbaus von 1961 konnte auf dieses Angebot nicht eingehen, ohne sein eigenes Tun zu desavouieren, und erinnert sich noch Jahrzehnte später an den Schmerz, den dieser Verzicht ihm bedeutet habe.

→ Minibar in einer imitierten Ritterrüstung aus dem Privatbesitz von Erich Honecker.
B. (aufgeklappt): 39 cm.
Leihgeber: Stiftung Haus der Geschichte der Bundesrepublik Deutschland, Bonn.

Beziehungen ins Saarland

Ministerpräsident Oskar Lafontaine nimmt Erich Honecker am Saarbrücker Flughafen in Empfang, 1987.
Foto: Rainer Mittelstädter; Bundesarchiv, 183-1987-0910-050.

Auch im Zenit seiner politischen Karriere war Honecker der Gedanke an Wiebelskirchen nie fern. Ein mit Erde aus dem Garten seines Elternhauses gefülltes Blumen- und Gemüsekörbchen, das ihm saarländische Betriebsräte der IG Metall 1985 in Ost-Berlin überreichten, hütete er aufmerksam vor der Entsorgung durch Mitarbeiter; und sein Nachlass im Bundesarchiv enthält unter vielen Repräsentationsgeschenken auch einen Karton mit Stadtplänen und Heimatliteratur zu Neunkirchen. Über eine 1986 zwischen Neunkirchen und dem Spreewaldort Lübben geschlossene Städtepartnerschaft ließ sich Honecker persönlich Bericht erstatten und seine 1972 akzeptierte Ehrenmitgliedschaft in der wenige Jahre zuvor wiederbegründeten Schalmeienkapelle Wiebelskirchens, das eine starke DKP-Ortsgruppe aufwies, belegte augenfällig, was den SED-Generalsekretär mit seiner alten Heimat verband. Das erste Interview mit einer nichtkommunistischen West-Zeitung gab Honecker 1977 einem Landsmann von der „Saarbrücker

→ Erich Honecker gemeinsam mit dem Oberbürgermeister von Neunkirchen (Peter Neuber) und Mitgliedern der Schalmeienkapelle Wiebelskirchen, 1987.
Foto: Klaus Oberst; Bundesarchiv, 183-1987-0910-052.

Zeitung", der als katholischer Gymnasiast einst sein jugendpolitischer Gegner an der Blies gewesen war. Gezielt unterstützte Honecker auch die saarländische Wirtschaft mit Aufträgen, die vom Saarstahl bis zum Getränkeumsatz reichten und nicht allein wirtschaftlich begründet waren: *„Aus Nostalgie ordert Honecker schon mal 659 Hektoliter Neunkirchener Bier ‚Schloß Privat Pilsener' in Dosen oder ein größeres Sortiment Saarwein für sein Büro"*, berichtete „Der Spiegel" 1986. *„Und aus alter Verbundenheit stellte er dem saarländischen Ministerpräsidenten Oskar Lafontaine bei seinem Besuch im vergangenen November einen Auftrag über 10000 Pkw in Aussicht – gegen alle ökonomische Vernunft."* (Der Spiegel 5/1986).

Seinen Bonn-Besuch 1987 schließlich nutzte Honecker zu einem als privat deklarierten Abstecher in die alte Heimat, der ihm wie eine Rückkehr im Triumph vorgekommen sein mochte. Zahlreiche Zuschauer säumten die Straße, als Honecker am 10. September 1987 in einer beflaggten Staatslimousine erst vor dem Kirchhof zu einem Besuch des Grabes seiner Eltern und dann vor dem Haus seiner Kindheit vorfuhr, um alte Bekannte und Weggefährten zu begrüßen, bevor er seiner dort mittlerweile alleine wohnenden Schwester zu einer Kaffeeeinladung ins Haus folgte. Von der nicht nur sentimentalen, sondern auch politischen Bedeutung dieses Heimatbesuchs zeugte die überraschend emotionale Abweichung vom Redetext bei einer anschließenden Ansprache in der Neunkircher Bürgerhalle, in der Honecker zur Verblüffung nicht nur der dicht gedrängten Zuhörerschaft, sondern auch des rasch informierten sowjetischen Botschafters in Ost-Berlin seinen Wunsch bekannte, dass auch in Deutschland die staatlichen Grenzen in der Zukunft nicht mehr trennen, sondern vereinen mögen.

Tatsächlich war bereits zuvor auch in Ost-Berlin die für einen kommunistischen Staatslenker eigentümlich enge Bindung des SED-Generalsekretärs an seinen Geburtsort im Land des Gegners aufgefallen. Aus dem Politbüro heraus meldete etwa ein heimlicher Opponent 1983 warnend nach Moskau: *„Das besonders Besorgniserregende ist die Haltung von EH*

Erich Honecker in Neunkirchen, 1987. Foto: Hermann Daub; Stadtarchiv Neunkirchen.

[Erich Honecker] *zur BRD. Auf der Leipziger Frühjahrsmesse hat EH auf den Messeständen der BRD keine klassenmäßige Position bezogen. Auf dem Messestand der Saarer Stahl AG ließ er sich farbige Fotobilder im Format von 30 x 60 cm als Wandbehang von diesem Stahlkonzern schenken, die sein Geburtshaus, seine Straße und besondere Sehenswürdigkeiten von Wiebelskirchen an der Saar (seinem Geburtsort) zeigten. Außerdem bekam er 2 Heimatbücher. Voller ‚Rührung' bedankte er sich bei den saarländischen Konzernbossen dafür und erklärte: ‚Das sei ja ein Großangriff auf seine Gefühlswelt.' [-] Es ist eben ein Paradoxum [sic!], daß ein eingefleischter Westdeutscher an der Spitze der DDR steht"* (Krolikowski 1991, 352).

Zumindest bis zum Untergang der SED-Diktatur Ende 1989 und dem völligen Reputationsverlust ihrer entmachteten Führung zählte Erich Honecker im Verständnis der Zeitgenossen ganz selbstverständlich zu einem der besonders herausragenden Repräsentanten von „Saar-Prominenz". Nach seinem Sturz allerdings ergibt sich ein differenzierteres Bild. Honecker selbst hielt an seiner Bindung an die Heimat womöglich noch stärker fest als zuvor. Als der saarländische Heimatdichter Ludwig Harig ihn 1992 in der Berliner Untersuchungshaft besuchte, übermittelte er seinem Besucher als seinen einzigen Wunsch: *„Nur noch einmal hemm“* (Harig 1993). Und schon nach seiner ersten Festnahme 1990 hatte er gegenüber seinem Arzt davon gesprochen, dass er seine letzte Ruhestätte wenn nicht auf dem Friedhof der Sozialisten in Berlin-Friedrichsfelde, dann auf dem heimischen Friedhof in Wiebelskirchen an der Seite seiner Eltern zu finden hoffe (Kunze 2012, 188). Ob es dazu nicht kam, weil Befürchtungen gegen eine „Pilgerstätte für Unbelehrbare“ aufkamen (Der Spiegel 23/1994) oder weil Honecker diese Frage im chilenischen Exil gleichgültig geworden war, muss offenbleiben.

→ Der Autor

Martin Sabrow, geboren 1954 in Kiel, ist Professor für Neueste Geschichte und Zeitgeschichte an der Humboldt-Universität zu Berlin und Direktor des Zentrums für Zeithistorische Forschung (ZZF) in Potsdam. Nach seinem Studium der Geschichte, Germanistik und Politologie in Kiel und Marburg/Lahn promovierte er 1993 zu politischen Attentaten in der frühen Weimarer Republik. 2000 folgte seine Habilitation an der FU Berlin mit einer Arbeit über die DDR-Geschichtswissenschaft. 2005/2006 war er Vorsitzender der Expertenkommission der Bundesregierung zur Erarbeitung eines Geschichtsverbundes „Aufarbeitung der SED-Diktatur“. Er verfasste zahlreiche Publikationen zur Geschichte der DDR.

Literatur- und Quellenverzeichnis

Reinhold Andert, Interview mit Erich und Margot Honecker, Januar/Februar 1990. Tonbandabschrift im Besitz des Verfassers.

Reinhold Andert/Wolfgang Herzberg, *Nach dem Sturz. Erich Honecker im Kreuzverhör* (Berlin 1990).

Ludwig Harig, *Bei Erich dehemm.* Die Zeit, 5.2.1993.

Erich Honecker, *Aus meinem Leben* (Berlin [O] 1980).

Werner Krolikowski, *Notiz zur inneren Lage in der DDR am 30.3.1983.* In: Peter Przybylski, Tatort Politbüro. Die Akte Honecker (Berlin 1991).

Thomas Kunze, Staatschef a. D. *Die letzten Jahre des Erich Honecker* (Berlin 2012).

Klaus-Michael Mallmann/Horst Steffens, *Lohn der Mühen. Geschichte der Bergarbeiter an der Saar* (München 1989).

Gerhard Rossmann, *Aufzeichnung eines Gespräches mit Genossen Wilhelm Thiele am 14. Dezember 1979.* In: Martin Sabrow, Erich Honecker. Das Leben davor (München 2016) 494.

Martin Sabrow, *Erich Honecker. Das Leben davor* (München 2016).

Bernhard Wördehoff/Karl Donat, *Herbert Wehner – 70 Jahre alt,* Interviewäußerung, 9.7.1976. In: Gerhard Jahn (Hrsg.), Herbert Wehner: Zeugnis – Persönliche Notizen 1929–1942 (Halle/Leipzig 1990) 351–367.

N. N., Wohin mit der Asche? Der Spiegel 23/1994, 36.

N. N., *Freie Fahrt.* Saarlouis und Eisenhüttenstadt planen die erste deutsch-deutsche Städtepartnerschaft. Wird es auch die letzte sein? Der Spiegel 5/1986, 56–58.

Willi Graf

Widerstandskämpfer und Mitglied der Weißen Rose

1918 - 1943

von Peter Goergen

Willi Graf war ein wichtiges Mitglied der Münchener Widerstandsgruppe Weiße Rose. Er wurde zusammen mit den Geschwistern Scholl im Februar 1943 verhaftet und im Oktober 1943 hingerichtet.

Kindheit und Jugend

Willi Graf wurde am 2. Januar 1918 in Kuchenheim bei Euskirchen (Rheinland) geboren. Er wuchs zusammen mit seinen Schwestern Mathilde und Anneliese in Saarbrücken auf, wo sein Vater die Geschäftsleitung des Johannishofs, einer Weinhandlung mit Saalvermietung, in der Mainzer Straße übernommen hatte. Am Ludwigsgymnasium legte er 1937 das Abitur ab.

Schon als Schüler war Willi Graf ein entschlossener Gegner des Nationalsozialismus. Ursprünglich Mitglied in der katholischen Jugendorganisation Neudeutschland, schloss er sich nach deren Verbot dem Grauen Orden an, einer kleinen Gruppe von Freunden, die weiter ihr Gruppenleben und ihre Fahrten in der Tradition der katholischen Jugend und der Wandervogelbewegung pflegten. Ein beeindruckendes Dokument solcher Fahrten findet sich in dem Fahrtenbuch über die Wanderung durch Montenegro von Ernst Müller im Jahr 1936. Dem „Grauen Orden" gehörten vor allem die Saarländer Fritz Leist und Ernst Müller an. Willi Graf weigerte sich, der Hitlerjugend beizutreten, obwohl ohne die Mitgliedschaft in der HJ die Zulassung zum Abitur fraglich war. Durch eine geschickte Argumentation konnte er seine Zulassung durchsetzen, weil er, wie der Schulleiter Dr. Issel und das Kollegium des Ludwigsgymnasiums in einer Konferenz notierten, *„[...] glaubte es vor sich selbst nicht verantworten zu können, wenn er in die HJ eintrete, bevor die Eingliederung der früheren Jungendverbände in die Staatsjugend durch eine Regierungsverordnung, die in Aussicht stehe, endgültig geregelt sei"* (Goergen, 2009, 41). Juristisch war das sicher nicht stichhaltig, menschlich aber überzeugend und ein Zeichen großen Mutes. Mutig waren natürlich auch die Lehrer der Schule, die ihn mit dieser Begründung zum Abitur zuließen.

← Willi Graf als Abiturient, 1937/38.
Foto: Bayerisches Hauptstaatsarchiv, NL Willi Graf 126, Nr. 6.

Im Herbst 1937 begann er ein Medizin-Studium in Bonn. Wegen seiner Mitgliedschaft im Grauen Orden kam er Anfang 1938 für einige Wochen in Untersuchungshaft. Das Verfahren wurde im Sommer des Jahres eingestellt. Nach dem Ausbruch des Krieges wurde er zur Wehrmacht einberufen und zum Sanitätssoldaten ausgebildet. Da die Universität Bonn inzwischen geschlossen worden war, setzte er das Studium in München fort. Entscheidend für seine Mitwirkung im Widerstand gegen den Nationalsozialismus war seine Begegnung mit Hans Scholl und Alexander Schmorell in der Studentenkompanie in München. Im Frühjahr 1941 begann für Willi Graf der Einsatz im Osten, der bis zum April 1942 dauern sollte. In dieser Zeit entstand seine Liebe zu Russland, zugleich wächst sein Entsetzen über den Krieg und die Verfolgung der jüdischen Menschen. Als Willi Graf am 6. Juni 1941 das Warschauer Ghetto sah, notierte er in seinem Tagebuch nur das Wort: „Schrecken". Wenige Tage später schrieb er in einem Brief: *„Sehr viel Elend muss man hier anschauen, weil überall etwas davon zu finden ist. Gerade in Warschau stößt man bei jeder Gelegenheit darauf. Es ist eigentlich unvorstellbar, daß es dies gibt. Ich hätte das nie gedacht, einfach nicht denken können"* (zitiert bei VIEREGG 1984 ,102).

Die folgenden Monate an der russischen Front konfrontierten ihn erstmals mit der Realität der Kämpfe und mit dem Elend der russischen Zivilbevölkerung. Zum Jahreswechsel 1941/1942 wurde er Zeuge der Vernichtung eines russischen Dorfes. Die Bewohner wurden vertrieben, die Häuser zerstört, von der Wehrmacht in Brand geschossen. Sein Mitleid

Reisepass für das Ausland, für Saareinwohner deutscher Staatsangehörigkeit, 1934. H. 16 cm. Leihgabe: Bayerisches Hauptsstaatsarchiv, NL Willi Graf 1.

gilt vor allem einem Kind, einem Mädchen namens Katja.
Dieser erste Aufenthalt in Russland hat ihn sehr verändert. Er verliebte sich in die russische Landschaft, die ihm zuerst karg und fremd erschienen war, vor allem aber gehörte seine Sympathie der Bevölkerung. In einzelnen Briefen und kurzen Notizen im Tagebuch zeigte sich ein ernstes und sehr grundlegendes Nachdenken über die Verbrechen dieses Krieges und eine noch ungeklärte aber heftige moralische Unruhe. Er hatte jetzt den wirklichen Krieg erlebt, nicht nur die Realität der Lazarette in der Etappe, sondern die immer härter werdenden Kämpfe, die Zerstörung der Dörfer, das Leid der Menschen, das Ghetto in Warschau, das der Verfolgung der Juden ein reales Bild gab. All das war verstörend und ließ ihn in tiefer Sorge, über die er mit kaum jemandem reden konnte, schon gar nicht mit den Kameraden in der Wehrmacht. Mit diesen Sorgen und Ängsten war er allein und sehr einsam. Am 8.11.1941 notierte er in seinem Tagebuch: *„Noch unvorstellbar ist auch mir, wie wir aus diesem Land zurückkehren werden in das gewohnte, vergangene Leben. Die Zeit, die wir hier verbringen, ist*

Willi Graf mit seinen Eltern und Schwestern. Hintere Reihe v.l.n.r.: Mathilde, Willi und Anneliese Graf. Vorne: die Eltern Anna und Gerhard Graf. Ca. 1937.
Foto: Bayerisches Hauptstaatsarchiv, NL Willi Graf 128.

Nächste Doppelseite:
Das Fotoalbum von Ernst Müller dokumentiert eine Wanderung durch Montenegro, 1936. Darunter Willi Graf und andere Mitglieder des „Grauen Ordens“. B. 24,5 cm. Leihgeber: Privatbesitz.

schwerwiegender, aber trotzdem wird sie für jeden ihren ganz bestimmten Sinn haben, der sich manchem vielleicht erst viel später enthüllen kann. Oft denke ich an diese Zukunft, ohne mir ein klares Bild machen zu können.“ Zu den wenigen Glücksmomenten in dieser Zeit gehörten die Briefe seiner Schwester Anneliese, auch ihr Foto, das sie ihm schickte und das ihn ständig begleitete. Im brieflichen Dialog mit ihr kann er auch sagen, wie sehr der Krieg sein Christentum verändert hatte, wie wenig sein Glaube jetzt zu den traditionellen Gewohnheiten passte. So heißt es in einem Brief an Anneliese: *„Man muss dann einfach von der Zukunft und der Hoffnung leben, weil es sonst nicht mehr möglich ist, weiter zu gehen. Gerade in den Weihnachtstagen hat es ja Wert, darüber nachzudenken. Doch auch dann ist es nicht leicht. Man müsste viel mehr Christ sein, um das zu verstehen, aber das ist man ja nicht“* (Knoop-Graf/Jens 1988, 138 f.). In einem späteren Brief, vom 6.6.1942, geht er ausführlich auf die Glaubenszweifel seiner Schwester ein: *„Die Art und Erziehung, wie wir in der Religion aufwuchsen, sind denkbar schlecht und voller Unmöglichkeiten. Innerlich war dieses ganze Gebäude hohl und voller Risse. Nur weil noch ein gewisser Glanz und bestimmt auch ein gutes Teil Sicherheit darauf lagen, konnte man sich eine Zeitlang darin wohlfühlen. Urteilskraft und lebendige Überzeugung haben wir nicht mitbekommen, um eventuell in der Lage zu sein, diese Weltanschauung zu verteidigen. Ich behaupte,*

daß dies gar nicht das eigentliche Christentum war, was wir all die Jahre zu sehen bekamen und das uns zur Nachahmung empfohlen wurde. In Wirklichkeit ist Christentum ein viel schwereres und ungewisseres Leben, das voller Anstrengung ist und immer wieder neue Überwindung kostet, um es zu vollziehen. Der Glaube ist keine solch einfache Sache, wie es uns erschien, in ihm geht nicht alles so glatt auf, wie man wohl gemeint hat und sich vielleicht auch wünschte, um möglichst wenig Unruhe zu verspüren, denn das ist für viele doch etwas reichlich Unangenehmes" (Knoop-Graf/Jens 1988, 162).

Das ist in der Radikalität seiner Kritik am bürgerlich-traditionellen Kirchenglauben schon erstaunlich und noch mehr beeindruckt der Ernst seines Ringens um einen tragfähigen Glauben. Er hatte ihn bitter nötig.

„*Der än isst gäre Lewwerwurscht, der anner geht gäre en die Kerch*": Mit diesem saarländisch-liberalen Kraftspruch hatte Willi Graf schon in seiner Pubertät provoziert und der simplen Kirchenfrömmigkeit abgesagt, wie seine Schwester Anneliese dem Autor erzählt hat. Aber am Ende seines ersten Einsatzes an der Ostfront zeigte sich, dass das Christentum

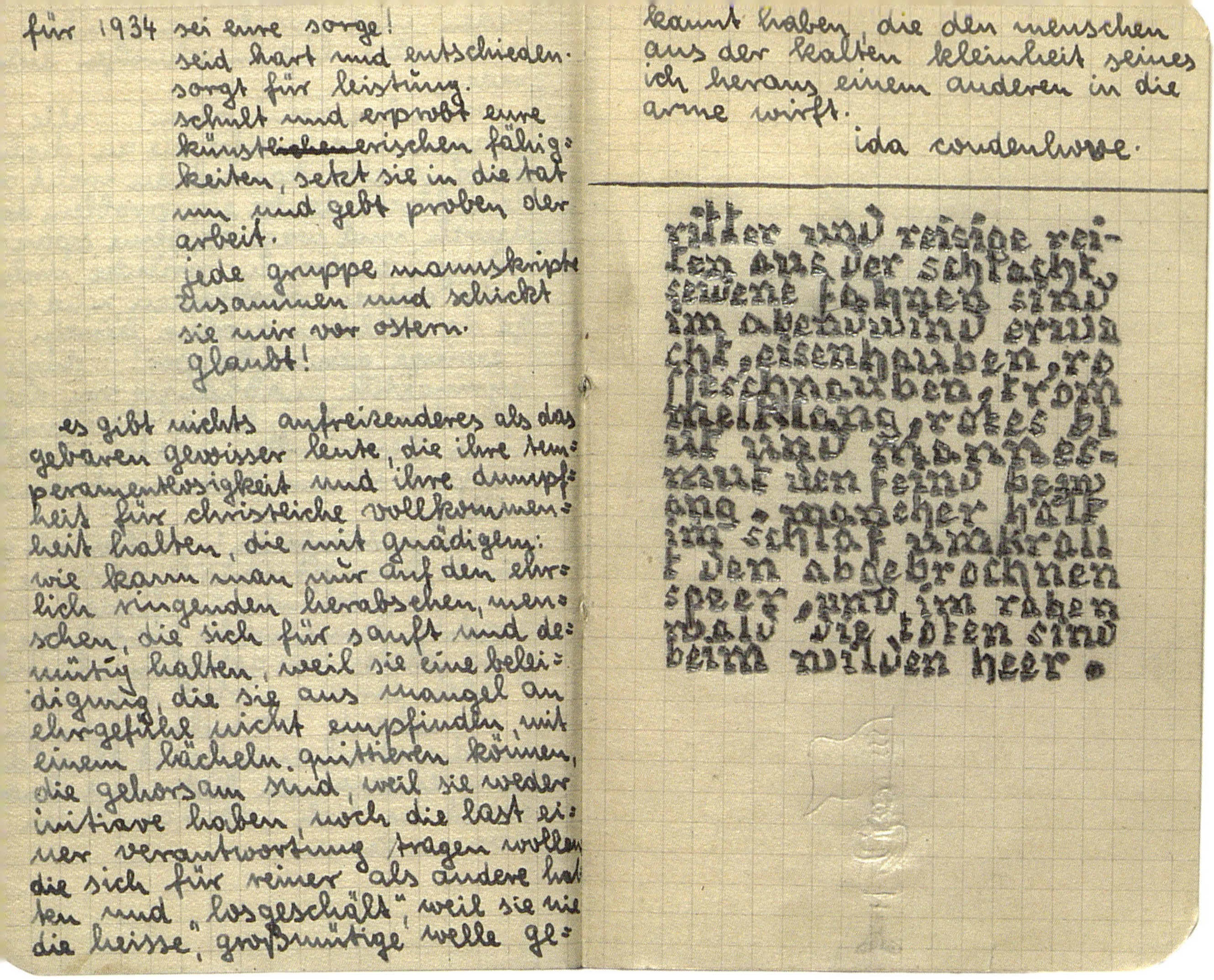
für 1934 sei eure sorge!
seid hart und entschieden.
sorgt für leistung.
schult und erprobt eure
künstlerischen fähig-
keiten, setzt sie in die tat
um und gebt proben der
arbeit.
jede gruppe manuskripte
zusammen und schickt
sie mir vor ostern.
glaubt!

es gibt nichts aufreizenderes als das
gebaren gewisser leute, die ihre tem-
peramentlosigkeit und ihre dumpf-
heit für christliche vollkommen-
heit halten, die mit gnädigem:
wie kann man nur auf den ehr-
lich ringenden herabsehen, men-
schen, die sich für sanft und de-
mütig halten, weil sie eine belei-
digung, die sie aus mangel an
ehrgefühl nicht empfinden, mit
einem lächeln quittieren können,
die gehorsam sind, weil sie weder
initiave haben, noch die last ei-
ner verantwortung tragen wollen
die sich für reiner als andere hal-
ten und „losgeschält" weil sie nie
die heisse, großmütige welle ge-
kannt haben, die den menschen
aus der kalten kleinheit seines
ich heraus einem anderen in die
arme wirft.
ida coudenhove.

ritter und reisige rei-
ten aus der schlacht,
zwene fahnen sind
im abendwind erwa
cht, eisenhauben, ro
ßeschnauben, trom
melklang, rotes bl
ut und männer-
mut den feind bezw
ang. mancher hält
im schlaf umkrall
t den abgebrochnen
speer, und im raben
wald die toten sind
beim wilden heer.

Tagebuch von Willi Graf, 1933. H. 16 cm.
Leihgeber: Bayerisches Hauptstaatsarchiv, NL Willi Graf 10.

damit nicht erledigt war, ganz im Gegenteil, der Glaube, den er suchte, spielte in seiner Entscheidung für den aktiven Widerstand eine entscheidende Rolle.

Die Weiße Rose

Mitte Juni des Jahres 1942 lernte Willi Graf in München Hans Scholl aus Ulm kennen, der wie er in der Studentenkompanie Medizin studierte. Mit seiner Einsamkeit war es damit vorbei, schnell wurde er in den Kreis der Freunde aufgenommen, die in diesen Wochen auch ihre ersten Flugblätter verfassten und verteilten. Außer Hans Scholl und seiner Schwester Sophie gehörten noch Alexander Schmorell und sein Schulfreund Christoph Probst dazu sowie später Professor Kurt Huber. Natürlich wird man Willi Graf nicht sofort mit der Widerstandtätigkeit des Kreises vertraut gemacht haben. Für Willi Graf war diese

→ Willi Graf bei der Arbeit als Sanitätssoldat an der Ostfront, 1941 oder 1942.
Foto: Bayerisches Hauptstaatsarchiv, NL Willi Graf 133, Nr 9.

Gruppe ein Ort, an dem er über seine offenen Fragen aus den letzten Monaten reden konnte. Erst bei dem fünften Flugblatt, das kurz vor Weihnachten verfasst wurde, war er einer der Autoren und auch an der Herstellung und Verbreitung der Flugblätter aktiv beteiligt. Man traf sich regelmäßig im Atelier eines Architekten, konnte dort ungestört Musik machen und reden. Diese Gespräche waren für Willi Graf das Wichtigste, seit seiner Jugend in der Jugendorganisation Neudeutschland und im Grauen Orden hatte er solche Gesprächskreise gesucht. Besonders Hans Scholl und Alexander Schmorell ziehen ihn an. Hans Scholl kam ebenfalls aus der Bündischen Jugend, hat sich aber auch zu Beginn der NS-Herrschaft in die HJ aufnehmen lassen. Später war er in der illegalen Gruppe d.j.1.11 (deutsche jungenschaft vom 1.11.1929) aktiv und deshalb in Untersuchungshaft. Schmorell hingegen stammte aus einer deutschrussischen Familie, sein Vater war Arzt in Orenburg am Ural, seine Mutter, die früh verstorben ist, war Russin. Der Vater zog wegen der Oktoberrevolution und ihren Folgen nach Bayern. Russisch blieb die Familiensprache, der russisch-orthodoxe Glaube die Religion. In Schmorell hatte Willi Graf einen Freund, mit dem er über Russland reden konnte, der seine erwachte Liebe zu dem Land und zu den Menschen verstand und teilte, von dem er ersten Unterricht in der Sprache bekam.

Willi Graf, Alexander Schmorell und Hans Scholl werden Ende Juli 1942 als Hilfsärzte nach Russland geschickt. In freundschaftlichen Begegnungen mit den russischen Menschen konnte man auch nicht die medizinische Hilfe verweigern, wenn darum gebeten wurde. So etwa dokumentiert im Tagebucheintrag vom 11.10.42: *„Ins Ambulatorium kommt ein russischer Bauer mit silberweißen Haaren, der zwischen Unterkiefer und Hals ein Karzinom hat, dagegen gibt es mit den zu Verfügung stehenden Mitteln keine Abhilfe.* So wird

Deutsch-Russisches Soldatenwörterbuch mit ca. 2000 Wörtern für den Feldgebrauch und das tägliche Leben, welches Willi Graf in Russland 1941 nutzte. H. 12 cm.
Leihgeber: Bayerisches Hauptstaatsarchiv, NL Willi Graf 108.

er seinem Tod rasch entgegensehen müssen. Was soll man diesem Mann sagen? Ich muss oft an sein Geschick denken. Man kann ihm nur gut sein und doch nicht helfen" (Knoop-Graf/Jens 1988, 65). Natürlich war das nicht erlaubt. Auch der Eintrag vom 14.10.42 berichtet von einem anderen eindeutigen Vergehen gegen die Militärdisziplin. Er erzählt von Feiern und Tänzen mit der russischen Jugend eines Dorfes, vom Singen alter Volkslieder. In einem Brief an einen Freund aus München, der der Weißen Rose wohl nahestand, hat Willi Graf im November ein Resumee dieser Monate in Russland gezogen: *„Vor allem war es wichtig, daß ich mit verwandten Menschen zusammen sein konnte. Zum ersten Male beim Barras war ich mit Leuten zusammen, mit denen man leben kann, die Äußerlichkeiten des militärischen Lebens berührten nur wenig dieses Zusammensein, und*

→ Portraitzeichnung von Willi Graf, vermutlich von einem Mithäftling ausgeführt, 1943. Original 29,7 x 21 cm; hier (Katalog) an allen Seiten beschnitten.
Leihgeber: Bayerisches Hauptstaatsarchiv, NL Willi Graf 137.

das war eben viel wert. [...] Manchmal während dieser Zeit hatte ich wirklich den Eindruck, als ob wir auf einer Fahrt in Russland seien, wenn wir über Land gingen oder Besuche bei den Bewohnern des Landes machten. Einer von uns Fünfen spricht ein ausgezeichnetes Russisch, und auf diese Weise erlebten wir andern auf besondere Art das Land und seine Menschen. Oft auch gelang es, ein vernünftiges Gespräch zu führen, und manche Nacht verging wohl bei solchem Reden. Wir lasen zusammen, wir sangen, wir teilten das Essen. [...] Anstrengend waren diese Wochen wohl auch, denn zur gleichen Zeit tobten ringsum die heftigsten Kämpfe. Die Gefahr und der Schrecken des Krieges waren oft sehr nahe und sorgten dafür, daß wir nicht unsere Umgebung und die Härte vergessen konnten" (Knoop-Graf/Jens 1988, 172).

Das fünfte Flugblatt

Im Dezember 1942 wurde das fünfte Flugblatt hergestellt, nun unter der Mitwirkung von Willi Graf. Im Vergleich zu den vorhergehenden Flugblättern hatte sich der Ton sehr verändert. Der entscheidende äußere Grund lag in der militärischen Lage: Eine Niederlage des Krieges schien möglich. Die damit verbundene allgemeine Verunsicherung machte sich die Weiße Rose zu Nutze. Der Wortlaut und die Argumentation des fünften Flugblattes wichen damit von den vorherigen Flugblättern, die im Jargon der akademischen Intelligenz formuliert waren, ab. Betrachtet man den zweiten Teil dieses fünften Blattes, findet man einen Abschnitt, der uns an den Tagebucheintrag vom 2.12.1942 erinnert: *„Das kommende Deutschland kann nur föderalistisch sein. Nur eine gesunde föderalistische Staatenordnung vermag heute noch das geschwächte Europa mit neuem Leben zu erfüllen. Die Arbeiterschaft muß durch einen vernünftigen Sozialismus aus ihrem Zustand niedrigster Sklaverei befreit werden. Das Truggebilde der autarken Wirtschaft muß in Europa verschwinden. Jedes Volk, jeder einzelne hat ein Recht auf die Güter der Welt! Freiheit der Rede, Freiheit des Bekenntnisses, Schutz des einzelnen Bürgers vor der Willkür verbrecherischer Gewaltstaaten, das sind die Grundlagen des neuen Europa"* (zitiert nach Goergen 2009, 158). Die Auflage des neuen Flugblattes war sehr viel größer als bei den früheren, es sind jetzt schon weit über tausend, und die Anstrengung des Vervielfältigens und der nächtlichen Verteilung sind enorm.

Am 20.1.43 begann Willi Graf abends eine Reise ins Rheinland, nach Saarbrücken, Freiburg und Ulm. Neue Helfer sollten gefunden werden, zunächst mussten Flugblätter und ein Vervielfältigungsapparat zu den Brüdern Bollinger nach Saarbrücken gebracht werden. Man muss sich ein solches Gerät zum Herstellen von Matrizenabzügen als schwer und unhandlich vorstellen, bestehend aus einem Metallgehäuse, das deutlich größer ist als ein DIN-A4-Blatt, mit schweren Walzen und einer seitlichen Kurbel, oft mit einem Holzgriff. Dieses Monstrum musste im Rucksack mitgeschleppt werden, dazu die verräterischen Flugblätter, eine enorme Gefahr in jeder Kontrolle. Die Rückkehr nach Saarbrücken war für Willi Graf schmerzhaft, denn wegen der damit verbundenen Gefahr durfte er nicht gesehen werden, er durfte die Familie nicht besuchen, er musste Freunden aus dem Weg gehen. Sowohl der Vervielfältigungsapparat, als auch das fünfte Flugblatt, haben durch Willi Graf ihr Ziel, Willi Bollinger, erreicht. Willi Bollinger hat das Flugblatt befreundeten Offizieren gezeigt, mit dem Apparat etwa 200 weitere Exemplare hergestellt und verteilt; das alles in seiner Dienststelle im Lazarett.

→ Abschiedsbrief von Willi Graf an seine Eltern und Schwestern, 12.10.1943.
Foto: Bayerisches Hauptstaatsarchiv, NL Willi Graf 28.

Gefängnisse München

Zur Beachtung! Strafgefängnis München-Stadelheim A 2

Den Gefangenen ist der Brief- und Besuchsverkehr nur mit Eltern, Großeltern, Kindern, Geschwistern, Ehegatten und mit ihrem gesetzlichen Vertreter gestattet. Sie dürfen in der Regel alle 4 Wochen einen Brief absenden und alle 4 Wochen einen Brief empfangen; alle 8 Wochen einen Besuch empfangen.
Briefe deutlich und mit Tinte schreiben! Kein Geld und keine Briefmarken beilegen! Postkarten mit Ansichten oder Bildern werden nicht ausgehändigt.
Besuchszeit: Nur Dienstag 14–16 Uhr (Feiertage ausgenommen). Amtlich gestempelter Lichtbild-Ausweis ist vom Besucher mitzubringen. Eßwaren oder Genußmittel dürfen weder mitgebracht noch zugesandt werden. Gegenstände der Körperpflege können sich die Gefangenen im Gefängnis kaufen. Tuben aller Art, auch Zahnpasta werden den Gefangenen nicht ausgehändigt. Geldsendungen an Gefangene sind gestattet.

15

Name: Gef.-B.-Nr. München, den 12. X. 43
Stadelheimerstraße 12

Meine geliebten Eltern, meine liebe Mathilde u. Anneliese

an diesem Tag werde ich aus dem Leben scheiden und in die Ewigkeit gehen. Vor allem schmerzt es mich, daß ich Euch, die Ihr weiterleben werdet, diesen Schmerz bereiten muß. Aber Trost und Stärke findet Ihr bei Gott, darum werde ich bis zum letzten Augenblick beten, denn ich weiß, daß es für Euch schwerer sein wird als für mich. Ich bitte Euch, Vater und Mutter von Herzen, mir zu verzeihen, was ich Euch an Leid und Enttäuschung zugefügt habe, ich habe oft und gerade zuletzt im Gefängnis bereut, was ich Euch angetan habe. Verzeiht mir und betet immer wieder für mich! Behaltet mich in gutem Andenken! Seid stark und gefaßt und vertraut auf Gottes Hand, der Alles zum Besten lenkt, wenn es auch im Augenblick bitteren Schmerz bereitet. Wie sehr ich Euch geliebt habe, konnte ich Euch im Leben nicht sagen, nun aber, in den letzten Stunden sage ich Euch, leider nur auf diesem nüchternen Papier, daß ich Euch Alle von Herzen liebe und Euch verehrt habe. Für Alles, was Ihr mir im Leben geboten habt und was Ihr mir durch Eure Fürsorge und Liebe ermöglicht habt. Schließt Ihr übrigen Euch zusammen und stehet in Liebe und Vertrauen zueinander! Die Liebe Gottes hält uns umfaßt und wir vertrauen Seiner Gnade, möge Er uns ein gütiger Richter sein. Mein letzer Gruß Euch Allen, lieber Vater und geliebte Mutter, Mathilde, Ossy, Anneliese, Joachim, alle Verwandten und Freunde. Gottes Segen über uns, in Ihm sind wir und leben wir. Lebet wohl und seid stark und voller Gottvertrauen! Ich bin in Liebe immer

Euer Willi

30.6.43 5000

Heinz Rox-Schulz

Artist, Globetrotter, Abenteurer und Kamerareporter

1921 - 2004

VON HERIBERT LEONARDY

Heinz Schulz, genannt „Rox", war ein Saarbrücker Original, auch wenn er ursprünglich nicht aus dem Saarland stammte, sondern am 23. März 1921 in Königsberg (heute Kaliningrad) geboren wurde. Dort wuchs er in „gesunder Armut und wundervoller Nestwärme einer Handwerkerfamilie", wie er es selbst beschrieb, auf. Sein Vater war Schreiner. Er lernte Spitzendreher, einen feinmechanischen Beruf. In seiner Jugend verschlang er die Heftchen über „Rolf Torrings Abenteuer". Dann Karl May, den er in seinem späteren Leben seinen „Brandstifter" für die Suche nach eigenen Abenteuern nannte. Schiffe und Menschen, die in seiner Heimatstadt anlandeten, beflügelten schon in Kindheitstagen seine Phantasie. Daneben begeisterte sich der junge Königsberger für Zirkusakrobaten und Sport. So spielte er Eishockey, segelte Regatten, war Rettungsschwimmer, wurde ostpreußischer Jugendmeister im Boxen und turnte. Bei den deutschen Jugendmeisterschaften im Geräteturnen sicherte er sich 1938 einen Platz in der Turnermannschaft für die nächsten Olympischen Spiele. Mit dem Zweiten Weltkrieg, den er später zeitlebens die *„Zweite Weltdummheit"* nennen wird, platzten die Träume des damals Achtzehnjährigen. Heinz Schulz wurde Bordfunker bei der „Flugsicherung See" und war an der Ostfront eingesetzt, in der Nähe von Charkow. Dort unterhielt er in Einsatzpausen verwundete deutsche Soldaten mit einer Doppel-Reck-Nummer, die er mit Helmut Bantz eingeübt hatte, der 1942 deutscher Turnmeister war und 1956 Olympiasieger im sogenannten „Pferdsprung" werden sollte.

Nach der deutschen Niederlage in Stalingrad schlug sich Heinz Schulz nach Königsberg durch, das von den Russen eingenommen wurde. Er und seine Familie mussten, wie viele andere Deutsche auch, fliehen. Der Krieg war für den jungen Turner eine traumatische Erfahrung. Er sprach in seinem späteren Leben nur im engen Kreis vertrauter Menschen davon und hoffte auf seinen Reisen im Kontakt mit sogenannten Naturvölkern immer auch eine bessere Welt zu finden.

← Rox-Schulz, um 1960.
Foto: Archiv Freunde des Abenteuermuseums e.V.

Aus Heinz Schulz wird „Mister Rox“

In englischer Kriegsgefangenschaft in Belgien wurde allmählich aus dem Turner und Akrobaten Heinz Schulz ein Artist. Noch hinter Stacheldrahtzäunen gab er kleine Vorstellungen mit akrobatischen Kunststücken für seine Mitgefangenen. Aus dieser Zeit existiert noch ein kleines Skizzenbuch, in dem er akrobatische Nummern mit Bleistift festgehalten hat. Ebenso gibt es von ihm noch einen vollen Aktenordner, in dem er seine Artistenzeit dokumentiert hat und in dem die nach seinen Skizzen ausgeführten artistischen Nummern als Bühnenfotos zu sehen sind. Diese Erinnerungen werden vom Verein „Freunde des Abenteuermuseums e.V.“ aufbewahrt.

Wieder in Freiheit, knüpfte Heinz Schulz an seine Artistenausbildung vor dem Krieg an und wurde 1947 Deutscher Meister im Kunstkraftsport. Er trat beim Zirkus, in amerikanischen und englischen Soldaten-Clubs sowie auf kleinen Bühnen mit seiner „akrobatischen Exzentrik-Komödie“ auf und nannte sich „Mister Rox“. Der Firmenname der XOX-Biskuits hatte ihn auf den Künstlernamen gebracht. Als „Heinz Rox-Schulz“ wurde dieser Name auch behördlich in seine

Artist „Mr. Rox“.
Foto: Archiv Freunde des Abenteuermuseums e.V.

→ Der „Artistenkoffer“ mit Aufklebern von diversen Hotels, bei denen Rox-Schulz Auftritte hatte. Grundlage für seine Akrobatennummer, die er weltweit vorführte. B. des Koffers: 65 cm. Leihgeber: Landeshauptstadt Saarbrücken, Abenteuermuseum.

GRAND HOTEL MUSSOORIE
BOMBAY
GRAND ORIENTAL HOTEL COLOMBO CEYLON
PACIFIC HOTEL
NEW DELHI

Papiere eingetragen. Fortan tingelte Mister Rox durch das Deutschland der Nachkriegszeit und kam auch ins Saarland, ohne auch nur zu ahnen, dass er dort einmal seine Heimat finden würde.

Die Artistennummer als Sprachrohr und Eisbrecher in andere Kulturen. Südamerika, 1959. Foto: Archiv Freunde des Abenteuermuseums e.V.

Artist und Abenteurer

Seine persönliche artistische Glanznummer war ein einarmiger Handstand auf zwei Weinflaschen, die Hals auf Hals auf einem wackeligen Koffer übereinandergestellt waren. Diese Requisiten sind uns erhalten und haben ihren Platz im Abenteuersalon der Saarbrücker Gastronomie „Bakerstreet“ gefunden, wo an Heinz Rox-Schulz erinnert wird. Ein Foto seines einarmigen Handstands in einer Kölner Illustrierten brachte ihm ein Engagement im Madrider Varieté „Salon Fontoria“ ein. Ohne einen Pfennig Geld, nur mit einer Tafel Schokolade

→ Hut (L. 33 cm) und Mundharmonika (L. 18 cm) von Rox-Schulz.
Leihgeber: Landeshauptstadt Saarbrücken, Abenteuermuseum.

CHROMONIKA III
CHROMATISCHE MUNDHARMONIKA
C

in der Tasche, machte sich Mister Rox auf den Weg nach Spanien, wo er eine Zeit lang arbeitete. Später, 1952, bekam er ein Engagement in einem Club in Kairo. Dort angekommen, musste er feststellen, dass dieser niedergebrannt war, denn das Land befand sich im Aufstand gegen seinen Regenten König Faruk. So landete Rox-Schulz schließlich im Sudan, im „Gordon's Cabaret" in Khartoum. Zu dieser Zeit hatte er schon angefangen, zu fotografieren und landestypische Dinge zu erwerben. Mit ihnen wollte er bei seiner Rückkehr nach Hause seinen Angehörigen zeigen, was er gesehen und erlebt hatte. So erwarb er in Omdurman unter anderem eine ägyptische Kornmumie, die er für die Mumie eines Kindes hielt. Jahrzehnte später wurde der Gegenstand am Fraunhofer Institut der Universität des Saarlandes sowie von einer Ägyptologin untersucht. Heinz Rox-Schulz erfuhr, dass es sich dabei um einen antiken Ritualgegenstand handelt, der getrockneten Nilschlamm mit eingeschlossenen Samenkörnern und keinen einbalsamierten Körper enthält. Nach seinen Verträgen in Ägypten und dem Sudan kam Rox-Schulz nach Indien, wo er zuerst in Delhi und dann – im Schatten des Himalayas – in den Sommerresidenzen der indischen und britischen High Society in den „floor shows" der großen Hotels zu sehen war. Dort machte er die Bekanntschaft des Maharadschas von Lakhnau, der ihn prompt engagierte, um seiner Leibgarde das Fett von den Rippen zu trainieren. Kontakt zum indischen Film hatte der deutsche Artist ebenfalls geschlossen und sich von seinen Gagen eine aufziehbare 16 mm-Bolex-Schmalfilmkamera mit Federwerk gekauft. Mit ihr und seiner Fotokamera durchstreifte er während seiner Arbeitspausen das Land und dokumentierte es mit den Augen eines unbedarften Entdeckers. Hierbei entstanden die Impressionen eines Kontinents zwischen „Himmel und Hölle", wie ihn Rox-Schulz später in seinem Buch über Indien beschrieb.

Seine privaten „Expeditionen" führten ihn u.a. nach Assam zu den Naga-Kopfjägern, von wo aus er mit einem Leopardenjungen zurückkam, dessen Mutter man getötet hatte und dem er den Namen Rani gab. Rani sollte später im Frankfurter Zoo bei Bernhard Grzimek eine neue Heimat finden. In seinen Gastländern berichtete die lokale Presse über den Artisten Mister Rox. So beispielsweise nach dessen spektakulären einarmigen Handstand auf dem Dach des Capitol-Film-Theaters in Singapur. Aus dem deutschen Artisten war ein artistischer Globetrotter geworden.

„*Ich wollte übern Gartenzaun gucken und mich mal irgendwie bewegen, denn ich hatte ja viele Jahre meines Lebens verloren* [durch den Zweiten Weltkrieg, Anm. d. Verf.]", erzählt Rox-Schulz in seinen Lebenserinnerungen. „*Die schönste Zeit [...] im Leben eines jungen Menschen, [...], hat man mir geklaut. Aber auf diese Art und Weise [konnte ich unabhängig reisen]. Das Schwierige war ja dabei, die Kontinente in der Reise zu bewältigen, Flugzeug war ja gar nicht denkbar. Und wegen meiner seemännischen Ausbildung und meinem Seefahrtsbuch konnte ich anheuern und war dann so ein Kontinentenhüpfer. [...] Ich hatte auch mal Verträge, wo die Reisen als Artist finanziert wurden, aber ganz selten, das war zu teuer. Und da bin ich dann zwischen den einzelnen Pausen [...] der Engagements abgezogen in die abgelegenen Regionen der betreffenden Länder. [...] Alles Geld, was ich dann zusammenkratzen konnte, hab' ich dann immer hinein gepackt in solche Trips. [...] Und ich musste immer im Training bleiben. So habe ich dann in den Hütten, in den Dörfern der Einheimischen, trainiert. Jeden Tag habe ich meine Handstände gemacht und die guckten. Die wussten ja nicht, warum ich*

→ Mit dieser 16 mm-Kamera drehte Rox-Schulz viele seine Filme, auch für den SR. Dahinter der Kamerakoffer mit Aufklebern diverser Hotels. H. Kamera 22 cm.
Leihgeber: Landeshauptstadt Saarbrücken, Abenteuermuseum.

DISTINCION Y CALIDAD
Asunción Palace
HOTEL
PARAGUAY
PLAZA HOTEL
EXCELSIOR HOTEL
SAO PAULO-BRASIL

Rox-Schulz in Amazonien, um 1960.
Foto: Archiv Freunde des Abenteuermuseums e.V.

das mach', die dachten: Jo, der ist nicht ganz klar im Kopp. Aber wo sind denn die Verrückten nicht heiliggesprochen worden" (Rox-Schulz o. J., 25 f.).

Mitte 1955 kehrte Heinz Rox-Schulz aus Fernost zurück und wieder landete er im Saarland. Ein Jahr zuvor war der private Fernsehsender Telesaar gegründet worden. Einer derjenigen, die bei der Telesaar Kameramann wurden, war Alfred Erwin Ohnesorg. Ihn lernte Rox-Schulz in Saarbrücken kennen und mit ihm sollte er 1958 ein Jahr lang durch Südamerika streifen.

Aber zunächst einmal schrieb der Artist und Globetrotter die beiden Bücher „Die Abenteuer des Mister Rox. Ohne Geld in die Welt" und „Himmel und Hölle Indien", die 1957 in Auflagen zu mehreren 10.000 Stück im damals populären Bertelsmann Verlag erschienen. Aus den von ihm in Indien gedrehten Filmimpressionen schnitt die Berliner Filmfirma Palme Film den Dokumentarfilm „Indische Rhapsodie". Geschnitten, vertont und auf 35 mm

→ Tragetasche aus dem Besitz von Rox-Schulz mit Papageienfedern. Fundort: Peru (Palpa).
Datierung: Möglicherweise „Küsten-Tiahuanaco-Zeit", ca. 700-900 n. Chr.
L. Tasche: 29 cm.
Leihgeber: Landeshauptstadt Saarbrücken, Abenteuermuseum.

Günter Rohrbach

Der ausgezeichnete Filmproduzent

*1928

VON HANS HELMUT PRINZLER

Er gilt als einer der wichtigsten und prominentesten Filmproduzenten in der Bundesrepublik und stammt aus dem Saarland – geboren am 23. Oktober 1928 in Neunkirchen. Der Vater, Emil Rohrbach, war kaufmännischer Angestellter, die Mutter, Erna Rohrbach geb. Potthast, Hausfrau. Ein Kind aus dem Saargebiet, eingeschult in der Zeit des Nationalsozialismus, am Ende des Krieges 16 Jahre alt. 1949 macht Günter Rohrbach in Neunkirchen sein Abitur. Dann studiert er Germanistik, Philosophie, Psychologie und Theaterwissenschaft in Bonn, Paris, München und wieder in Bonn. In den Semesterferien arbeitet er als Regieassistent am Stadttheater in Saarbrücken, ist Mitbegründer einer privaten Theatergruppe und inszeniert dort Stücke von Sartre und Weisenborn. Vieles deutet auf eine berufliche Perspektive im Theater hin. Aber nach der Promotion zum Dr. phil. mit einer Dissertation über Grimmelhausens „Simplicissimus“ beginnt er ein Volontariat beim „Bonner Generalanzeiger“, der Journalismus drängt sich in den beruflichen Vordergrund. Eine freie Mitarbeit für die Kulturredaktion des Saarländischen Rundfunks bestand seit Mitte, für den Südwestfunk seit Ende der 50er Jahre. In Baden-Baden war Wilfried Berghahn Redakteur, mit dem er, als beide noch studierten, im Bonner Filmclub eng zusammengearbeitet hat. Das Thema Film gewann an Bedeutung gegenüber Theater und Literatur.

Der Horizont der internationalen Filmgeschichte hat sich für Günter Rohrbach nicht nur im Bonner studentischen Filmclub, sondern vor allem in Paris geöffnet, wo er Stammgast in den Kinos des Quartier Latin war und zeitgleich mit Truffaut und Godard den komplexen Umgang mit Filmen lernte. Das findet sich in seinen damaligen Texten wieder. Berghahn überließ Rohrbach eine wöchentliche Filmkolumne im Südwestfunk und lud ihn zur Mitarbeit bei der Zeitschrift „Filmkritik“ ein, die ab 1957 von Enno Patalas in München herausgegeben wurde. Zwischen 1959 und 1963 erschienen dort 35 Beiträge von ihm. Großen Respekt hatte er vor italienischen und französischen Filmen, amerikanische waren ihm meist zu trivial. Die längeren Kritiken über Filme von Michelangelo Antonioni und Federico Fellini haben analytische Qualitäten. Zusammen mit Wilfried Berghahn realisierte

← Günter Rohrbach, 2008.
Foto: Privatarchiv Günter Rohrbach.

er 1960 für den SWF das Fernsehfeature „Der Krieg findet im Kino statt", ausgelöst durch eine Welle deutscher Kriegsfilme. Es war der erste größere Beitrag von Günter Rohrbach für das Fernsehen, ein Medium, das zunehmend wichtiger wurde.

Fernsehen

Im Mai 1961, drei Monate vor dem Bau der Mauer, erhielt Günter Rohrbach eine Festanstellung beim Westdeutschen Rundfunk (WDR) in Köln, als Assistent des Fernsehdirektors Hans-Joachim Lange. Damit begann das, was man ohne Einschränkung eine Karriere nennen kann. 1963: Leiter des Planungsstabes für das Dritte Programm des WDR. 1965: Leiter der Hauptabteilung „Fernsehspiel" des WDR; sie wurde später um die Bereiche Unterhaltung und Familie erweitert. In den 60er und 70er Jahren – das ist die Zeit vor der Etablierung der Privatsender – fanden die Umbrüche im Deutschen Fernsehen statt. Es wurde zum Leitmedium, löste sich im Fernsehspiel von der Theaterfixierung und verband sich mit dem Jungen Deutschen Film. Günter Rohrbach hatte dabei eine Schlüsselposition, auch wenn er als Abteilungsleiter in der Hierarchie unter dem Intendanten und dem Programmdirektor nur auf der dritten Ebene angesiedelt war. Aber er leitete die wichtigste Abteilung im größten Sender der ARD. Das verlieh ihm Macht und Einfluss, die er beispielhaft ausübte.

Wichtige Partner waren für ihn die Protagonisten des Neuen Deutschen Films: Rainer Werner Fassbinder, Reinhard Hauff, Edgar Reitz, Wim Wenders, Hellmuth Costard, Klaus Lemke, Rosa von Praunheim, Helma Sanders-Brahms, Rudolf Thome, der Autor Wolfgang Menge, der Theaterregisseur Peter Zadek, die Fernsehregisseure Peter Beauvais, Rolf Hädrich, Wolfgang Petersen, Tom Toelle. Für die konkrete Zusammenarbeit waren jeweils Redakteure im eigenen Haus zuständig, bei deren Auswahl Rohrbach eine glückliche Hand hatte.

Bis in die 60er Jahre war das Fernsehspiel in der Bundesrepublik sehr theaterfixiert. Rohrbach wollte aus den Studios und den Kulissen hinaus auf die Straße, ins reale Leben. In dem paradigmatischen Text „Bildungstheater oder Zeittheater" (ROHRBACH 1966) formulierte er die ästhetischen und technischen Voraussetzungen einer neuen Fernsehspieldramaturgie. Damit er das aktuelle Kino nicht als Partner verliert, beteiligte er sich an zahlreichen Produktionen und forderte eine gleichberechtigte Verwertung bestimmter Filme im Kino und im Fernsehen; sein „Plädoyer für den amphibischen Film" (ROHRBACH 1977) ist bis heute umstritten, sorgt aber für einen gewissen Frieden zwischen Kino und Fernsehen. Zu den genialen Erfindungen im WDR gehört die seit 1970 laufende Krimireihe „Tatort", erdacht von dem Redakteur Gunther Witte, gefördert von dem Programmverantwortlichen Günter Rohrbach, die mit über 1.000 Folgen inzwischen die älteste und erfolgreichste Fernsehreihe in der Bundesrepublik ist. In drei Jahren wird ihr 50-jähriges Jubiläum gefeiert. In dem Buch „Das Fernsehspiel der Bundesrepublik" von Knut Hickethier (1980) sind die Texte von Günter Rohrbach die am meisten zitierte Quelle.

Seine Programmverantwortung erweiterte sich im WDR in den 70er Jahren um die Bereiche „Unterhaltung" und „Familie". Rainer Werner Fassbinder realisierte 1972/1973 die fünfteilige Serie „Acht Stunden sind kein Tag", Wolfgang Menge schrieb ab 1973 die Bücher zu 25 Folgen der Sitcom „Ein Herz und eine Seele", Dietmar Schönherr moderierte die Talkshow „Je später der Abend", Alfred Biolek die Unterhaltungssendung „Bio's Bahnhof", Michael Pfleghar inszenierte die Comedy-Reihe „Klimbim", Otto Waalkes wurde zum Star durch die „Otto Show". Für eine Balance zwischen Popularität und Anspruch sorgten in all diesen Jahren Kinofilme, die bis heute Bestand haben, zum Beispiel „Alice in den Städten" von Wim Wenders, „Stunde Null" von Edgar Reitz, „Die verlorene Ehre der Katharina Blum" von Volker Schlöndorff und „Aus einem deutschen Leben" von

Günter Rohrbach an seinem Schreibtisch beim WDR, 1976. Foto: Privatarchiv Günter Rohrbach.

Theodor Kotulla. Als Günter Rohrbach nach fast 18 Jahren den WDR verließ, war er 50 Jahre alt und hatte bereits ein Lebenswerk vorzuweisen. Am 1. Februar 1979 übernahm er die Geschäftsführung der „Bavaria Atelier GmbH“ in München.

„Das Boot“

Das erste große Filmprojekt, das Günter Rohrbach dort zu verantworten hatte, war „Das Boot“. Mit rund 25 Millionen DM gilt es als die bis dahin teuerste deutsche Filmproduktion der Nachkriegszeit. Der Film spielt im Zweiten Weltkrieg Ende 1941 und schildert die Erlebnisse der Besatzung eines deutschen U-Boots in der Atlantikschlacht. Ein besonderes Problem war die Unberechenbarkeit des Autors Lothar-Günther Buchheim, dessen Roman (erschienen 1973) als Vorlage für den Film diente. Das Drehbuch schrieb Wolfgang

Petersen, mit Rohrbach seit WDR-Zeiten bestens vertraut. Petersen führte auch Regie. Die Dreharbeiten dauerten vom 1. Juli 1980 bis zum 31. Juli 1981. Am 17. September 1981 fand in München die Premiere des Films statt. Die Reaktionen in der Bundesrepublik waren gespalten, es gab überwiegend skeptische Kritiken, aber ein großes Zuschauerinteresse: 3,8 Millionen Besucher. In den USA spielte der Film über 12 Millionen Dollar ein und wurde in sechs Kategorien für den Oscar nominiert. Er war für den Regisseur Wolfgang Petersen der Einstieg in seine Hollywood-Karriere. „Das Boot" existiert in drei Fassungen: einer Kinofassung (149 Minuten), einer dreiteiligen Fernsehfassung (312 Minuten, ausgestrahlt 1985) und einem Director's Cut (210 Minuten, hergestellt 1996).

Für Günter Rohrbach war „Das Boot" die wohl größte Herausforderung seines Produzentenlebens. Er hatte die Gesamtverantwortung, kümmerte sich um die Zusammenarbeit

Günter Rohrbach und Bernd Eichinger bei der Filmpremiere „Das Boot", 1981. Foto: Bavaria Film GmbH.

→ Die originale Kapitänsmütze des Kommandanten aus dem Film „Das Boot". Die Rolle spielte Jürgen Prochnow. Max. L. 28 cm. Daneben die Stoppuhr aus dem Film „Das Boot." Leihgeber: Günter Rohrbach.

JUNGHANS

noch andere große Vorhaben fürs Fernsehen und fürs Kino zu realisieren, zum Beispiel die 14-teilige Serie „Berlin Alexanderplatz“ von Rainer Werner Fassbinder und die ersten Schimanski-Tatorte mit Götz George. Es folgten die Ruhrgebiets-Serie „Rote Erde“ von Peter Stripp und Klaus Emmerich und das deutsche Unternehmer-Drama in vier Teilen „Väter und Söhne“ von Bernhard Sinkel. Auch der Kinofilm stand wieder im Zentrum der Arbeit von Günter Rohrbach: mit der Komödie „Die wilden Fünfziger“ von Peter Zadek, dem Thriller „Der Schneemann“ von Peter F. Bringmann, den Kino-Tatorten von Hajo Gies („Zahn um Zahn“, „Zabou“), den Loriot-Filmen („Ödipussi“, „Pappa ante Portas“), den Dominik-Graf-Filmen („Die Katze“, „Spieler“) und dem Helmut Dietl-Film „Schtonk!“. Als sich die Mauer in Deutschland öffnete, hieß es sehr spontan „Go, Trabi, Go“. Nach 15 Jahren verließ Günter Rohrbach die Bavaria. Inzwischen hatte sich die Fernsehlandschaft durch die Etablierung der privaten Sendeanstalten RTL, SAT1, Pro7 sehr verändert. Die Anzahl der Produktionen stieg, das Niveau sank.

Freier Filmproduzent

Als sich Günter Rohrbach 1994 von der Bavaria verabschiedete, ging er natürlich nicht in den Ruhestand. Er wurde freier Filmproduzent. Die Basis dafür war nicht ein unbegrenzt zu belastendes Bankkonto, sondern die Kenntnis der Medienlandschaft, die Vernetzung mit kreativen Filmregisseuren und das Vertrauen auf Qualität. In einem Text für die „Süddeutsche Zeitung“ – in der Reihe „Verblasste Mythen“ – äußerte er sich zum Beruf des Produzenten (Rohrbach 1999). Hier sind ironisch, lakonisch, traurig und hoffnungsvoll alle Erfahrungen seiner Zeit beim WDR, bei der Bavaria und danach zu einem wunderbaren Berufsporträt zusammengefügt – ein Blick in die Realität der deutschen Film- und Fernsehlandschaft am Ende des Jahrhunderts. Kurz davor hatte Rohrbach den Film „Aimée & Jaguar“ (Regie: Max Färberböck) produziert, danach kamen noch zwölf weitere Filme. Es sind mehrere Erfolge und wenige Misserfolge darunter. Aber auch Enttäuschungen müssen überwunden werden. Und der Traum vom nächsten, lange geplanten Film konkretisiert sich im Kopf.

Auszeichnungen

Mit über zwanzig Preisen ist Günter Rohrbach in seinem Produzentenleben ausgezeichnet worden, beginnend mit der „Goldenen Kamera“ 1970 für „Das Millionenspiel“. Eine weitere „Goldene Kamera“ erhielt er 1978 für die Ausstrahlung der US-Fernsehserie „Holocaust“. Der „Deutsche Filmpreis“ wurde ihm dreimal für jeweils einen Film zugesprochen, für „Das Boot“ (1982), „Letzte Ausfahrt Brooklyn“ (1990) und „Schtonk!“ (1992) – und 1994 erhielt er den Ehrenpreis für sein Lebenswerk. Ihm persönlich wurden eine besondere Ehrung beim „Adolf-Grimme-Preis“ 1989, der „Ehrenpreis des Bayerischen Ministerpräsidenten“ 1998 und der „Filmpreis der Stadt München“ 2007 zugesprochen. 2009 erhielt er die „Berlinale-Kamera“, 2011 die „SPIO-Ehrenmedaille“, 2014 den „Ehrenpreis für Inspiration“ des „Deutschen Schauspielerpreises“. Auch international wird er preisgekrönt. Für die Fernsehserie „Das Boot“ bekam er 1993 den britischen „BAFTA Award“ und den amerikanischen „Emmy Award“, für „Schtonk!“ wurde er 1992 für den „Oscar“ und den „Golden Globe“ nominiert, für „Aimée & Jaguar“ 2000 für den „Golden Globe“. Vor allem bei den Ehrenpreisen gibt es keinen Produzenten, der ihm Konkurrenz machen könnte. Hier wurden seine persönlichen Verdienste gewürdigt.

Herkunft

Günter Rohrbach hat sich immer wieder Gedanken über seine Herkunft und seine Heimat gemacht: *„Ich war sieben, als ich zum ersten Mal stolz darauf war, ein Deutscher zu*

Präsidium und Vorstand der Deutschen Filmakademie, 2004-2005. Fotograf: Matthias Bothor, Deutsche Filmakademie.

sein. In Berlin fanden damals die Olympischen Spiele statt, und die Deutschen errangen Sieg um Sieg. Genau genommen war ich zu diesem Zeitpunkt erst seit wenig mehr als einem Jahr ein richtiger Deutscher. Als Saarländer geboren, war ich in einem Zustand unklarer Staatszugehörigkeit aufgewachsen, doch der ‚Führer' hatte uns rechtzeitig ‚heim ins Reich' geholt" (Der Tagesspiegel, 29. März 2001). Als die Bundesrepublik 1954 Fußballweltmeister wurde, verfolgte Günter Rohrbach in Bonn die Reportage von Herbert Zimmermann im Radio: *„Eigentlich war ich damals immer noch Saarländer, und der spätere Weltmeister hatte sich sogar gegen die Auswahl des Saarlandes qualifizieren müssen. Erst drei Jahre später kehrten wir, getragen von einer nationalen Welle, abermals ‚heim ins Reich'"* (Der Tagesspiegel, 29. März 2001). Erinnerung und

Wahrnehmung sind bei ihm immer präzise in der historischen Verortung und werden oft mit einem ironischen Unterton formuliert. Vater und Großvater von Günter Rohrbach stammen aus dem Saarland, die mütterlichen Großeltern kamen aus Westfalen. Er selbst hat die Region seit seiner Jugend als beengend empfunden und das Land zum Studium verlassen. Als außerordentlich hemmend erlebte er den Dialekt, es dauerte lange Zeit, bis er sich von ihm befreien konnte.

Günter Rohrbach und seine Crew (links neben G.R.: Wolfgang Petersen) von „Das Boot" bekommen 2007 zum Jubiläum die Goldene Kamera verliehen. Foto: Eventpress.

Reden und Repräsentieren

Sein Hauptcharakterzug sei die Herrschsucht, hat er auf den Fragebogen der Frankfurter Allgemeinen Zeitung geantwortet, seine Lieblingstugend die Aufsässigkeit, seine Lieblingsfigur in der Geschichte Napoleon und das vollkommene irdische Glück ein Kinosessel.

→ Modell für die Unterwasserszenen aus dem Film „Das Boot". L. 225 cm. Foto und Leihgeber: Bavaria Filmstadt, Geiselgasteig.

Therese Zenz

Eine Vorzeigesportlerin des Saarstaats

*1932

VON JESSICA SIEBENEICH

1952 marschierte die Mettlacherin Therese Zenz hinter der saarländischen Fahne ins Olympiastadion in Helsinki ein, zwei Jahre später stand sie ganz oben auf dem Treppchen, als zum einzigen Mal bei einer Weltmeisterschaft die saarländische Hymne ertönt: Die Kanutin Therese Zenz ist eine der erfolgreichsten Sportlerinnen in der Geschichte des Saarlands und war die Vorzeigesportlerin des teilautonomen Saarstaates in den 1950er Jahren.

Mit gerade mal 16 Jahren wurde Therese Zenz bei einer Nachkriegsregatta, damals noch in einem Faltboot, 1948 entdeckt (Saarbrücker Landeszeitung, 30.8.1960). Während ihrer Schulzeit war sie eine gute Leichtathletin und spielte Handball; zum Kanusport gelangte sie eher zufällig. Ihr Handballtrainer, der zugleich Kanute war, vertrat die Ansicht, dass sie es aufgrund ihrer kräftigen Arme einmal mit dem Kanusport versuchen sollte. Schon bei ihren ersten Trainingsrennen fuhr sie allen davon und holte von da an im Saarland Titel für Titel (Saarbrücker Zeitung, 2.6.2016). Damit begann eine einzigartige Karriere: Im Alter von 19 Jahren nahm sie als Mitglied der eigenständigen Saarmannschaft an den Olympischen Spielen in Helsinki teil, sie siegte bei internationalen Regatten z. B. in London, Paris, Kopenhagen oder Budapest, wurde vier Mal deutsche Meisterin, gewann drei olympische Silbermedaillen und schrieb als Weltmeisterin Sportgeschichte.

Therese Zenz wurde am 15. Oktober 1932 in Merzig geboren und lebte mit ihren Eltern und zwei Brüdern in Mettlach. Nach ihrem Schulabschluss machte sie eine Lehre als Mosaiklegerin im ortsansässigen Weltunternehmen Villeroy & Boch (V&B), wo auch ihr Vater als Ofenbrenner arbeitete (Saarbrücker Landeszeitung, 30.8.1960). Das nötige Geld für den Sport kam von ihren Eltern, da die Sportverbände ihre Athleten finanziell kaum unterstützten. Auch V&B half der Spitzensportlerin erst als sich der Erfolg bereits eingestellt hatte. Nach dem Gewinn der Weltmeisterschaft gewährte ihr die Unternehmensleitung zusätzlichen Trainingsurlaub.

Therese Zenz‘ sportliche Höchstleistungen fielen in eine Zeit, als der Sport im Saarland politisch eine hohe Bedeutung besaß. Denn die nach dem 2. Weltkrieg erlangte

← Therese Zenz, Rom 1960.
Foto: Privatarchiv Therese Zenz.

Therese Zenz beim Training.
Foto: Privatarchiv Therese Zenz.

Eigenständigkeit des Saarlands sollte durch die Anerkennung als Sportnation international gefestigt werden.

Als am 10. Juli 1945 die französische Besatzungsmacht die amerikanischen Truppen ablöste, beschritt das Saarland, wie bereits nach dem Ersten Weltkrieg, erneut einen politischen Sonderweg. Oberst Gilbert Grandval stand ab dem 30. August 1945 als Délégué Supérieur an der Spitze der französischen Militärregierung. Ende 1947/Anfang 1948 entstand ein eng an Frankreich angelehnter Saarstaat, der durch eine Wirtschaftsunion mit dem Nachbarland verbunden war. Für die frei gewählte Regierung unter dem Ministerpräsidenten Johannes Hoffmann (vgl. Beitrag HUDEMANN S. 120-137) galt es nun, dem Staat Stabilität, Legitimität und Identität zu verschaffen. Gelungen ist ihr dies letztendlich nicht: 1955 entschieden sich die Saarländer deutlich gegen das von Konrad Adenauer und Pierre Mendès-France ausgearbeitete europäische Saarstatut. Frankreich wertete das Abstimmungsergebnis als indirektes Votum für Deutschland und machte den Weg zur

Angliederung an die BRD frei. Das Saarland wurde am 1. Januar 1957 zum damals jüngsten Bundesland der Bundesrepublik Deutschland (HUDEMANN 2006).

Die Regierung Hoffmann setzte ab 1948 die auch schon von der französischen Militärregierung verfolgten sportpolitischen Ziele fort. Das Saarland sollte als unabhängige Sportnation mit eigenen Nationalmannschaften bei Meisterschaften und Ländervergleichen präsent sein.

Bereits 1948 bemühte man sich vergeblich darum, die Zulassung zu den Olympischen Spielen in London zu erreichen. Erst 1950 erkannte das Internationale Olympische Komitee das Saarland als olympische Nation an. Dies war ein großer sportpolitischer Erfolg für die Regierung Hoffmann und ihre französischen Fürsprecher, denn mit der Anerkennung des Saarlands als Sportnation wurde der junge Staat über Europa hinaus bekannt und konnte so für seine Eigenständigkeit werben (LINSMAYER 2006, 90).

Im Zuge der Anerkennung des IOC nahmen auch die internationalen Fachverbände der wichtigsten olympischen Sportarten die jeweiligen saarländischen Verbände auf. Dies geschah zum Teil nur vorläufig, da der politische Status der Saar noch nicht endgültig geklärt war (HARRES 1997, 116).

Der saarländische Kanubund wurde 1950 in die International Canoe Federation aufgenommen und begann Anfang 1951 mit der Vorbereitung auf die Olympischen Spiele in Helsinki. Schon bald kristallisierte sich eine Kernmannschaft heraus, zu der auch Therese Zenz gehörte. Neben einem harten Training wurden regionale Regatten ausgetragen, internationale Wettkämpfe bestritten und Sichtungslehrgänge veranstaltet (BERNARDI/FISCHER/MEYER 2004, 94).

Im Frühjahr 1952 absolvierte Therese Zenz einen Lehrgang am Lac d'Annecy, der die Sportler auf die Wettkampfbedingungen in Helsinki vorbereiten sollte. Der zwölf Kilometer lange und drei Kilometer breite Gebirgssee eignete sich aufgrund seines starken Wellengangs in besonderem Maße, da er den Begebenheiten in Helsinki sehr nahe kam. Acht Tage lang absolvierten die sieben Teilnehmer und zwei Teilnehmerinnen zwei Mal täglich eine Strecke von 10 km (TILLENBURG 1952, 6).

Therese Zenz qualifizierte sich im Mai 1952 in Trier als einzige Kanutin für Helsinki und stellte bei einer vorolympischen Regatta in der Nähe von Paris, an der auch Olympia-Kandidatinnen aus Belgien, Frankreich und England teilnahmen, noch einmal ihre Leistungsfähigkeit unter Beweis: Sie belegte hinter der französischen Meisterin den 2. Platz (BERNARDI/FISCHER/MEYER 2004, 95). In ihrer Disziplin begleitete sie nur ein Zweier-Kanu der Männer nach Finnland.

Olympische Spiele in Helsinki 1952

Am 19. Juli 1952 zog Therese Zenz als Teil der ersten und einzigen Olympiamannschaft des Saarlands zur Eröffnungsfeier ins Olympiastadion von Helsinki ein. Begleitet wurde sie dabei von vier weiteren Athletinnen und 32 Athleten aus dem Saarland, die insgesamt neun olympische Disziplinen vertraten. Dies war zugleich das bedeutsamste Ereignis der saarländischen Sportgeschichte und Höhepunkt politischer Bekundungen der saarländischen Autonomie. Das Saarland war auf allen Sitzungen der Fachverbände vertreten und dank der alphabetischen Reihenfolge der Länder in finnischer Sprache lief die Mannschaft der „Saar“ vor „Saksa“ (Deutschland) ein (HARRES 1997, 160). Die Sportler wurden quasi zu Botschaftern ihres Landes: *„Die anderen wussten gar nicht was wir für ein Land vertraten, und wir mussten es ihnen erst erklären.“* (ZENZ 1952, 7).

Am 28. Juli 1952 nahm Therese Zenz in Helsinki den Wettkampf auf und belegte nach dem Vorlauf auf der 500 m-Kajakstrecke vor der Schweiz, aber hinter den Niederlanden und Deutschland, den dritten Platz. Dies berechtigte sie zur Teilnahme am Endlauf, der nachmittags stattfand: *„Ich lag zunächst ganz*

sich den Ruf erworben hatte „die Frau mit dem mörderischen Endspurt" zu sein, im Finalrennen auf den letzten Metern gegen die Russin Jelisaweta Dementjewa geschlagen geben. Erst das Zielfoto brachte die Entscheidung. Die Russin schlug sie um wenige Zentimeter und so kehrte sie nur mit Silber zurück in ihre Heimat (Saarbrücker Zeitung, 2.6.2016).

In der Werkszeitschrift „Keramos" von V&B berichtete sie ausführlich über die Wochen in Australien wo sie ihre Einzelunterkunft als eine *„wohltuende Einsiedelei"* empfand, wetterbedingt gefährliche Trainingsbedingungen hatte und sie zwar vom zweiten Platz nicht enttäuscht war, sich aber dennoch freute *„als die übrigen Teilnehmerinnen mir mit Worten und Gesten ihre Anteilnahme bekundeten [...]"* (Zenz 1957, 14 f.).

Wie nach der WM zwei Jahre zuvor wurde Therese Zenz gemeinsam mit Helga Hoffmann von tausenden begeisterten Anhängern, darunter Verwandte und Klubfreunde sowie

Therese Zenz mit ihren Eltern bei dem offiziellen Empfang in Mettlach nach der Olympiade in Rom, 1960.
Foto: Privatarchiv Therese Zenz.

→ Therese Zenz mit zwei Mannschaftskollegen während der Olympiade in Melbourne, 1956.
Foto: Privatarchiv Therese Zenz.

Vertreter des Sportbundes und des Saarländischen Kanubundes, am Bahnhof begrüßt (Saarbrücker Allgemeine Zeitung, 13.12.1956). Der damalige Ministerpräsident Hubert Ney empfing die Sportlerinnen in der Villa Rexroth, dem damaligen Regierungssitz; die Zeiten großer Staatsempfänge mit saarländischer Flagge und Hymne waren jedoch vorbei. Der Sport musste nicht mehr genutzt werden, um die Eigenstaatlichkeit des Saarlands zu legitimieren.

Stattdessen erhielt sie vom Bundespräsidenten Theodor Heuss das Silberne Lorbeerblatt, die höchste sportliche Auszeichnung der Bundesrepublik Deutschland.

Olympischen Spiele in Rom 1960

Vier Jahre später in Rom trat Therese Zenz ein letztes Mal bei Olympischen Spielen an. Obwohl sie in den vergangenen Jahren nicht immer an ihre sportlichen Erfolge anknüpfen konnte und die Presse bereits ihren Rücktritt gefordert hatte, galt sie in Rom längst wieder als Anwärterin für die Goldmedaille. Die Russin Antonia Seredina ging direkt beim Start in Führung, aber Therese Zenz holte sie nach 300 m ein und übernahm sogar die Führung. Es begann ein Kopf-an-Kopf-Rennen bei dem erneut das Zielfoto entschied. Mit vier Hundertstel Vorsprung gewann die Russin Gold und Therese Zenz Silber (Saarbrücker Zeitung, 2.6.2016).

Nur 80 Minuten später gewann sie eine weitere Silbermedaille, diesmal gemeinsam mit Ingrid Hartmann im Zweier-Kajak. Nach dem Finale verkündete sie ihren Rücktritt aus dem aktiven Wettkampfsport. Ihrem Sport blieb sie jedoch als international erfolgreiche Trainerin treu und holte mit ihren beiden Kanutinnen Roswitha Esser und Annemarie Zimmer in Tokio 1964 doch noch olympisches Gold.

Therese Zenz ist sehr heimatverbunden und lebt weiterhin in Mettlach, geheiratet hat sie nie: *„Dafür blieb irgendwie keine Zeit. Und später waren dann die Interessanten alle verheiratet“* (Saarbrücker Zeitung, 2.6.2016). Bis zu ihrer Rente 1988 blieb Therese Zenz bei V&B und schuf Mosaike für Kirchen, öffentliche und private Gebäude. Auch im Ruhestand fertigte sie noch künstlerische Mosaike an, die ihre Wohnung schmücken (Zenner 2016, 33).

Bis heute wird die sportliche Leistung von Therese Zenz im Saarland anerkannt und gewürdigt. Im Dezember 2016 erhielt sie den Ehrenpreis des Vereins saarländischer Sportjournalisten, der von ihrer ehemaligen Olympia-Mitstreiterin Helga Hoffmann-Bühler überreicht wurde. Es ist wohl der Sportart an sich geschuldet, dass Therese Zenz im kollektiven nationalen und internationalen Sportgedächtnis kaum noch wahrgenommen wird. Die Kanuten erfahren bis heute – trotz regelmäßigen Goldsegens – eine geringere Aufmerksamkeit als sie beispielsweise Leichtathleten und Fußballspielern zu Teil wird.

→ Die Autorin

Jessica Siebeneich, Jahrgang 1978, ist in Lennestadt aufgewachsen. Nach ihrem Magisterstudium der Geschichte, Allgemeinen Literaturwissenschaften und Wirtschaftswissenschaften an der Universität Siegen absolvierte sie ein wissenschaftliches Volontariat im Archiv der Luftschiffbau Zeppelin GmbH und arbeitete im Zuge dessen an Ausstellungen des Zeppelin Museums Friedrichshafen mit. Ab 2009 war sie Mitarbeiterin des Kulturbüros Neu-Isenburg und leitete dort das Zeppelin-Museum Zeppelinheim und das Stadtmuseum „Haus zum Löwen“. Ausstellungen zur Kultur- und Technikgeschichte. Seit Juli 2016 ist Jessica Siebeneich wissenschaftliche Mitarbeiterin im Historischen Museum Saar.

→ Flagge des teilautonomen Saarstaates.
L: 300 cm.
Historisches Museum Saar.

Oskar Lafontaine

Die Geschichte kann kommen

*1943

VON HERIBERT PRANTL

Oskar Lafontaine war und ist einer der wenigen Charismatiker in der Geschichte der bundesdeutschen Politik. Das Saarland ist sein Alpha und sein Omega. Vom Aufstieg, Fall und Wiederaufstieg eines genialischen Politikers…

Macht und Ruhm haben einen Preis. Man muss Dinge tun, die man gar nicht will. Man muss, zum Beispiel, mit Leuten umgehen, die man eigentlich gar nicht ausstehen kann. Da sind *„Feuerköpfe, die ich bändige. Saumselige, die ich antreibe. Ungeduldige, die ich gefügig mache. Aasgeier, die zurechtgewiesen werden müssen. Schwätzer, denen ich lausche. Stumme, die ich zum Reden bringe. Mit denen, die Lust zum Trinken haben, muss ich anstoßen und mit den Gefräßigsten, essen […]“*. Das alles sind Beschäftigungen, die der Mächtige *„gern an jemand abträte, wenn nicht das Phantom, genannt Ruhm, zu oft vor ihm erschiene“*. Er weiß, in Wahrheit ist *„das alles Narretei, aber eine Narretei, von der man schwer wieder loskommt, sobald man sich einmal in sie vernarrt hat“*.

← Der Oberbürgermeister der Landeshauptstadt Saarbrücken, Oskar Lafontaine, 1979. Foto: Klaus Winkler/Stadtarchiv Saarbrücken.

Dieses Bekenntnis stammt nicht von Oskar Lafontaine, nicht von Angela Merkel, nicht von Helmut Kohl oder Gerhard Schröder. Es stammt aus dem Jahr 1740, aus einem Brief, den Friedrich der Große mitten im Schlesischen Krieg an Voltaire geschrieben hat; er beschreibt darin, was es jenseits des Marschierens und Kriegführens zu tun gibt: diejenigen bändigen, pflegen oder sonst im Zaum halten, die er für Schwachköpfe, Schwätzer, Intriganten, Liliputaner oder Angeber hält. Diese Arbeit gehört zur großen Politik, die im Übrigen ohnehin dazu verleitet, sich selbst für den Größten zu halten. Das gilt in monarchischen Zeiten ebenso wie in demokratischen. Ein Herrscher wie der Alte Fritz hatte freilich den Vorteil, dass ihm notfalls andere Mittel zu Gebote standen als dem Großpolitiker von heute.

Oskar Lafontaine hat als Parteiführer die Kunst des Pflegens und des Bändigens von Klein- und Mittelpolitikern meisterhaft beherrscht. Nur an Gerhard Schröder hat er sich die Zähne ausgebissen. Lafontaine ist einer, der das Leben in der Politik ausgekostet hat – die Lust am Reden, Agitieren, Polemisieren, Überzeugen, die Lust daran, Machtstrategien zu entwickeln und erfolgreich durchzusetzen. Lafontaine ist ein extrovertierter Politiker, der den

Wahlplakat: Oskar Lafontaine am St. Johanner Markt, Saarbrücken. Historisches Museum Saar.

Wert der introvertierten Arbeit kennt: Nachdem er den unglücklichen Rudolf Scharping als SPD-Chef gestürzt hatte, stürzte er sich in die Innenarbeit der SPD, machte binnen zweier Jahre aus einem lahmen Haufen eine schlagkräftige Truppe; er pumpte die Partei wieder auf – er machte das mit den Mitteln, die Friedrich in seinem Brief an Voltaire so klagend beschrieben hat. Und als er viel später die Linkspartei aus dem Boden stampfte, war es wieder so: anregen, pflegen, bändigen, mit vielen merkwürdigen Leuten umgehen, sie sich gewogen und zunutze machen. Auf diese Weise zeigte er es denen, die ihn abgeschrieben und verachtet haben: den Genossen, den Konsorten und der Journaille. Auf diese Weise schuf er eine Partei links von der SPD. Es war dies nicht nur ein Ergebnis seiner Agitationskraft nach außen, sondern auch seiner Disziplinierungskraft nach innen.

Oskar Lafontaine ist ein Rätsel – bisweilen

→ Seit dem 22. März 1975 besteht eine Partnerschaft zwischen Saarbrücken und Tbilissi (Tiflis). Das Trinkhorn erhielt Oskar Lafontaine als Geschenk der georgischen Hauptstadt. L. 55 cm. Leihgeber: Oskar Lafontaine.

Auf der Pferderennbahn in Güdingen, 1986, mit Sohn und Michèle Mouton (1986 war sie die erste und bislang einzige Frau, die die Deutsche Rallye-Meisterschaft gewann).
Foto: Klaus Winkler/Stadtarchiv Saarbrücken.

→ Seiner Erinnerung nach wurde Oskar Lafontaine in diesen Schuhen als Ministerpräsident des Saarlandes vereidigt.
L. 30 cm.
Leihgeber: Oskar Lafontaine.

auch sich selbst. Er hat zuletzt, das war im Jahr 2012, lange nicht gewusst, ob er noch einmal als Parteivorsitzender der Linkspartei antreten soll. Wochenlang hat er mit sich gerungen. Der Zauderer in ihm war abwechselnd groß und klein – fast so wie damals, als Hans-Jochen Vogel ihm, ein paar Jahre vor dem Scharping-Sturz, den SPD-Vorsitz fast auf Knien und vergeblich anbot. Alles hat ein Ende – Lafontaine hat drei. Dreimal hat er aufgehört, dreimal hat er eine bundespolitische Vita beendet: Das erste Mal, als er den Bettel als SPD-Vorsitzender und Bundesfinanzminister hinwarf und aus der SPD austrat. Das zweite Mal, als er 2010 aus Krankheitsgründen den Parteivorsitz der Linken und sein Bundestagsmandat aufgab. Das dritte Mal 2012, als er auf seine Kandidatur für den nochmaligen Parteivorsitz verzichtete. Und einmal hätte ein Attentat fast sein physisches Leben beendet; das hat Lafontaine scheu und beklommen gemacht, scheuer, als es in der Tagespolitik den Anschein hat.

Der Politiker Oskar Lafontaine

Er war, er ist ein Charismatiker. Anderswo, in Frankreich zum Beispiel, sind Charismatiker jung und glatt und schön. In Deutschland sind sie schon älter, sie sind angefressen vom Zahn der Zeit, und sie kriegen beim Reden einen roten Kopf. Aber darauf kommt es nicht an, es kommt darauf an, wie einer redet und wie er die Leute packt. Oskar Lafontaine bannt sein Publikum, er lässt es lachen, stöhnen, applaudieren. Er redet sich in null Komma nichts von null auf hundert. Er verteidigt den

Sozialstaat, beschwört die soziale Gerechtigkeit, attackiert den Finanzkapitalismus, redet Sinn und Unsinn. So gewann er einst seine Wähler als Chef der SPD, so gewann er sie als Chef der Linken, so gewann er aus dem Stand 2001 fast 22 Prozent im Saarland für die Linkspartei. Er ätzt, spuckt, lacht, beißt, keckert und beleidigt die Politiker seiner Generation, von denen er der letzte war im Ring. Fast alle, die mit ihm einst in die Politik gegangen sind, sind schon abgetreten – die Strucks

und Schröders, die Eichels, Wieczorek-Zeuls und die Clements. Es ist die Generation, die einst von Willy Brandt erweckt, von Helmut Schmidt gebeutelt, von Hans-Jochen Vogel belehrt und von Johannes Rau vergeblich befriedet worden ist. Oskar Lafontaine ist übriggeblieben, im Exil der Linkspartei. Und er macht weiter, auch wenn er auf bundespolitischer Ebene offiziell längst aufgehört hat – nicht nur, weil das Aufhören so schwer ist, nicht nur, weil er nicht mehr hören will, was er „früher" schon alles gewesen ist und er sich rehabilitieren muss, sondern weil er an eine historische Mission glaubt: Es ist die Wiedervereinigung der Linken. Das klingt vermessen, das ist vermessen; aber das treibt ihn an.

Charisma ist kein Tugendpreis, Charisma setzt sich nicht dem auf den Schoß, der am

Oskar Lafontaine im Rahmen eines Rock-Konzertes in der Saarlandhalle.
Foto: Klaus Winkler/Stadtarchiv Saarbrücken.

→ Mit seinem Rücktritt 1999 als Bundesfinanzminister räumte Lafontaine sein Büro in Bonn und packte seine Sachen in diesen Koffer.
B. 44 cm. Leihgeber: Oskar Lafontaine.

anständigsten ist. Vielleicht gehört ja auch die Vermessenheit zum Charisma und die Maßlosigkeit, wie sie einst Franz Josef Strauß eigen war. Der mittlerweile verstorbene Altbundespräsident Roman Herzog hat 2008 festgestellt, es gebe in der deutschen Politik nur noch einen einzigen Politiker, „den ich als Charismatiker bezeichnen würde". Er meinte Lafontaine, die beiden Letzten vor ihm seien Brandt und Strauß gewesen. Lafontaine ist der große Egomane mit dem Herzen für die kleinen Leute.

Wenn man die knapp 22 Prozent, die Lafontaine für die Linkspartei im Saarland 2001 gewonnen hat, zu den SPD-Prozenten addiert, dann ist die SPD wieder bei der absoluten Mehrheit, die sie einst im Saarland unter Lafontaine hatte. Und wenn man die Stimmen der Linken in anderen Bundesländern zu denen der SPD dazu zählt, ergibt sich daraus wieder eine Volkspartei. Das müsste der SPD eigentlich die Tränen in die Augen treiben.

Anderen Politikern versucht man Charisma vergeblich zuzuschreiben: Bei Müntefering etwa ist das kläglich schiefgegangen, schon lange redet niemand mehr vom „Kaiser Franz" Müntefering. Bei Lafontaine hat man versucht, das Charisma wegzuschreiben, es ist nicht geglückt. Jahrelang war er, nach seinem Rücktritt als SPD-Finanzminister und als SPD-Parteichef, der Buhmann der Nation. „Verräter" war das Synonym für Lafontaine. Wenn es um Lafontaine ging, taten ein paar Jahre lang auch ansonsten sachliche Nachrichten so, als seien sie Kommentare. Das war nicht sehr demokratisch – aber Lafontaine hat sich nun dagegen mit demokratischen Mitteln gewehrt: mit Erfolg bei den Wahlen.

Das Saarland ist Alpha, das Saarland ist Omega

Hier hat einst alles für ihn angefangen, hier kennt er jedes Haus und jeden Stein, hier war er 25 Jahre lang in Amt und Würden als Oberbürgermeister und Ministerpräsident, hier war er der Napoleon von der Saar. Hier hat er sich politisch habilitiert und hier finden womöglich die Irrungen und Wirrungen des Oskar Lafontaine ihren Abschluss. Aber Lafontaines Vita ist kein Kreis, der sich schließen ließe. Sein politisches Leben ist mitnichten rund; es besteht aus steilem Aufstieg, aus dem Fall ins schier Bodenlose – und aus einer Wiederauferstehung, die beispiellos ist in der Geschichte der Bundesrepublik.

Der bayerische Sozialdemokrat Ludwig Stiegler hat Lafontaine einen „Luzifer" genannt. Das ist ein waghalsiger, aber mythologisch lohnender Vergleich: Luzifer war der erste aller Engel, derjenige, dessen Glanz alle anderen Engel überstrahlte, der aber dann in die Unterwelt gestürzt wurde. Luzifer bedeutet wörtlich übersetzt „Lichtbringer". Das beschreibt die Rolle Lafontaines in der SPD in den Jahren 1995 bis 1998 ganz gut. Dann wurde binnen weniger Jahre, die zu den merkwürdigsten in der Parteigeschichte der deutschen Demokratie gehören, aus dem Lichtträger der Sozialdemokraten ihr Diabolus. Spannend ist der Luzifer-Lafontaine-Vergleich auch deswegen, weil Ersterer nach der verlorenen Schlacht im Himmel seine Anhänger, und es war immerhin ein Drittel der Engel, mit sich nahm.

Peter Gauweiler von der CSU, der sich mit Lafontaine in der Zeit, in der diesem öffentliche Verachtung entgegenschlug, eine Bild-Kolumne teilte, hat ihn zum 65. Geburtstag, mit dem jungen Faust verglichen – wohl des schönen Zitats aus der Nachtszene wegen, in dem Faust „schier das Herz verbrennen" will, weil er sich mit den Dingen nicht abfinden kann, so wie sie sind. Indes: Wenn schon Goethe, dann passt der „Götz von Berlichingen", der sich zum Hauptmann der aufständischen Bauern machen ließ, viel besser zu

Lafontaine als der Faust; zumal das berühmte Götz-Zitat aus dem dritten Aufzug beschreibt die Stimmung Lafontaines gegen Schröder im März 1999 ziemlich gut: „Er aber, sag's ihm, er kann mich [...]" Die Szene endet mit dem Vermerk: Götz schmeißt das Fenster zu [...] Das Fenster zwischen Lafontaine und der SPD ist verschlossen geblieben.
Lafontaine war, Lafontaine ist ein politischer James Watt: James Watt hat die Dampfmaschine erfunden, die bekanntlich so funktioniert, dass in einem Kessel Dampf erzeugt wird, der auf Kolben und Schwungräder übertragen wird. Die Erzeugung des Dampfs im Kessel gehört noch zur Abteilung Spektakel, das Lafontaine perfekt beherrscht. Die eigentliche Ingenieurleistung – Lafontaine ist gelernter

Oskar Lafontaine mit Hans Dietrich Genscher. Festsaal des Rathauses Saarbrücken. Foto: Klaus Winkler/Stadtarchiv Saarbrücken.

Heinz Becker

Kunstfigur eines Bundesbürgers

1949*

VON GERD DUDENHÖFFER

Gerd Dudenhöffer ist Schöpfer, Autor und Interpret der Kunstfigur „Heinz Becker". Er wurde am 13.10.1949 im saarländischen Bexbach geboren und studierte Graphik und Design in München. Seit über 30 Jahren spielt er mit sparsam gesetzter Mimik seine realsatirische Kunstfigur „Heinz Becker" als personifizierte Karikatur des universellen Kleinbürgers. Oft jenseits der „political correctness" versteht sich die Figur Heinz Becker dennoch als „Stimme des Volkes".

Kleinkariert das Hemd, die Schiebermütze auf dem Kopf, das Beinkleid durch Gürtel und Hosenträger zweifach gesichert – äußerlich bietet Heinz Becker seit Jahrzehnten eine Konstante, in der sich das enge Weltbild des Kleinbürgers, der uns allen bekannt vorkommt, spiegelt. Becker setzt seine Duftmarken an brenzligen Punkten – so scharf, dass es einen nicht selten schüttelt. Für viele ist er Kult und gilt neben Oskar Lafontaine und Erich Honecker als bekanntester Saarländer.

← Gerd Dudenhöffer, Schöpfer und Interpret der Figur "Heinz Becker". Foto: Guido Werner.

Für das Historische Museum Saar äußerte sich Gerd Dudenhöffer in einem Interview 2017 über seine Figur Heinz Becker.

Frage: Als Künstler blicken sie auf eine 35-jährige Karriere zurück. Können Sie sich noch gut an Ihre erste Tournee erinnern?

Dudenhöffer: Das ist wirklich lange her. Da muss ich jetzt aber die allerersten Termine auf meinem Kalender nachsehen. Das fing ja gar nicht mit einer richtigen Tour an, es waren zuerst nur Einzelauftritte. Dann steigerte es sich. Es waren auch schon einmal zwei Tage, dann wurde es mehr. Fünf Tage im Unterhaus Mainz oder auch drei bis vier Tage im Hinterhoftheater in München, das hatte schon ein wenig Tourcharakter. Dazwischen gab es dann lange keine Auftritte. 1980 habe ich schon nicht mehr als Grafiker gearbeitet. Von 1980 bis 1985 hatte ich samstags beim Rundfunk regelmäßige „Heinz Becker-Auftritte". Während dieser Zeit, 1984, lernte ich Jürgen von der Lippe kennen, ab 1985 haben wir dann zusammen die Show „So Isses" gemacht. Eine erste richtige Tournee mit dem ersten reinen „Heinz Becker"-Programm gab es 1985 unter dem Titel „Ich brauch kenn Fernsehn".

Frage: In dieser Zeit konnten Sie Ihre Figur immer weiter ausfeilen und ihr Spiel optimieren. Haben Sie dabei neue Seiten an Heinz Becker „entdeckt"?

Dudenhöffer: Die Konstruktion des Heinz Becker hat sich wenig verändert. Die Geisteshaltung, die Lebenseinstellung hat sich ja nicht sehr gewandelt, so wie sich der Alltag und die Lebensumstände allgemein mit all ihren Vorurteilen auch wenig bewegt haben.
Ich habe den Heinz Becker über die Jahre aber immer wieder mit neuen Seiten bestückt, ohne die Figur zu verändern. Dadurch, dass er sich jetzt auch über Sachen äußert, die früher von mir als Autor nicht thematisiert wurden, wirkt das, als habe er neue Seiten.

Frage: Der Heinz ist ein typischer Kleinbürger. Er wird nicht müde, zu allen Themen, auch über Sachen, die wirklich nichts mehr mit seiner engen Lebenswelt zu tun haben, seinen Senf abzugeben. Dabei gibt es kein Tabu-Thema und im Gegenteil, seine Gesprächsthemen gehen über seinen Tellerrand hinaus. Hat sich der Blick des Privatmannes Dudenhöffer auf die Gesellschaft verändert, so dass er seine Einsichten auf die Figur überträgt?

Gerd Dudenhöffer als Heinz Becker. Foto: mart.

→ Bühnenoutfit der Figur „Heinz Becker". Getragene Originale. L. Hemd 85 cm. Leihgeber: Gerd Dudenhöffer.

SHIRT MAKER

Plakatmotiv für das aktuelle Bühnenprogramm: „DEJA VU - Gerd Dudenhöffer spielt aus 30 Jahren".
Foto: Andrew Wakeford.

Frage: Wie muss man sich Ihre Arbeit am Programm vorstellen?
Dudenhöffer: Ich sitze am Tisch und konstruiere, d. h. ich habe meinen Kopf, meine Sprache und mein Diktiergerät. Dabei texte ich nicht drauf los, sondern feile schon im Kopf und diktiere dann so, wie es „spruchreif" ist. Also im Prinzip passiert es im Kopf. Ich hänge mir eine Art Wandzeitung in meinem Arbeitszimmer auf mit den Themen, die ich bearbeiten möchte, Ideen, die mir durch den Kopf gegangen sind, und Sprüche, die ich über Monate

→ Originale, von Gerd Dudenhöffer auf der Bühne getragene Schuhe der Figur „Heinz Becker". L. (jeweils) 29,5 cm.
Leihgeber: Gerd Dudenhöffer.

nahmen sich seiner an. So verschwand auch der Mantel mit Fischgrätenmuster, der seine besten Zeiten bereits hinter sich hatte, im Laufe der Zeit. Der Kommissar kochte gerne und man sah dem Brillenträger mit Halbglatze seine Leidenschaft fürs gute Essen durchaus an. Im Laufe der Jahre hatte Max Palu mehrere Assistenten, zum Schluss Stefan Deininger, der zunächst auch nach der Ära Palu im Tatort weiter spielte. Gespielt wurde Deininger von Gregor Weber, der dem Fernsehpublikum zuvor aus der Serie „Familie Heinz Becker“ bekannt war. Seine Mutter wurde hier von Alice Hoffmann gespielt, die in den Palu-Tatorten die Sekretärin Gerda Braun verkörperte. Teamarbeit lag Max Palu allerdings nicht: er ermittelte lieber alleine und übertrug seinen Assistenten gerne die ungeliebten

Jochen Senf (alias Max Palu) und Martin Buchhorn (bis 2004 Fernsehfilmchef) bei einer Flasche "Palu". Foto: Privat/Archiv Saarländischer Rundfunk.

→ Flasche Rotwein "Palu" Grand Cru, Chateaux Halberg. H. 33 cm. Puck zum Tatort "Strafstoss", 1999. H. 2,7 cm. Leihgeber: Saarländischer Rundfunk.

SR präsentiert
tatort
STRAFSTOSS
mit Kommissar Max Palu
Sonntag, 5. Sept. 1999
20.15 Uhr
Das Erste
Palu
Grand Cru
Château Halberg
2004er Auxerrois
MOSEL-SAAR-RUWER
ARD
SR

Schreibarbeiten. Überhaupt: ein Vorzeige-Beamter war Palu nicht. Feste Bürozeiten lagen ihm nicht, Kollegen kippte er heißen Kaffee in den Kragen, an Vorschriften hielt er nicht immer fest.

Max Palu wurde durch den Schauspieler Jochen Senf verkörpert, der nach eigener Aussage viel von sich selbst und seinen persönlichen Vorlieben in die Rolle hat einfließen lassen (Dillinger 2015). Auch Jochen Senf kocht sehr gut, trinkt gerne Wein und fährt gerne mit dem Rad – im Tatort ist übrigens

Szene aus dem ersten Tatort "Salu Palu": Verfolgungsjagd mit dem Fahrrad.
Foto: Gerhard Heisler; Archiv Saarländischer Rundfunk.

→ Postkarte zum vorletzten Tatort mit Max Palu, 2004. Archiv Saarländischer Rundfunk.

sein privates Fahrrad zu sehen! Die Rolle ist bis heute eng mit dem Schauspieler verbunden. Jochen Senf wurde am 6. Januar 1942 in Frankfurt am Main geboren und wuchs in Saarbrücken auf; sein Vater war der saarländische Finanzminister Paul Senf. Er studierte Germanistik und Romanistik an der Universität des Saarlands und ging nach dem Examen drei Jahre an die Schauspielschule Saarbrücken. Von 1968 bis 1978 war er Hörspieldramaturg beim SR, danach freier Hörspiel-Drehbuchautor. In der Saarbrücker Kulturszene war er durch Theaterspiele und Lesungen vertreten. Neben seiner Rolle im Tatort verkörperte er zahlreiche Film- und TV-Rollen und ist als Schriftsteller tätig. Seit 1987 lebt er in Berlin. Er ist geschieden und hat einen Sohn und eine Tochter. Mit der Absetzung seiner Tatort-Figur gab es Auseinandersetzungen zwischen Senf und dem SR.

In seiner 17-jährigen Dienstzeit löste Max Palu Mordfälle an Psychologen, illegalen Flüchtlingen, an einem Wissenschaftler und einer Meinungsforscherin. Er ging gegen Mädchenhändler vor, stieß auf illegale Waffengeschäfte und begab sich in die Welt der plastischen Chirurgie. Hauptkommissar Max Palu wurde von dem Bayer Franz Kappl (Maximilian Brückner) abgelöst. Diesem stand weiterhin Palus letzter Assistent Stefan Deininger zur Seite. Auch dieses Ermittlerteam ist bereits Geschichte. Heute ermitteln Jens Stellbrink (Devid Striesow) und Lisa Marx (Elisabeth Brück) im Saarland.

Literatur- und Quellenverzeichnis

Till Dillinger, *Was macht eigentlich Jochen Senf.* <http://www.magazin-forum.de/news/was-macht-eigentlich/%E2%80%A6jochen-senf> [Stand: 9. Juli 2017].

Barbara Nolte, *Wer ist der wahre Saarländer.* Tagesspiegel, 13.11.2004. <http://www.tagesspiegel.de/medien/wer-ist-der-wahre-saarlaender/562354.html> [Stand: 9. Juli 2017].

N.N., *Kommissar Palu.* <http://www.tatort-fundus.de/web/ermittler/sender/sr-saarlaendischer-rundfunk/palu.html> [Stand: 9. Juli 2017].

N.N., *Palu.* <http://tatort-fans.de/category/kommissare/kommissare-im-ruhestand/palu/> [Stand: 9. Juli 2017].

Wolfgang Wahlster

Visionen und Tatkraft für die Künstliche Intelligenz

*1953

von Ralf Butscher

Meine erste Begegnung mit Wolfgang Wahlster liegt über 20 Jahre zurück. Ich stand noch am Anfang meines journalistischen Berufswegs, als mich die Stuttgarter Zeitung zu einem Pressetermin bei der DaimlerChrysler AG (heute Daimler AG) sandte. Es ging um ein Projekt namens „Verbmobil", irgendwas mit automatischer Übersetzung. Die Veranstaltung entpuppte sich als spannende Präsentation einer hochinnovativen Technologie aus deutschen Forschungslabors.
In einem umfassenden Projekt hatten Forscher und Ingenieure in Dutzenden Teams aus etlichen namhaften Unternehmen, Universitäten und Forschungseinrichtungen einen Meilenstein der Sprachtechnologie geschaffen: ein System, das nicht nur mühsam auf vorgegebene Befehle reagieren konnte, sondern das im Alltagsstil artikulierte Sätze beliebiger Sprecher erkannte, den Sinn verstand und das Gesagte direkt in eine andere Sprache übertrug. Eine äußerst praktische maschinelle Hilfe, etwa beim Buchen eines Hotelzimmers in Tokio oder für ein Gespräch mit Geschäftspartnern aus Chicago. Den Prototyp des neuartigen Systems konnte ich an diesem Tag in Aktion bestaunen.

← Wolfgang Wahlster, 2013.
Foto: Jim Rakete.

Seine Begeisterung steckt an

Leiter des Projekts, das das Bundesministerium für Bildung, Wissenschaft, Forschung und Technologie acht Jahre lang mit umgerechnet über 50 Millionen Euro förderte, war Prof. Wolfgang Wahlster. Damals wie heute stand er als Geschäftsführer und technisch-wissenschaftlicher Leiter an der Spitze des Deutschen Forschungszentrums für Künstliche Intelligenz (DFKI) in Saarbrücken. Mit seiner packenden Begeisterung für die Innovation und seinem Optimismus im Blick auf ihr Anwendungspotenzial zog er die versammelte Runde von Journalisten in seinen Bann. Dabei waren zu Beginn des Projekts kritische Stimmen zu hören gewesen, die am Erfolg von Verbmobil zweifelten. *„Viele Kollegen hatten das wegen der extrem hohen Komplexität der Aufgabe für unmöglich gehalten"*, verriet Wahlster ein paar Jahre später in einem Interview mit dem Autor. Doch Kritik und

Nicole Seibert

Eine Saarländerin auf der Ewigkeitsliste der Popkultur

** 1965

von Peter Meyer

Harrogate – Von nicht ganz Null auf mehr als Hundert

Ein selbstsicheres Mädchen mit weißer Gitarre, gewandet in ein hochgeschlossenes, schwarzes Kleid mit weißen Glitzerdots und weißem Kragen, blonde Mähne, blitzende, blaue Augen, feste Stimme, sitzt auf einem Hocker vor einer Begleitband in der Mitte einer opulenten Showbühne. Dieses Bild ist zu einer Ikone deutscher und saarländischer Geschichte geworden.

Warum? Weil es einen fast absurden und bis heute nachwirkenden Glücksmoment der Deutschen in ihrem Hunger nach Anerkennung in jener Zeit und einen erlösenden Moment der internationalen Bedeutung im sonst sich oft bedeutungslos fühlenden Saarland abbildet. Samstag, 24. April 1982, 22:18 Uhr, Harrogate International Center, Harrogate, Grafschaft North Yorkshire, England; Jan Leeming, beliebte, anerkannte und seriöse Nachrichtenmoderatorin der BBC, und an diesem Tag glamouröse Gastgeberin *„des größten internationalen Komponisten- und Texterwettstreits der Welt“* (Süddeutsche Zeitung, 26.4.1982), des 27. Grand Prix Eurovision de la Chanson/Eurovision Song Contests (ESC), verkündet vor 2.000 Menschen im Saal und vor geschätzten 500 Millionen Menschen an den Fernsehern und Radios in aller Welt die Siegerin des Abends: Nicole *„lovely young lady from Saarbrücken“* (BBC TV, 24.4.1982) mit „Ein bisschen Frieden/A little bit of peace“; Text: Dr. Bernd Meinunger, Musik: Ralph Siegel.

Die 17 anderen teilnehmenden Nationen gaben Deutschland insgesamt 161 Punkte, neun von ihnen die maximal möglichen zwölf Punkte. Damit lag die am 25. Oktober 1964 in Saarbrücken geborene Saarländerin Nicole Hohloch aus Neunkirchen/Nahe am Bostalsee satte 61 Punkte vor dem zweitplatzierten Israeli Avi Toledano und der drittplatzierten Schweizerin Arlette Zola (O'Connor 2005). Nicole schrieb sich an jenem Abend mit ihrer Leistung ein in eine Ewigkeitsliste der Popkultur, in der so bedeutende Künstler wie Abba, Udo Jürgens, France Gall und Vicky Leandros bereits verzeichnet waren, zu denen später noch Größen wie Céline Dion, Toto Cutugno oder Katrina & The Waves dazukamen. Italien und Frankreich waren dem Wettbewerb in

← Erste Autogrammkarte von Nicole. Das Foto zeigt sie im Alter von etwa vier Jahren.
Foto: Privatarchiv Nicole Seibert.

Die 17-jährige Nicole beim Eurovision Song Contest am 24. April 1982 in Harrogate. Foto: Lehtikuva Oy, dpa.

→ Mit dieser Gitarre trat Nicole in Harrogate auf. L. 108 cm. Leihgabe: Nicole Seibert.

Nach dem Erfolg erschien die Schallplatte „Nicole, eine Stimme geht um die Welt". Historisches Museum Saar.

Melody

Harrogate ferngeblieben. Die Begründung der Franzosen: die *„qualité médiocre"* (Le Monde, 28.4.1982) des Wettbewerbs, die mittelmäßige Qualität, der man eine Absage erteilen wollte (Der Spiegel 18/1982).

Für Nicole persönlich war es *„ein Traum, der sich an diesem Abend erfüllt hat [...] ich habe als Kind immer davon geträumt den Eurovision Song Contest zu gewinnen. [...] Das war ein magic moment"* (Saarländischer Rundfunk, „SR 1 Abendrot", 11.5.2009). Sie habe *„puren Stolz"* empfunden, für ihr Land den Sieg nach Hause geholt zu haben; es habe alles gepasst und der Zeitgeist sei getroffen worden (Meyer 2017). Zum viel gelobten und viel kritisierten Text des Lieds sagte sie: *„Das ist ein Riesenerfolg. Es zeigt, dass die Menschen vom Ende der Gewalt träumen"* (Frankfurter Rundschau, 26.4.1982).

Das Jahrhundertereignis und die Folgen

Die Auswirkungen dieses Sieges waren und sind bis heute enorm: Nicole war an jenem legendären Samstagabend in Nordengland mit einem Schlag nicht nur zur deutschen Nationalheldin und zum saarländischen Aushängeschild geworden, zum internationalen Schlagerstar und zur Pop-Ikone (Laufenberg 1994), sie wurde in der Euphorie dieses bedeutenden internationalen Ereignisses auch zur Retterin des deutschen Schlagers und der deutschen Musikindustrie hochstilisiert (Frankfurter Allgemeine Zeitung, 30.4.1982).

Der Sieg der *„Jahrhunderthymne"* (Stern 19/2017), so Nicole selbst, beendete ein 26 Jahre währendes Trauma der Deutschen und speziell der deutschen Musikindustrie, niemals diesen Wettbewerb gewonnen zu haben, der nicht nur in Europa, sondern in der ganzen Welt Beachtung fand und findet. Sie sorgte mit „Ein bisschen Frieden", in der Sieger-Version an jenem Abend von ihr souverän in vier Sprachen vorgetragen, in Deutsch, Englisch, Französisch und Holländisch, für ungleich mehr als nur ein bisschen internationale Anerkennung für die Bundesrepublik und das Saarland: *„Sie holte einen riesigen Ozeandampfer Ansehen für Deutschland über den Kanal"* und *„Europa klatschte"*, jubelte die Bild Zeitung (27.4.1982). *„Triomphe pour Nicole et sa ballade"* (Le Républicain Lorrain, 26.4.1982), reihte sich die französische Presse ein. *„Deutschland hat einen neuen Liebling"*, berichtete die Funk Uhr (21.5.1982). *„Ein großer Sieg mit ‚Ein bisschen Frieden'"*, titelte die Süddeutsche Zeitung (26.4.1982), *„Nicole, das war toll"* die Bunte (29.4.1982). Der Stern (19/1982) machte einen *„Selbstbewusstseinsschub"* für Deutschland aus. Und die Frankfurter Allgemeine Zeitung empfahl gar, *„ihr einen Platz im diplomatischen Korps der Bundesrepublik anzubieten"* (26.4.1982). Dass Nicole Jahre später als Saarland-Botschafterin einen festen Platz im „diplomatischen Korps" des Saarlandes erhalten würde, war dann nur folgerichtig. Denn *„der Sieg überraschte die Nation und brachte das Saarland aus dem Häuschen"* (Saarbrücker Zeitung, 28.5.1994). Der 24. April 1982 wurde für die Deutschen und insbesondere für die Saarländer zu *„einem wahrhaft historischen Datum"* (Saarbrücker Zeitung, 27.5.1992).

Dass weltweit mehr als vier Millionen verkaufter Einheiten der Single „Ein bisschen Frieden" und rund eine Million Einheiten ihrer gleichnamigen Langspielplatte in über 60 Ländern auch in der *„Unterhaltungsmusikbranche in der Bundesrepublik ein Hochgefühl ausgelöst"* haben (Frankfurter Allgemeine Zeitung, 30.4.1982), *„der Erfolg [...] alle normalen Schlagermaßstäbe sprengte"* (Quick, 18.11.1982) und die Musikindustrie auch fürderhin *„fette Beute [...] witterte [...] und das mit gutem Grund"* (Stern 19/1982), war ein weiterer Effekt von Nicoles Harrogate-Durchmarsch.

→ Kleid und Schuhe vom ESC in Harrogate. L. 115 cm. Leihgabe: Nicole Seibert.

Pressefoto "Nicole".
Jupiter Records.
Foto: SR-Archiv.

Aussagen wie *„Der deutsche Schlager hat noch nie so viele Chancen gehabt wie heute“* (Stern 19/1982) von Dr. Josef Bamberger, dem damaligen Vorsitzenden der Gemeinschaft Deutscher Musikverleger, oder „der deutsche Schlager ist wieder hoffähig geworden“ (Stern 19/1982) von Komponist und Jupiter Records-Chef Ralph Siegel, der *„den Sieg dann auch in erster Linie für eine Verbeugung der westlichen Länder vor unserem Lied“* hielt (Stern 19/1982), steht allerdings auch harsche Kritik an der *„musikalischen Zuckerwatte* (Kölnische Rundschau, 26.4.1982) gegenüber. Sie machte den Song für viele andere in Deutschland klebrig und ungenießbar. *„Wir sind Europameister geworden, zumindest was die gefälligste Schnulze auf dem kontinentalen Schlagermarkt angeht“*, schrieb die Kölnische Rundschau (26.4.1982). Und die Süddeutsche Zeitung (26.4.1982) bezweifelte auch mit Blick auf die kurz nach Harrogate in der deutschen Öffentlichkeit kontrovers geführte Debatte über Kosten und Ort der Ausrichtung des Contests im Folgejahr in Deutschland („Der Pyrrhus-Sieg von Harrogate“), *„ob die schöpferische Impotenz Anspruch auf zweieinhalb Stunden bester Sendezeit hat“*.

Konsequent verwandelt: Harrogate als Anfangspunkt einer beeindruckenden Künstlerkarriere

„Es war sehr turbulent, was danach auf mich zukam, aber ich mache schon seit meinem vierten Lebensjahr Musik und hab auch vorher schon mit ‚Flieg nicht so hoch, mein kleiner Freund' meinen ersten Top Ten-Hit gehabt, also Nummer 2 in den Top 75 [...], ich bin also nicht ins kalte Wasser geschmissen worden" (Saarländischer Rundfunk, „SR 1 Abendrot", 11.5.2009), äußerte sich die Künstlerin Jahre später über die Situation unmittelbar nach dem Sieg in Harrogate. In der Tat hatte sie mit vier Jahren beim Tag der offenen Tür der Kasernen der saarländischen Stadt St. Wendel ihren ersten öffentlichen Auftritt und war ab dann auf Schul- und Betriebsfesten und Gesangswettbewerben unterwegs. Am Rande eines solchen Wettbewerbs auf Schloss Hornberg entdeckte sie 1980 Produzent Robert Jung (Saarländischer Rundfunk, „SR 1 Abendrot", 11.5.2009), nahm sie unter Vertrag und produzierte mit ihr die deutsche Synchronisation des Titellieds der japanischen Anime-Serie „Captain Harlock". Auf Vermittlung Robert Jungs (Feddersen 1998, 38 f.) nahm Ralph Siegel sie 1981 bei seinem Label „Jupiter Records" unter Vertrag – bis zum Jahr 2004 (Munzinger Online/Pop 2017) und produzierte mit ihr die erste Single „Flieg nicht so hoch, mein kleiner Freund". Das Lied stand lange vor Harrogate bereits 22 Wochen in den Singlecharts und landete auf Platz 2 der Verkaufslisten in Deutschland (wikipedia.de, Stand: 15. Juni 2017). Dennoch war Harrogate ein enormer, alles auf den Kopf stellender Einschnitt: „Alle, alle wollen Nicole [für ihre Shows, Anm. des Autors]: Dieter Thomas Heck, Hans Rosenthal, Thomas Gottschalk, Elizabeth Tessier" (Stern 19/1982). Mit „A little Peace", der englischen Version ihres Grand Prix-Siegerliedes, chartete sie als erste Deutsche auf Platz Eins der britischen Verkaufslisten und war Gast in der legendären BBC-Kult-TV-Musiksendung „Top oft the Pops". *„Der Sieg beim Grand Prix hat mir Tür und Tor in der ganzen Welt geöffnet, meine Wege führten bis nach Korea und Japan, in ganz Europa war ich zu Gast und wurde mit Gold überhäuft"* (Saarländischer Rundfunk, „SR Abendrot", 11.5.2009).

Nicole nutzte konsequent die Chance, die sich ihr bot, und ging ab jenem Punkt ihrer persönlichen Zeitenwende gekonnt in den bisweilen Kräfte raubenden Spagat zwischen ausjongliertem und geschütztem Privatleben und ihrer Liebe und Treue zum Saarland auf der einen Lebensseite und ihrer zunächst steil aufsteigenden und später dann kontinuierlich auf hohem nationalem und internationalem Niveau verlaufenden Künstlerkarriere mit regelmäßigen Auftritten in ganz Europa auf der anderen Lebensseite – ein Spagat zwischen Bügelbrett und Windeln, Familien- und Freundeskreis, Neunkirchen/Nahe und St. Wendeler Land einerseits und großer Bühne und Fernsehshows, Fangemeinde und Musik- und Showcircus, Japan, Wien und Berlin andererseits. Diesen hält die ständig eisern im Fitnessstudio trainierende Nicole seit dreieinhalb Jahrzehnten meisterhaft. *„20 Tage im Monat für die Familie, zehn Tage für den Beruf. Die Faustregel hat sich in 35 Jahren bewährt"*, sagt sie selbst (Meyer 2017). Diese klare Prioritätensetzung macht die Künstlerin im Vergleich zu den meisten anderen Menschen im Showbusiness so besonders, denn ihr Leben verlief wohl auch deshalb sowohl im Privaten als auch im Künstlerberuf ohne die üblichen und von der Boulevardpresse und der Öffentlichkeit erwarteten Brüche.

Harrogate war der Anstoß für die beeindruckende Karriere einer versierten, sich stets wandelnden Künstlerin, die weit mehr kann als nur den typischen deutschen Schlager, die mit Musikalität und Charme überzeugt (Helm 2011, 315 ff.) und die ihre große Fangemeinde 1982 fest an der Hand nahm, um sie bis heute auf insgesamt 27 reinen Studioalben, unzähligen Singles und hunderten von Fernsehshows durch die Gefühlswelt von Schlager, Chanson, Pop und Rock zu führen. *„Nicoles Popularitätsgrad blieb über die Jahre stabil. In der deutschen Popmusikszene war die Künstlerin eine* *der bekanntesten Größen, die mit regelmäßigen Veröffentlichungen und Tourneen ein treues Publikum als Fanpotenzial binden konnte"* (Munzinger Online/Pop 2017) und bis heute kann. Sie gilt bei aller Wandelbarkeit als Künstlerin, *„die so intelligent wie keine Schlagersängerin sonst die Sehnsüchte und Ängste ihrer Generation besingt"* (Saarbrücker Zeitung, 27.5.1992). Sogar die Neue Zürcher Zeitung verstieg sich zu der Aussage: *„Nicole [...] hat sich [...] im Fortgang ihres Lebens erfreulich entwickelt. Aus dem klinisch reinen Hascherl aus Saarbrücken wurde eine der erfolgreichsten deutschen Schlagersängerinnen mit überraschend erotischer Ausstrahlung, eine Entwicklung wie bei Steffi Graf"* (Neue Züricher Zeitung, 17.4.1997). Und die NDR-Personen-Recherche PRESTO bezeichnete sie mit den Worten des „Lexikons des deutschen Schlagers" als *„eine der führenden Sängerinnen des deutschen Schlagers"* (Presto, 12/1997, 2). 78 Singles und Promo-Singles, 42 LPs und CDs (Seibert, Diskographie 2017) sind bisher in aller Regelmäßigkeit gechartet, darunter ist „Ein bisschen Frieden" mit 17 Silbernen, Goldenen und Platin-Schallplatten in Deutschland, Österreich, der Schweiz, Belgien, den Niederlanden, Norwegen, England, Dänemark und Schweden (Seibert, Biographie 2017) nach wie vor ihr größter Erfolg. Und zusätzlich hagelte es immer wieder Preise in ihrer stetigen Karriere. Ein Jahr nach dem Sieg in Harrogate belegte sie beim „World Popular Song Festival Tokyo" den zweiten Platz, 1991 gewann Nicole in Berlin das „Erste Deutsche Schlagerfestival", 1992 erhielt sie als erste Sängerin eine „Goldene CD" für ihr Album „Augenblicke". Sie gewann 17 Mal die „ZDF-Hitparade". 1994 wurde sie „Beste Künstlerin des Jahres" des „Goldenen Künstler Magazins" und machte Aufnahmen mit der Fußballnationalmannschaft. „Mehr als ein bisschen Frieden" wurde 1995 zum „Hit des Jahres" gewählt. 2001 folgte der „Goldene Stern" vom ORF. Auf ihrem Trophäentisch im „Nicole-Raum" (Süddeutsche Zeitung, 20.11.2001) ihres Hauses in Neunkirchen/Nahe stehen zwei „Goldene Europas", elf „Goldene Stimmgabeln", die „Silberne Lyra" vom Songfestival in Bratislava, ein „Echo" von 1992 für die „Beste Sängerin des Jahres", ein „smago! Award" von 2017, der „Paul-Lincke-Ring" der Stadt Goslar für besondere Dienste um die deutschsprachige Unterhaltungsmusik (Seibert, Biographie 2017), ein „Goldener Löwe", eine „Goldene Antenne" und vieles mehr. In der ZDF-Sendung „Die 100 besten Deutschen" belegte sie 2003 Platz 72 und Guido Knopp und Peter Arens widmeten ihr in „Unsere Besten. Die 100 größten Deutschen" drei Buchseiten (Knopp/Ahrens 2003, 220 ff.). 2008 dann wurden Gitarre und Kleid ihres Auftritts in Harrogate im Haus der Geschichte in Leipzig ausgestellt (Neue Osnabrücker Zeitung, 15.11.2008). 2014 platzierte die Bild am Sonntag (1.5.2014) sie auf Platz 43 der „50 wichtigsten Deutschen um die 50". In unzähligen Tourneen und Konzerten begeisterte sie über die Jahrzehnte Millionen von Menschen live, insgesamt 186 von ihnen, 177 Passagiere und neun Crewmitglieder, sogar in bis dahin nicht gekannter Form beim *„höchsten Konzert aller Zeiten"* (Bild Saarland, 28.1.2015) am 27. Januar 2015 auf dem Flug von Frankfurt/Main nach Windhoek/Namibia zum Benefiz-Konzert „Die Nacht des deutschen Schlagers". In 11.000 Metern Höhe präsentierte Nicole in einer Boeing 767 ihre Hits. Und schließlich stürmte Nicole im April 2017 mit ihrem Album „12 Punkte" Platz 18 der deutschen Albumcharts.

Ihre Kraftwerke: Familie und Heimat

Die Manager-Rolle, die zu Beginn ihrer Karriere Mutter Marliese und vor allem auch Vater Siegfried Hohloch innehatten, übernahm später Ehemann Winfried Seibert. Das Paar, das am 18. August 1984 heiratete, hat zwei Töchter und zwei Enkelkinder und lebt nach wie vor in Neunkirchen/Nahe in der Gemeinde Nohfelden (wikipedia.de, Stand: 15. Juni 2017). Familie und Heimat sind die Kontinua ihres Lebens, die Anker, die Landeplätze. *„Ich bin heimatverbunden. Hier sind meine Wurzeln, hier bin ich aufgewachsen, hier sind meine Familie*

2011 empfing Nicole Seibert den Segen von Papst Benedikt XVI. Foto: Privatarchiv Nicole Seibert.

und meine Freunde" (MEYER 2017), *„wäre ich nach Hamburg oder München gegangen, hätte ich auch womöglich die Bodenhaftung verloren"* (Saarbrücker Zeitung, 28.5.1994), sagt sie. Sie liebt es, im Saarland ohne Star-Rummel als Nachbarin, Freundin, Ehefrau, Mama und Oma leben zu können. Dieses „Geheichnis" braucht Nicole, und sie verewigte *„das Weggehen von zu Hause, das Wiederkehren, die Ankunft auf dem Flughafen Saarbrücken-Ensheim und ihre Verbundenheit mit Saarbrücken und der saarländischen Heimat"* (SEITZ 1999, 92) im Chanson „Saarbrücken ist nicht weit", das sie selbst getextet und zur 1000-Jahr-Feier der Stadt Saarbrücken im Wohnzimmer des Saarlandes, auf dem St. Johanner Markt in Saarbrücken, vorgetragen hat. Das Saarland dankte und dankt es ihr durch viel Sympathie, durch regelmäßig volle Säle bei Konzerten, aber auch durch ganz besondere Auszeichnungen. Ende der 90er wurde sie wortwörtlich zum Aushängeschild des Saarlandes: auf großen Autobahnschildern an den Grenzen des Bundeslandes begrüßte sie – abwechselnd mit Heinz Becker und Patricia Kaas – die Menschen, die ins Saarland kommen

NASA
esa
esa
European Astronaut Centre
esa
M. MAURER

Matthias Maurer

Fit fürs All

* 1970

von Reinhold Ewald

Aus der zweiten Reihe

Der erste Mensch auf dem Mond? – Richtig, Neil Armstrong. Der erste Ausstieg ins All? – Richtig, Alexei Leonov. Der Back-Up von Sigmund Jähn, dem allerersten deutschen Kosmonauten 1978? – Mmh!? Die richtige Antwort wäre Eberhard Köllner gewesen, aber ich nehme das keinem übel, wenn man es nicht weiß. Die Zeitläufte sind so schnell, dass es schon schwierig ist, sich den jeweils Agierenden richtig zu merken, geschweige denn die an ihrer Stelle potentiell Agierenden oder gar die Leute im Hintergrund. Und doch ist ein solch schwieriges Unterfangen wie eine (bemannte) Raumflugmission unmöglich, wenn es nicht gerade die Leute gäbe, die selbstlos im Hintergrund den Vornestehenden mit Information, Unterstützung und Kraft für die herausfordernde Aufgabe versorgen. Da kommen mir zuerst die Familien der Astronauten und Kosmonauten in den Sinn, die in den Jahren des Raumflugtrainings mit Aufenthalten in den Trainingszentren in aller Welt die Familienmutter oder den Familienvater bestenfalls auf der Durchreise zu Gesicht bekommen. Da sind aber auch, inzwischen ein wenig aus der Mode gekommen, die „Back-Ups" oder „Dublors" im Russischen, die Reserveleute, die genau das gleiche Ausbildungsniveau wie der jeweils Fliegende erreicht haben und – dramatischer Moment – in den Anfängen der Raumfahrt ebenfalls im Raumanzug bis an die Startrampe herangefahren wurden, um erst dort einen vom Fliegenden getrennten Weg zu nehmen. Dass eine solche Rolle menschliche Größe und besondere Loyalität fordert zum Programm, auf das man sich ja genauso intensiv und so lange eingelassen hat wie der Fliegende, ist nicht unmittelbar ersichtlich.

← Matthias Maurer, 2017.
Foto: Sabine Grothues/ESA.

Fast ein Astronaut

Noch härter trifft es aber diejenigen, die nachweislich das Zeug zum Astronauten haben und dann gar nicht erst zum Zuge kommen. In jeder Stufe eines Astronautenauswahlverfahrens fallen anfangs 90 %, später 50 % aus der immer kürzer werdenden Liste heraus. So war es bei meiner Auswahl 1986/1987, als aus 1300 Bewerberinnen und Bewerbern dann am Ende 13 Finalisten – darunter 3 Frauen

– übrig blieben. So war es bei Matthias Maurer, der sich 2008 auf die europaweite Bewerbungskampagne der ESA meldete und bei den letzten zehn medizinisch und psychologisch Fitten dabei war. Wenn man nach so viel persönlicher Investition und Hoffnung schon so weit gekommen war, brauchte es schon einen Moment persönlicher Größe, um letztlich zu verdauen, dass sechs Andere gewählt wurden. Es braucht noch mehr Größe, sich dadurch den Spaß an der Raumfahrt nicht verderben zu lassen und gerade in dem Bereich anzuheuern, in dem man tagtäglich die erfolgreichen Konkurrenten vor Augen hat. Schließlich kann und muss man deren Weg zum Astronauten hautnah mitverfolgen!

Matthias Maurer und Samantha Cristoforetti bei einem Parabelflug.
Foto: Anneke le Floc'h/ESA.

Wahre Begeisterung

Matthias hat eine ähnliche Wahl getroffen wie ich selbst. Denn auch ich fand 1986 die Vielfalt der Themen, mit denen man in

→ Gegenstände, die im Weltraum waren.
Matthias Maurer hat diese von Kollegen erhalten:
1. Kleine Flagge mit Widmung von Reinhold Ewald (1997 auf der MIR-Station). L. 11,3 cm.
2. Puzzlestück von Alexander Gerst (2014 auf der ISS). L. 3,5 cm. Sowie eine Gesteinsprobe, L. 12 cm.
Leihgaben: Matthias Maurer.

Presented to
Matthias
Maurer
You are part
of the BlueDot!
esa
blue dot
blue dot
Meinem lieben Zimmer-
Kollegen Matthias
mit den besten Wünschen
MIR '97 10.2.–2.3.1997

der einjährigen Bewerbungsphase konfrontiert wurde, faszinierend und die Mischung aus Lust auf Exploration, Umgang mit Technik und Einblick in viele wissenschaftliche Disziplinen unwiderstehlich. Auch wenn ich dann nicht selbst teilhatte am Training der ausgewählten Astronautenkandidaten und den spannenden operationellen Übungen wie Flug- und Überlebenstraining oder Laborbesuche bei den Entwicklern von Weltraumexperimenten, gab es in den anderen laufenden Weltraumprojekten auch so genug Spannendes zu erleben.
Matthias ist im Europäischen Astronautenzentrum der ESA gleich in einer Unterstützerrolle tätig geworden. Statt Fliegerei lernte er Buchhaltung und statt auf eine Tour durch die Astronautentrainingszentren der Welt in Houston, Moskau oder Tokio zu gehen war es an einem Schreibtisch mir gegenüber, an dem er zu arbeiten anfing. Die wachsende Anzahl von Projekten am Europäischen Astronautenzentrum, die sich mit den nötigen technischen Grundlagen der zukünftigen Erforschung von Mond und anderen Himmelskörpern befassen, und die damit beschäftigten Praktikanten und studentischen Mitarbeiter waren bei ihm in guten Händen.

Die Astronautenkarriere – am Boden und im All

Ebenso viele Gedanken wie über den Weg ins All sollten sich Astronauten, die bereits geflogen sind, über die Jahre nach der Mission oder, wenn man Glück hatte, den Missionen machen. Der absolut großartigen Herausforderung, für eine Raumflugmission zu trainieren und sie dann auch als verlängerter Arm der Wissenschaftler im All erfolgreich zu gestalten, folgt nach der gebührenden Berichtsphase direkt im Anschluss an die Landung dann unweigerlich eine Neuorientierung. Kann es so spannend weitergehen? Sind überhaupt noch Flüge in Sicht, bei denen man sich als Kandidat Hoffnung machen kann?
Europa hat ja kein eigenes Raumfahrzeug

→ Trainingsanzug der ESA-Astronauten. Die daran befestigte Flagge trug Matthias Maurer während seiner Neemo 21 Mission 16 Tage unter Wasser. L. 160 cm.
Leihgabe: Matthias Maurer.

Tauchen gehört zum Training: Matthias Maurer auf dem Weg zu einer Unterwassereinrichtung.
Foto: Helmut Rueb/ESA.

European Astronaut Centre
esa
M. MAURER
esa

und ist im Rahmen der ISS Kooperation ein geachteter, aber kleinerer Partner. Um europäische Astronauten ins All zu bringen musste die Europäische Weltraumorganisation ESA von Beginn an mit den USA oder Russland kooperieren. Zu Zeiten des Spaceshuttle flogen in den besten Jahren zwischen 50 und 60 Menschen pro Jahr ins All. Damit ist auch verständlich, dass heute die weitaus meisten Individuen, die bereits im Weltall waren, Shuttleastronauten und Bürger der USA sind. Pro Flug waren stets zwei oder mehr „Rookies", also Erstflieger dabei, und bei vielen Flügen auch Europäer, die in den USA zu Missions- oder Nutzlastspezialisten ausgebildet worden waren. Heute geht es sparsamer zu: bis die von der NASA initiierten privatwirtschaftlich gebauten Raumfahrzeuge von SpaceX und Boeing mit Astronauten ab dem nächstem Jahr ins All starten werden, sind sieben Jahre seit der Stilllegung des Spaceshuttle verstrichen, in denen die Sojuskapsel der einzige Weg für Europäer und andere ISS Astronauten war, ins All und zur Internationalen Raumstation zu gelangen. Bei einer Beteiligung von 8,5 % an den NASA Rechten der paritätisch zwischen Russland und USA aufgeteilten Raumstation, ergeben sich für Europäer nur alle 1,5 bis 2 Jahre Fluggelegenheiten zur ISS. Da ist für einen Europäer ein Flug im Leben schon eine glückliche Fügung, zumal man auch erst dadurch die Voraussetzung für den Schritt vom Kandidaten zum Astronauten erfüllt. Für zwei oder mehr Flüge in der Karriere braucht man also neben Fähigkeiten auch Glück. Nach dem Weltraumflug ist es ein konsequenter Weg, mit der auf dem Flug gesammelten Erfahrung den nächsten Kolleginnen und Kollegen nach besten Kräften ins All und zu einem erfolgreichen Flug zu verhelfen. Die typische Aufgabe für Astronauten ist insbesondere die exakte Weitergabe von Informationen an die Besatzung an Bord der ISS als Sprecher eines Bodenteams, die sogenannte Eurocom Position. Wenn man, wie Matthias Maurer, schon vor seinem Flug eine solche Position bedient, ist das ein besonderes Zeugnis von Spaß an der Sache und Widmung an den Erfolg der Sache. Er hat neben seinen umfangreichen administrativen Aufgaben im EAC freiwillig auch hier die nötigen Qualifikationen erworben und sich so am Boden für seine sechs Finalistenkollegen eingesetzt.

Kooperation mit China

Mit einem Auge auf die Zukunft und eine Kooperation der ESA mit China positioniert sich Matthias neben all den schon beschriebenen Aufgaben im EAC aber auch mit seinem chinesischen Sprachtraining richtig. China hat nach beeindruckenden Technologiedemonstrationen mit Landungen auf dem Mond und dem Bau einer zuverlässigen Schwerlastrakete Long March in den letzten Jahren auch mit einer Reihe bemannter Missionen auf sich aufmerksam gemacht. Vieles sieht wie eine Wiederholung der russischen Fortschritte in den 60er und 70er Jahren aus, zumal die Technik der Raumkapsel und der Raumanzüge sowie der Ablauf der Mission an das russische Vorbild erinnern. Die „etablierten" Raumfahrtnationen – einschließlich der Europäer, die sich schon früh zusammengeschlossen hatten – haben nach einer Phase der nationalen Entwicklung von Raumfahrtfähigkeiten mit den erst bilateralen und dann multilateralen Vorlaufmissionen zur Raumstation und dem nachfolgenden Aufbau der ISS zu einem Modus Operandi in internationaler Partnerschaft gefunden. Diese Partnerschaft ist ein ideales Modell für die Planung von Missionen über den nahen Erdorbit hinaus. ESA Generaldirektor Prof. Johann Wörner hat ein solches Szenario mit seinem visionären Monddorf, dem „Moon Village" formuliert. Die Erweiterung des Modells besteht

→ Geschenk der chinesischen Kollegen an Matthias Maurer.
H. 24, 5 cm.
Leihgabe: Matthias Maurer/ESA.

CHINA
CHINA

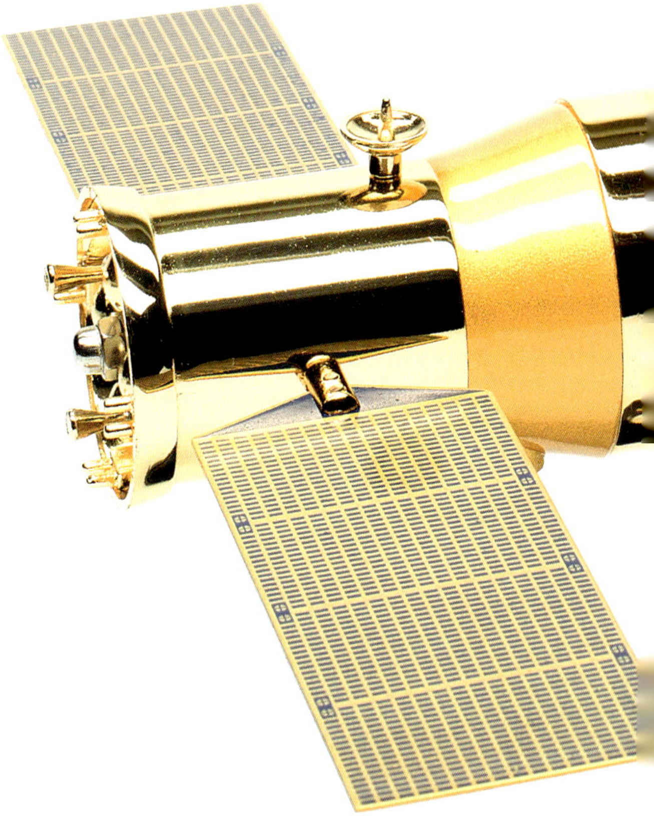

darin, dass an solchen Vorhaben in Zukunft auch die Nationen teilhaben sollen, die noch nicht eine entwickelte Raumfahrtinfrastruktur aufweisen können (genannt werden Brasilien, Indien und andere asiatische Staaten) oder die eben bisher nicht international multinational kooperiert haben wie China. Eine solche Kooperation und Inklusion wird von langer Hand und durch Menschen vorbereitet, die ein wenig wie die Pioniere auf der Erde Neuland betreten. So hat Matthias das ein oder andere Trainingselement in China schon kennengelernt, auch wenn ein gemeinsamer Flug in der Shenzou-Kapsel noch nicht zur Verhandlung steht. Wiederum fühle ich mich an die eigenen Erfahrungen erinnert, als wir 1990 erstmals als Westdeutsche in das geheimnisumwitterte Trainingszentrum der sowjetisch-russischen Kosmonauten im Sternenstädtchen nahe Moskau einrückten. Wir wurden dort wenigstens vom DDR-Kosmonauten Sigmund Jähn betreut, Matthias hätte einen solchen Mentor nicht.

Matthias Maurer im Europäischen Astronautenzentrum in Köln.
Foto: Sabine Grothues/ESA.

→ Shenzhou – Tiangong 1. Modell des Vorläufers der chinesischen Raumstation. Geschenk der chinesischen Kooperationspartner an Matthias Maurer.
L. 24 cm, H. 16,5 cm.
Leihgabe: Matthias Maurer/ESA.

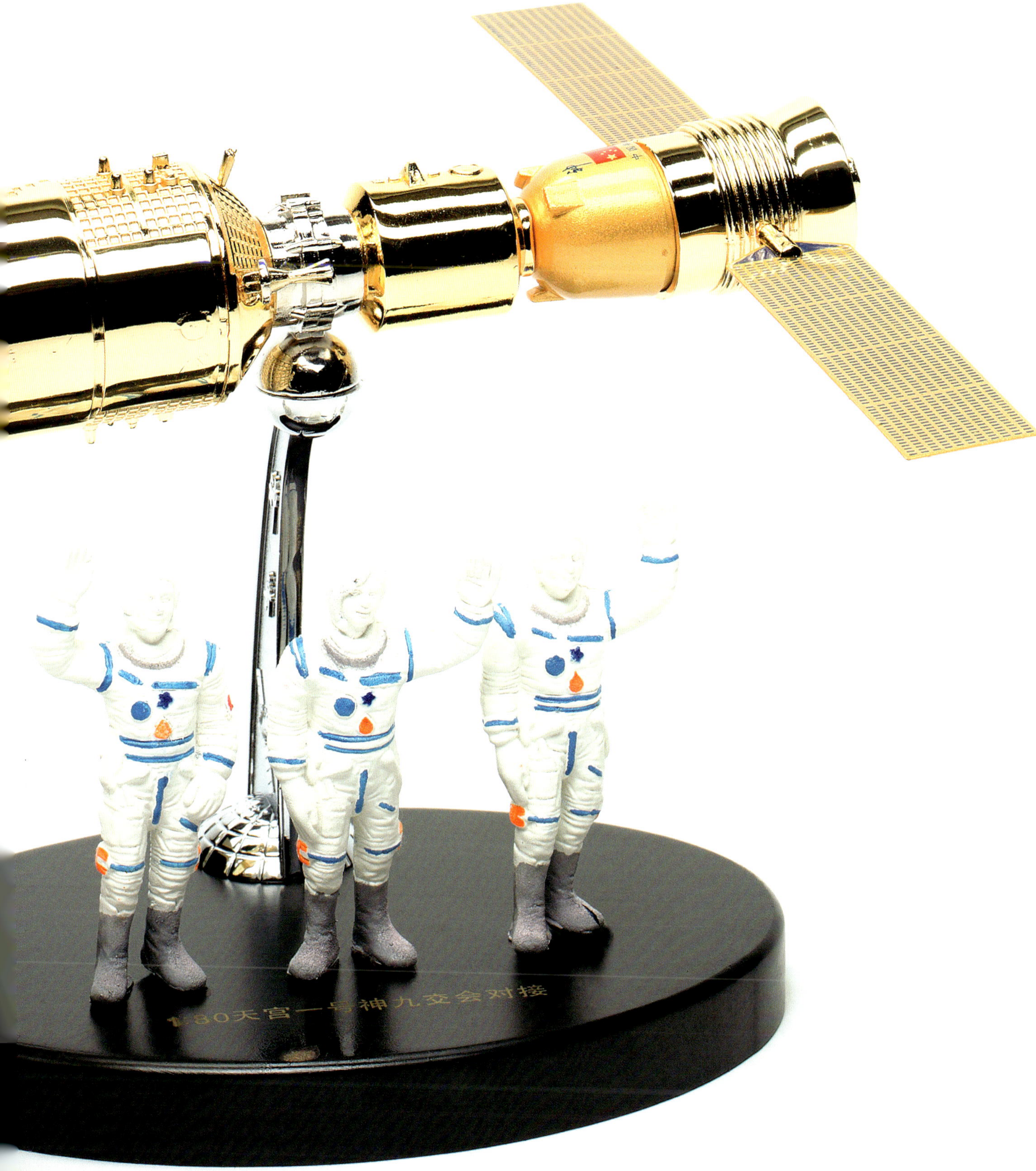
1:80天宫一号神九交会对接

Abgerundet wird das Bild wahrer Begeisterung für Exploration und das Voranbringen von Forschung durch Matthias' Teilnahme an den Analogmissionen NEEMO, CAVES und Pangea, bei denen Aspekte der zukünftigen Abläufe auf Planetenoberflächen unter Wasser (NEEMO), in Höhlen (CAVES) und bei Kampagnen in Vulkangelände und Gebirgen vorweggenommen werden. Der Weltraumflug zeichnet sich neben den technischen Herausforderungen an die Raketen und Weltraumfahrzeuge auch durch die besonderen menschlichen Charakteristika aus, die einen unverletzt überstandenen Flug erst zu einem erfolgreichen Unternehmen machen. Sechs Monate in einer künstlichen Umgebung, abhängig von lärmenden und wartungsintensiven Lebenserhaltungssystemen mit einer Crew, mit der man sich im gemeinsamen Training anwärmen, die man sich jedoch nicht selbst aussuchen konnte. Darüber hinaus sind diese Menschen auf verschiedenen Kontinenten, mit verschiedenen Kulturen und Weltanschauungen groß geworden, all das darf keine Rolle spielen, wenn das Missionsziel erreicht werden soll. Die Kommandostruktur entlässt niemanden aus der Verantwortung, am Ende des Tages zählt die Gesamtleistung, die zwar von der Kommandantin oder dem Kommandanten gegenüber dem Kontrollzentrum vertreten wird, die aber ein Gemeinschaftsergebnis der drei, fünf oder sechs Menschen an Bord ist. Die Auswahl der Kosmonauten und Astronauten versucht dem soweit wie möglich Rechnung zu tragen. Man schaut nicht nur auf professionelle Exzellenz, sondern berücksichtigt auch nachgewiesene erfolgreiche Teamarbeit. In der Praxis eines sechsmonatigen Aufenthalts im All mag sich das aber noch einmal kritisch darstellen.

Die sogenannten Analogsimulationen nehmen also Aspekte dieser Belastung vorweg und versuchen, eine Arbeitsumgebung herzustellen, in der Stress, Unerreichbarkeit von Informationen, Führungs- und Disziplinfragen oder einfach auch das zwischenmenschliche Zusammenleben eine Rolle spielen. Ich antworte auf dahingehende Fragen gerne mit einem Rückgriff auf Erfahrungen während der Schul- oder Studienausflüge. In der Jugendherberge ist das kurzfristige Zusammenleben für alle Beteiligten sehr viel angenehmer, wenn man nicht nur die Minimalsorgfalt walten lässt, hinter sich selbst aufzuräumen, sondern auch ein Auge darauf hat, wie man für andere mitdenken kann oder einfach mal in Vorlage geht mit einer Aktion, die allen zugutekommt. Ein gemeinsames Element der oben aufgezählten Analogsimulationen ist es z.B., eine Distanz zur realen Welt zu schaffen, sei es in der Höhle und unter Wasser durch die Zeit, die es braucht wieder an die Oberfläche zu kommen, oder durch die Herausforderung bei Feldunternehmungen wie Pangea, wo die Aufgabe nur unter körperlichen Mühen und im Team zu erfüllen ist. Erkundungsmissionen wie der Flug zum Mars werden ganz besonders davon profitieren, dass die Crew ihr Vorwissen mitbringt und weiß, wo solches Wissen zu haben ist. Funksignale vom Mars zur Erde und zurück sind im ungünstigsten Fall ca. 50 Minuten unterwegs, für eine Unterhaltung also viel zu lang. Crewautonomie heißt hier das Stichwort und Zugang zu lokal gespeicherten situativ passenden Informationen. Dies lässt sich durch entsprechende Protokolle während der Analogsimulationen hervorragend testen. Es ist aber auch eine zusätzliche Erschwernis für so erfolgsorientiert aufgestellte Menschen wie Astronauten.

Matthias hatte durch die Vorlaufzeit bis zu seiner Berufung als Astronaut den Finger für die meisten dieser Übungen gehoben. Zum einen, weil eine Mondsimulationseinrichtung auch als Projekt für die Erweiterung des Astronautenzentrums ansteht, zum anderen, weil seine wissenschaftliche Neugier und seine Freude an Teamarbeit hier ideal zusammenfanden. So twitterte er unter dem Hashtag @Explornaut aus dem Unterwasserhabitat vor Florida, entdeckte neue Amöbenarten in

Höhlen auf Sardinien oder lernte die Lavaberge von Lanzarote kennen.
Im gemeinsamen Büro habe ich @Explornaut Matthias dann nicht mehr oft gesehen…

Matthias Maurer wurde am 18. März 1970 in St. Wendel geboren. Er studierte Materialwissenschaft und Werkzeugtechnik an der Universität des Saarlandes sowie in Leeds, Nancy und Barcelona. 2004 promovierte er am Institut für Materialwissenschaft in der RWTH Aachen. 2008 bewarb sich Maurer in der letzten Runde des ESA-Astronautenprogramms und schaffte es unter die Top 10 Bewerber. 2010 kam er zur ESA, dort war er verantwortlich für Projekte wie die Vorbereitung von Raumflügen. Seit 2015 absolviert Maurer die Astronauten-Grundausbildung. Im Februar 2017 wurde er offiziell ins Astronautenkorps der ESA aufgenommen.

→ Der Autor

Dr. Reinhold Ewald, Jahrgang 1956, studierte Physik in Köln und promovierte 1986 mit einer Arbeit zur Radioastronomie. 1986/1987 durchlief er das Bewerbungsverfahren des DFVLR zur Auswahl deutscher Wissenschaftsastronauten. 1987 begann Ewald seine Tätigkeit im DLR als Projektmanager im Bereich Extraterrestik. 1990 wurde er in das deutsche Astronautenteam berufen und nahm bei Moskau sein Training für die deutsch-russische Mission MIR '92 auf. Vom 10. Februar bis 2. März 1997 nahm Reinhold Ewald an der zweiten deutsch-russischen Mission MIR '97 teil. Dabei flog er als Wissenschaftskosmonaut mit der russischen Sojus TM 25 zur Raumstation MIR, auf der er 18 Tage verbrachte, und v.a. biomedizinische und materialwissenschaftliche Experimente durchführte. 1999 wurde er Mitglied im Astronautenteam der europäischen Weltraumorganisation ESA. Von 2011 bis April 2014 arbeitete er im Stab des Generaldirektors der ESA im ESA-Hauptquartier Paris, seit Mai 2014 wieder im europäischen Astronautenzentrum Köln. Seit 2015 lehrt Professor Ewald am Institut für Raumfahrtsysteme an der Universität Stuttgart und vertritt das Fachgebiet Astronautik und Raumstationen. Reinold Ewald hat das ESA Columbus-Kontrollzentrum in Oberpfaffenhofen aufgebaut und lange Jahre geleitet. Er wurde vielfach ausgezeichnet u. a. mit dem Bundesverdienstkreuz 1. Klasse des Verdienstordens der Bundesrepublik Deutschland.

Literatur- und Quellenverzeichnis

Otto Deppe, *Nächste Station All.* Forum, Onlineversion des Beitrages vom 5.5.2017.

Valentin Frimmer/Frauke Scholl, *Vom Saarland ins All.* Saarbrücker Zeitung, 19.1.2017.

Karsten Grosser, *Der Traum vom Flug zum Mond: ESA-Astronaut Matthias Maurer musste eineinhalb Jahre schweigen.* Neue Osnabrücker Zeitung, 6.3.2017.

Michael Heilemann, *Wie Matthias Maurer Astronaut geworden ist.* Badische Zeitung, 11.2.2017.

Manfred Lindinger/Rainer Hain: *Der Neue im ESA-Astronautenteam.* Frankfurter Allgemeine Zeitung, 2.2.2017.

Christoph Seidler, *„Der Mond wäre mein Wunschziel“.* Spiegel Online, 2.2.2017.

N.N., *Neuer deutscher Astronaut Maurer: Ein Seiteneinsteiger greift nach den Sternen.* Tagesspiegel, 2.2.2017.

Klaus Erfort

Die Wahrheit liegt auf dem Teller

* 1972

von Rolf Klöckner

In der Saarbrücker Mainzer Straße befindet sich eine der besten Restaurantadressen überhaupt. Rund 120 Köche weltweit haben eine ganz besondere Herausforderung in ihrem Berufsleben gemeistert: sie wurden vom Guide Michelin mit der Höchstnote, drei Sterne, bewertet.

Geboren ist Klaus Erfort am 8. März 1972 in Saarbrücken. Zusammen mit Andrea Schreyer hat er einen Sohn, Valentin. Er betreibt, mit Partnern, in Saarbrücken außerdem die „Schlachthof-Brasserie" und in der Altstadt das „Hotel Fuchs".

Klaus Erfort wuchs in einem Beamtenhaushalt in Fischbach auf. Sein Vater arbeitete bei der Deutschen Post, seine Mutter in einer Apotheke. Er besuchte in Fischbach die Grundschule und in Quierschied die Gesamtschule. Als Kind war er nicht besonders sportlich, erzählt er, hat aber Handball gespielt. Einschneidend in seiner Lebensgeschichte war ein Verkehrsunfall, fünf Tage vor seinem siebten Geburtstag. Ein Auto überfuhr seine Mutter und ihn auf dem Bürgersteig. Seine Mutter verstarb, er lag über zwei Monate mit einem Oberschenkelhalsbruch im Krankenhaus. Sein Vater musste ab diesem Zeitpunkt ihn und seinen sechs Jahre älteren Bruder alleine großziehen. Mit Unterstützung einer Haushaltshilfe rückte die Familie enger zusammen, um die kommenden Herausforderungen des Lebens zu bewältigen. Er erzählt aus dieser Zeit: *„Wir drei haben dann auch zusammen gekocht. Da hat jeder mitgeholfen, obwohl es nicht viel mit kochen zu tun hatte. Aber, wie man sieht, sind wir nicht verhungert!"* (alle wörtlichen Zitate stammen, soweit nicht anders angegeben, aus persönlichen Gesprächen des Autors mit Klaus Erfort).

Einige Jahre später stand in der Schule das Schulpraktikum an. In der Familie wurde diskutiert, ob Klaus Erfort beruflich – wie sein Vater – zur Post gehen sollte oder besser Schlosser oder Elektriker auf der Fischbacher Grube wird. Der Großvater hätte gerne gehabt, dass Klaus Erforts Vater den Beruf des Kochs erlernt hätte. So entschloss sich der junge Klaus, ein Praktikum in einer Küche zu machen. Er landete für vier Wochen in der Winzerstube von Rudi Kubig. An dieses Praktikum hat er die besten Erinnerungen. *„Das war eine komplett neue Welt für mich"*, erinnert er sich. *„Das Schöne bei Rudi Kubig war*

← Klaus Erfort, 2008.
Foto: Privatarchiv Klaus Erfort.

Klaus Erfort bereitet einen Hummer zu, 2007.
Foto: Wolfgang Klauke.

→ Topf mit Hummerschwänzen, die Klaus Erfort sammelt und lackiert. Der Topf stammt aus der Zeit, als das Gästehaus noch zur Saarberg AG gehörte und er als Auszubildender dort Arbeitseinsätze hatte. Nachdem er später das Gästehaus selbst mietete, um sein Restaurant zu eröffnen, behielt er diesen Topf als Erinnerung an seine Lehrjahre. L. 53 cm.
Leihgabe: Klaus Erfort.

eine sehr familiäre Atmosphäre im Restaurant. Mich begeisterte auch die Organisation einer solchen Küche! Da war alles geregelt, der Chef machte die Ansagen und es klappte alles. Das hat mir sehr imponiert. Da war ein Chef da, der sagte, wie es gemacht wird, anderseits war er aber auch der Chef einer Familie. Ich sage zu ihm heute noch Chef.“
Das Kochen machte ihm Spaß, die Atmosphäre in der Küche gefiel ihm. Er hatte seinen Beruf gefunden. Gastronomie ist weniger ein Beruf, sondern vielmehr „Berufung“.

Der Beginn einer großen Karriere

1987 begann Klaus Erfort seine Ausbildung im Bürgerhaus Dudweiler bei Gertrud Thiel. Die Noten in der Schule waren gut, sodass er die Ausbildung um ein halbes Jahr verkürzen durfte. Nach seiner Lehre im „Restaurant Thiel“ arbeitete er dort als Commis. Aber: Ein junger Koch, der viel lernen will, muss auf Wanderschaft gehen. Je mehr man gesehen hat, desto größer wird das Wissen um die Kochkunst. Klaus Erfort begann seine Wanderschaft im Saarland. Zuerst ging er, 1990, zu Bernhard Michael Bettlers „Villa Fayence“ nach Wallerfangen. Dort arbeitete er als Commis Saucier.

Klaus Erfort im „Gästehaus Erfort", Saarbrücken, 2009. Foto: Oliver Dietze, picture alliance/dpa.

→ Kochjacke, Klaus Erfort. L. 78 cm. Leihgabe: Klaus Erfort.

Dann wechselte er 1991 ein Jahr ins „Hotel Hubertus" nach Tholey als Commis Entremetier. Es folgte 1992 die „Winzerstube" von Rudi Kubig, wo er als Commis Gardemanger arbeitete und sich wesentliche Grundlagen für seine spätere Karriere aneignete. Auch in seiner Freizeit ließ ihn das Thema „große Küche" nicht los. Er besuchte regelmäßig große Restaurants, etwa auch in Baiersbronn im Schwarzwald: Noch heute das Epizentrum des guten Geschmacks mit einer bemerkenswerten Sternedichte. Dort, beim Essen im „Hotel Bareiss" erfuhr Klaus Erfort von einem Kellner, dass im Restaurant Köche gesucht werden. Kurz darauf wurde er Commis in diesem Zwei-Sterne-Restaurant. Dazu Erfort: *„Claus-Peter Lumpp wurde gerade neuer Küchenchef. Das war schon eine andere Nummer als in meinen bisherigen Küchenstationen im Saarland! Lumpp war ja auch bei Alain Ducasse, in seinem Kochstil gab es einen sehr schönen mediterranen Einschlag. Vielleicht ist das heute nicht mehr so, aber damals inspirierte mich vor allem seine Gemüseküche. Ich mag diese mediterrane Küche sehr."* Von März 1992 bis Juli 1993 bekleidete Erfort den Posten des Chef Saucier, weiterhin im „Restaurant Barreis".

In Baiersbronn gab es ein weiteres Sterne-Restaurant, die „Traube Tonbach", der Drei-Sterne-Tempel von Harald Wohlfahrt. Als eine Trüffelbestellung für das „Bareiss" aus Versehen in der „Traube" angeliefert wurde, war es die Aufgabe von Klaus Erfort, diese dort abzuholen. Er traf den Meisterkoch an der Rezeption des Hauses und wechselte zu Harald Wohlfahrt.

Er blieb etwas mehr als ein Jahr als Chef

Klaus Erfort
ST. MORITZ GOURMET FESTIVAL
2013

Tournant von September 1993 bis Dezember 1994 in der „Traube Tonbach“. Das Drei-Sterne-Haus kochte sehr klassisch, reduziert, auf das wesentliche konzentriert. Hier fühlte sich Klaus Erfort sehr wohl. Zu dieser Zeit war er gerade einmal 22 Jahre alt und erhielt eine Anfrage aus dem Parkhotel Gengenbach im saarländischen Völklingen, dort Küchenchef zu werden. Harald Wohlfahrt attestierte ihm, dass er für sein Alter schon sehr weit sei und dass er diesen Chefposten annehmen solle.

Der Sterne-Koch und das eigene Restaurant

Vier Jahre, von 1995 bis 1999 hatte er in der „Orangerie“ des „Parkhotel Gengenbach“ die Verantwortung für die Küche und erkochte einen Stern. Da kam eine Anfrage der „Bühler Höhe“. Die Ex-Frau seines alten Küchenchefs im Bareiss, Natalie Lumpp, hatte dort das Sagen und erinnerte sich an den talentierten Koch aus dem Saarland. Er wurde Küchenchef im Gourmetrestaurant des Hauses. Schon nach wenigen Monaten, im November 1999 erhielt er für seine Kochkunst abermals einen Stern. Hier blieb er bis Januar 2002. *„Die Bühler Höhe ist schon ein ganz besonderes Haus. Für mich die schönste Hotelimmobilie Europas in ganz außergewöhnlicher Lage! Da gibt es Räume, da kriegt man Gänsehaut, wenn man sie betritt“*, erzählt er.

Es folgte der Entschluss, sein eigenes Restaurant zu eröffnen. Klaus Erfort erinnert sich, wie er den geeigneten Ort dafür in der

Die zehn deutschen Drei-Sterne-Köche stehen am 7.11.2012 in Berlin anlässlich der Bekanntgabe des neuen Guide Michelin Deutschland zusammen. Klaus Erfort links neben Michelin-Männchen, 2012.
Foto: Stephanie Pilick, picture alliance/dpa.

gründerzeitlichen Villa in der Mainzer Straße gefunden hat: *„Ich saß zu Markus Federkeils Zeiten im „ Gemmel" in Saarbrücken. Dort verkehrte regelmäßig der Vorstand der Saarbergwerke. Die Herren kannten mich, da ich schon als Auszubildender im Gästehaus der Saarbergwerke Catering machte. Ich hatte Stunden in der alten Küche im Keller verbracht und gekocht! Markus Federkeil erzählte mir an diesem Tag, dass die Saarbergwerke einen Partner suchen würden, um das Haus anders zu nutzen. Kurz drauf bekam ich einen Termin und erfuhr von den Plänen. Oben, in der ersten Etage wolle Saarberg weiterhin ihre Vorstandssitzungen abhalten. Die unteren Räume sollten aber für eine gehobene Gastronomie vermietet werden. Wir kamen ins Geschäft und sie verpachteten mir das Gästehaus. Am 3. März 2002, dem Todestag meiner Mutter, startete ich hier."* Er ging die Arbeit so an, wie er es immer macht. Mit großem Engagement und eiserner Disziplin. Einer halt, der seinen Beruf lebt und einen langen Atem hat! In dieser Zeit hatte die Landeshauptstadt kein Sternerestaurant. Klaus Erfort bekam nach wenigen Monaten im „GästeHaus Klaus Erfort" den ersten Stern. Dies war im November 2002. 2004 gab es erste Gerüchte und einen Zufall, der ihm half, sehr früh zu erfahren, dass er den zweiten Stern erkocht hatte. Ein Kollege aus Sylt, Johannes King vom Restaurant Söl'ring Hof in Keitum, hatte in einer Bahnhofsbuchhandlung einen zu früh gelieferten neuen Michelinführer gefunden und gekauft. Erfort rief den Kollegen an und erfuhr auf diesem Wege frühzeitig von

seinem zweiten Stern. Damit hatte Saarbrücken erstmals ein Restaurant mit zwei Sternen! Klaus Erfort: *„2003 bekam ich mit Andrea Scheyer zusammen unsern Sohn Valentin. Ein Jahr später den zweiten Stern. Meine Welt war in Ordnung!"* Schließlich stellte er fest: *„Es war nie mein Ziel drei Sterne zu erkochen. Natürlich habe ich meinen Beruf gelebt! Nur, du kannst ja auch nicht als Fußballer erwarten, dass gerade Du in deiner Karriere mal Weltmeister wirst."* Dann wurde bekannt, dass er im November 2006, für die Ausgabe 2007 vom Restaurantführer „Gault & Millau" zum „Koch des Jahres" gekürt wird. Und dies mit 19 von 20 möglichen Punkten. An einem Novembermontag wurde ihm dieser Titel in seinem GästeHaus verliehen. Im Haus saßen viele Journalisten, von der Deutschen-Presse-Agentur (DPA) bis zu den üblichen Verdächtigen von der Fachpresse. Das Gerücht vom dritten Stern für Klaus Erfort machte die Runde. Sein alter Chef, Harald Wohlfahrt, war zu der Verleihung nach Saarbrücken gekommen. Erst am darauffolgenden Dienstag, mit der offiziellen Veröffentlichung des neuen Guide Michelin, erfuhr Erfort von seinem dritten Stern. Das Telefon klingelte, Juliane Caspars, die damalige Chefredakteurin von Michelin Deutschland, war am Apparat. *„Herzlichen Glückwunsch, Herr Erfort. Ich gratuliere ihnen zu drei Sternen im Michelin"*, sagte sie.
Die New York Times berichtete am 3.6.2008:
"The Michelin Guide for Germany, published in November, added three new three-star eateries to the country's roster. Amador's hard-to-classify experimental style sits in the guide alongside Restaurant Bareiss, a French-inflected outfit run by Claus-Peter Lumpp in the Black Forest and GästeHaus Erfort in Saarbrücken, where the chef Klaus Erfort cultivates classic German dishes." (Dougherty 2008).

Klaus Erfort wusste, was jetzt auf ihn zukommen würde. Als die Meldung überall im Lande angekommen war, brach die Internetseite zusammen, die Mobiltelefone konnten nicht mehr aufgeladen werden, das Faxgerät quoll über. Ausnahmezustand!

In Deutschland herrschte Jubel, denn an diesem Tag gab es drei neue Drei-Sterne-Köche in der Republik. Bei einem Stern bist Du eine große Nummer in der Region, bei zwei Sternen in deinem Land, aber bei drei Sternen weltweit. Klaus Erfort erinnert sich an die ersten Tage als Drei-Sterne-Koch: *„Wir waren über Wochen, mittags wie abends, ausgebucht! ‚Südfisch' lieferte jeden Tag. Ich machte als Fischgang tagelang nur Steinbutt, egal was er kostete. Der ging sehr schnell zuzubereiten! Wir fingen morgens früh an und arbeiteten bis in die Nacht durch! Nachts saß das ganze Team auf der Treppe und wir rieben uns Beine und Füße mit Allgäuer Latschenkiefer ein"*, sagt er lachend.

2015 machte Saarbrückens weltberühmter 3-Sterne-Koch mit einer Vielzahl unterschiedlicher Meldungen und Aktivitäten Furore. Dabei etwas ganz Besonderes: er gewann den „ECKART". Ein Preis, benannt nach Deutschlands erstem Dreisternekoch Eckart Witzigmann. Eine Auszeichnung, die weltweit begehrt ist. Und die, die ihn bekommen, finden sich in Gesellschaft mit den großen Kochlegenden und andern herausragenden Persönlichkeiten wieder! Der ECKART wird in den Bereichen „Große Koch-Kunst", „Innovation", „Verantwortung & Genuss" sowie „Lebens-Kultur" verliehen. Er ging bisher unter anderem an Charles, Prince of Wales, Günther Grass, Tommy Ungerer, Ferran Adrià, Joel Robouchon, Marc Haeberlin oder Dieter Kosslick. Preisträger des „ECKART 2015" waren Klaus Erfort, Massimo Bottura, die Familie

→ Diese beiden edlen Weinflaschen wurden von Klaus Erfort und seinem Team geleert, nachdem ihm erstmals drei Sterne verliehen wurden.
H. 37 cm.
Leihgabe: Klaus Erfort.

Mähler-Besse
Produce of France
1983
MARGAUX
CHATEAU PALMER
MEDOC
APPELLATION MARGAUX CONTROLÉE
SOCIETE CIVILE DU CHATEAU PALMER, MARGAUX, FRANCE
150 cl
MIS EN BOUTEILLE AU CHATEAU
MÄHLER-BESSE
NÉGOCIANTS A BORDEAUX (GIRONDE) FRANCE
1981

Troisgros, Claus Meyer, Ulrike Thieltges und Melanie Wagner. Die Jury, die der „Koch des Jahrhunderts“, Eckart Witzigmann, zur Verleihung des „ECKART 2015“ berufen hatte, legte sich auf diese Großen der Zunft fest und machte sie damit ebenfalls zu Legenden. Die Preise gingen nach Italien, Frankreich, Dänemark und Deutschland.

Drei-Sterne-Koch Klaus Erfort bei der Arbeit, 2016. Foto: BeckerBredel, picture alliance.

„Die Wahrheit liegt auf dem Teller“

Dieser Satz umschreibt Klaus Erforts Arbeit. Er serviert Gerichte, die nicht zum ehrfurchtsvollen Goutieren gemacht sind, sondern zum neugierigen Entdecken und genussvollen Erleben, oftmals auch zum Staunen. In seinen zeitgemäßen Kompositionen vereint er unterschiedliche Aromen und Texturen zu perfekt ausbalancierten Kreationen.

Für den Saarbrücker „Handwerker", der sich überhaupt nicht als Star sieht, gehört seine Arbeit zum normalsten der Welt. Seine Lockerheit scheint dabei seine Energiequelle zu sein. Immer wieder besuchte ihn auch Frankreichs Gastropapst Gilles Pudlowski. In zahlreichen Artikeln in der Zeitung Le Point und auf seinem Blog hat er über Klaus Erfort berichtet: *„Connaissez-vous Erfort? Ce quadra timide qui ne sort guère en salle, fait à peine parler de lui. Il s'affirme pourtant comme l'un des tous premiers chefs d'Allemagne. Dans son bel hôtel particulier de la Mainzerstrasse qui abrita jadis le siège des Houillères de Sarre, il bluffe son monde, mais sans épate. Son royaume: un labo clair, lumineux, ultra moderne, ouvert sur le dehors, où officie une dizaine de commis disciplinés. Au service de menus étincelants et de produits superbes. Pas d'esbroufe, pas d'effet de manches, ni de strass, de paillettes, mais la vérité du produit et elle seule mise en relief: c'est la manière Erfort."* (PUDLOWSKI 2014).

Der Meisterkoch mag es gerne leger, sein Kochstil ist aber tief verwurzelt in der Tradition. Dafür braucht er nicht viel, nur ein paar der besten Produkte. Dies dann gleich puristisch zu nennen, finde ich nicht richtig, da es ja eine Konzentration auf das Wesentliche ist! Er hat es in den letzten Jahren geschafft, dass einige Gerichte von ihm regelrechte Klassiker wurden. Etwa die legendäre Taube oder die Königslangoustine. Ich möchte mit einem Zitat aus der Frankfurter Allgemeinen Zeitung schließen: *„Er schert sich nicht um Moden, will kein Avantgardist sein, pflegt seine Klassiker und pfeift auf den Ruhm. Trotzdem ist Klaus Erfort aus Saarbrücken einer der besten Köche der Welt. Ist Klaus Erfort ein Genie? Schweigen, Schulterzucken, ein ratloser Blick, eine zögerliche Antwort. Ein Genie? Nein, das würde er nicht von sich behaupten wollen. Vielleicht habe er ein bisschen mehr Fingerspitzengefühl als andere, mehr nicht, sagt Klaus Erfort, drei Michelin-Sterne, neunzehneinhalb Gault-Millau-Punkte, Maximalbewertungen in fast allen anderen Führern, einer der besten Köche nicht nur Deutschlands, sondern der ganzen Welt."* (STROBEL Y SERRA 2016).

→ Der Autor

Rolf Klöckner, Jahrgang 1956, geboren in Saarbrücken. Seit vier Jahrzehnten schreibt er über Genuss und gesunde Ernährung. Er ist Autor von 24 Monographien, darunter der regionale Genussführer „Regioguide". Rolf Klöckner ist Ehrenmitglied des Europäischen Instituts für Lebensmittel- und Ernährungswissenschaften. Entscheidend für die Ernennung waren seine langjährigen und erfolgreichen Bemühungen, Kindern das Kochen als grundlegende Kulturtechnik zu vermitteln.

Literatur- und Quellenverzeichnis

GILLES PUDLOWSI, *Sarrebruck: un magicien nommé Erfort*. Blogbeitrag 28.8.2014. <http://www.gillespudlowski.com/98762/restaurants/sarrebruck-un-magicien-nomme-erfort > [Stand: 30. Mai 2017].

JAKOB STROBEL Y SERRA, *Geschmackssache*. Frankfurter Allgemeine Zeitung, 24.03.2016, 14.

Laura Theiss

Neue Impulse für die internationale Modeszene

* 1978

VON SILVIA BUSS

Als die amerikanische Sängerin Anastacia im vorigen November der Zeitschrift Fault (HOLDER 2016) ein Comeback-Interview gab, trug sie für das Fotoshooting ein schwarzes Kleid, das ihren Körper wie ein kunstvoll geknüpftes Netz umgarnte. Deutsche Medien, die die Fault-Story aufgriffen, schwärmten, Anastacia habe mit diesen Fotos aller Welt beweisen wollen, wie sexy und frei sie sich fühle. Das Kleid, das sich die Sängerin dafür ausgesucht hatte, wurde im Saarland entworfen. Es stammt aus der Frühjahr/Sommer-Kollektion 2017 der Strickmode-Designerin Laura Theiss. Die gebürtige Litauerin, die in Homburg lebt, sorgt mit ihren ausgefallenen Häkel- und Strick-Kreationen in der internationalen Modeszene schon seit 2009 für Aufsehen. Damals hatte sie gerade ihr Studium an der berühmten Londoner Kunsthochschule Central Saint Martins beendet. Die avantgardistischen Maschenkunstwerke, in denen sie in der Abschluss-Show die Models über den Laufsteg schickte, fielen nicht nur in London auf, auch in Berlin. Dort schaffte es Laura Theiss unter 1000 Bewerbern beim Modewettbewerb „Createurope" unter die 30 Besten (Focus online, 24.10.2009). Bestärkt durch On/Off London, eine internationale Talentagentur, gründete Theiss in der britischen Modemetropole ihr eigenes Label, um ihren Stil unabhängig weiterzuentwickeln.

← Laura Theiss.
Foto: Jennifer Weyland.

Stilfragen

Wenn Laura Theiss ihre Kollektionen entwirft, hat sie Frauen vor Augen, die ihre Weiblichkeit nicht in Hosenanzügen verstecken wollen, sondern ähnlich wie Anastacia stolz zeigen. Ihre Kleider und Röcke sind manchmal filigranste Textilien, die sich wie ein Traum aus spanischen Flamenco-Nächten an den Körper schmiegen. Dann wieder kreiert sie flauschige Pullover, bestückt mit robusten Ornamenten, die inspiriert sind von Amazonen aus Science-Fiction oder auch uralten japanischen Legenden. Was den Theiss-Stil aber erst wirklich zu einem Besonderen macht, ist die Tatsache, dass ihre Mode-Kreationen gestrickt und gehäkelt sind. Wie souverän und innovativ Laura Theiss die alten Handarbeits-Techniken einsetzt, sorgt für Furore. *„Laura Theiss hat meine kreative Vorstellungskraft herausgefordert, denn sie wagt es wirklich, die Grenzen von Häkeln und Stricken zu verschieben, sie in eine andere Dimension zu überführen"*, begeisterte sich eine bekannte Modebloggerin (KOSMATOU 2016), als Laura Theiss ihre neuesten Kollektionen auf den Modemessen von Paris und London vorstellte. Die meiste Zeit des Jahres verbringt die Designerin in Homburg, wo sie eine Familie gründete und sich ihr Atelier eingerichtet hat. Hier entstehen die ersten Skizzen, die Modelle ihrer Kollektionen. Die Prototypen, auch das für Designer durchaus ungewöhnlich, fertigt sie selbst an, in aufwändiger Handarbeit. Bis zu zwei Wochen kann es dauern, bis ein Kleid vollendet ist. Theiss verwendet ausschließlich hochwertige Garne aus Italien, wohin sie regelmäßig reist, um dort auf Garn-Messen die neuen Material- und Farbtrends kennen zu lernen. Jedes Modell lässt Theiss nur in kleiner Stückzahl produzieren. Angesichts der handwerklichen Perfektion, die sie erwartet, vertraut sie diese Aufgabe nur ausgesuchten Strickerinnen in ihrer litauischen Heimat an, die sie über Skype bei der Ausführung berät und begleitet. Das einflussreiche New Yorker Kunst- und Mode-Magazin Paper zählte Theiss 2013 zu den neuen „top ten knitwear designers to know" (DELON 2013). Das Fachbuch „Fashion Knitwear" über die 40 aufregendsten und innovativsten Strickmoden-Designer und -Labels der heutigen Modeindustrie, stellt Theiss in eine Reihe mit Größen wie Issey Miyake, Sonia Rykiel und Walter van Beirendonck (URDALE 2014).

Litauen – Heimat und kreativer Ursprung

Die Begeisterung für den kreativen Umgang mit Garn und Nadeln wurde Theiss schon in die Wiege gelegt. Als sie 1977 in Kaunas, der zweitgrößten Stadt Litauens, zur Welt kam, war es noch selbstverständlich gewesen, dass Frauen und Mädchen häkeln und stricken. Doch in ihrer Familie sei die Liebe zur Handarbeit schon sehr extrem gewesen, sagt sie. In der Wohnung, die bereits vollgestopft war

Laura Theiss, 2 Jahre.
Foto: Privatarchiv Laura Theiss.

→ Modenschau von Laura Theiss während ihres BWL-Studiums in Kaunas (Litauen), 1998.
Foto: Privatarchiv Laura Theiss.

mit gehäkelten Deckchen, Kissen und Gardinen, klapperte die Großmutter von morgens bis abends mit den Nadeln. Die Mutter brachte ständig neue Modejournale mit nach Hause. Mit sieben saß Laura mit in der Runde und häkelte ihre erste Decke. Im Teenie-Alter, als ihre Freundinnen in die Disco gingen, fertigte sie Kleider und Pullover mit komplizierten Mustern, Bildmotiven und Stickereien. Erst nach Vorlagen, dann nach eigenen Vorstellungen. Um die fertigen Stücke rissen sich die Freundinnen und die weiblichen Verwandten. Doch eine Berufslaufbahn in der Modebranche einzuschlagen, stand für die Abiturientin noch nicht zur Debatte. Ihre Mutter wollte, dass sie „etwas Anständiges" lernte. Also schrieb sie sich an der privaten Kolping-Hochschule in Kaunas für Betriebswirtschaft ein - und fand doch einen Weg, Pflicht mit Neigung zu vereinen. Nahezu jede BWL-Hausarbeit verknüpfte sie mit einem Modethema. In ihrer Abschlussarbeit begnügte sie sich nicht damit, ein Geschäfts-Konzept für eine fiktive Modefirma zu erstellen. Zur Verblüffung ihrer Prüfer lieferte sie darüber hinaus auch noch eine Kollektion ab und organisierte eine Modenschau. Die Direktorin riet eindringlich, sie solle trotz guter Noten lieber ihrem Talent folgen und noch ein Mode-Studium aufnehmen. Nach einer Verschnaufpause als Au-Pair in Deutschland nahm sich Theiss den Rat zu Herzen und ging aufs Ganze: Wenn schon, dann wollte sie aber auch die beste Modeschule besuchen, die Central Saint Martins in London, die Kaderschmiede der Moderschöpfer-Elite, die Stars wie John Galliano, Alexander McQueen und Stella McCartney hervorgebracht hat.

Bereits die Aufnahme auf diese Schule bedeutet eine Auszeichnung. *„Die Chance lag bei 200 zu eins"*, erinnert sich Theiss. Die Auswahlkommission fand ihre Mappe „amazing" und nahm sie mit Kusshand. Es folgten drei sehr harte Jahre. *„Die Unterrichtsmethoden sind speziell, ganz anders als in Deutschland"*, erklärt Theiss. Alle drei Wochen mussten die angehenden Designer eine neue Kollektion entwerfen, immer unter Zeitdruck, immer auf Tempo. Die Regeln hießen: Es gibt keine Regeln. Werft alte Muster über Bord. Vergesst alles, was ihr gelernt habt! *„Aber nur so kann man neue Wege erfinden, innovativ sein"*, sagt Theiss. Und genau das ist es, was sie auch heute antreibt: Neues kreieren, Grenzen überschreiten, ohne jedoch die Tradition zu verleugnen.

Großmutters alte Häkel- und Strickmuster sind ihre Grundlage, *„ihre Muttersprache"*, um

Gestrickte Weihnachtsdekoration von Laura Theiss.
Foto: Jennifer Weyland.

→ Kollektion Herbst/Winter 2017 /2018. Fotografiert im Restaurant von Klaus Erfort.
Foto: Jennifer Weyland.

2013 bei „Shadow". *„Die Kostüme sollen die Geschichte mit erzählen, die der Tanz entfaltet"*, erklärt Theiss, worin sie ihre Aufgabe sah. Außerdem müssten Kleidungsstücke für Tänzer extrem belastbar sein und maximale Bewegungsfreiheit ermöglichen. Nicht nur technisch-handwerklich habe sie die Ballett-Arbeit weitergebracht, sie habe auch viele neue Design-Impulse daraus gezogen, die sie in ihre Kollektionen einfließen ließ, resümiert Theiss.

Weihnachtsdekoration für Harrods

Auch für ein anderes Projekt erhielt die Designerin die ersten Impulse im Saarland. Für ihren damals dreijährigen Sohn suchte Laura Theiss 2013 nach einer Weihnachtsdekoration, mit der ein Kind auch spielen kann. Als sie mit ihrem Sohn den Homburger Weihnachtsmarkt mit seiner Schlittschuhbahn besuchte, zeigte sich dieser besonders fasziniert von den Tierfiguren, die dort ausgestellt waren. Beides zusammen brachte die Designerin auf die Idee, Baumschmuck aus gestrickten Weihnachtskugeln und Märchentieren zu gestalten. Seit drei Jahren ist die Weihnachts-Kollektion im Londoner Luxuskaufhaus Harrods nun schon ein richtiger Renner. Auf Wunsch von Harrods, das die Schmuckstücke in Großbritannien exklusiv verkauft, hat Laura Theiss die Kollektion jedes Jahr erweitert.
Auch wenn die Modemetropole London beruflich für sie weiterhin der wichtigste Schauplatz sei, zu Hause fühle sie sich heute eindeutig im Saarland, sagt Theiss. Als Vertreterin der hohen Strickkunst möchte Laura Theiss doch auch gern als eine „Botschafterin der Handarbeit" wirken. Dass das Häkeln und Stricken wieder im Kommen ist und sogar Männer zu den Nadeln greifen, beobachtet sie mit Freude.

→ Die Autorin

Silvia Buss, geboren und aufgewachsen im Ruhrgebiet. Studium der französischen und deutschen Sprach- und Literaturwissenschaft in Münster, Nancy und Saarbrücken. Freie Journalistin, tätig für Saarbrücker Zeitung, Opus, Der Arbeitnehmer, Chrismon, Süddeutsche, Artmapp u.a. Schwerpunkte: Kultur, Theater, Ballett, Soziales, Stadtentwicklung/Verkehr in Saar-Lor-Lux.
Daneben Tätigkeiten als Organisations- und Dramaturgie-Assistentin von Ballettdirektor Bernd Roger Bienert am Saarländischen Staatstheater und als Referentin für Presse- und Öffentlichkeitsarbeit bei INTACT – Internationale Aktion gegen die Beschneidung von Frauen und Mädchen.

Catwalkshow „SteelEcht", Neunkirchen, 2016. Laura Theiss mit Supermodel Nicole Atieno (GUCCI).
Foto: Jennifer Weyland.

→ Kollektion Frühjahr/Sommer 2017.
Foto: Rama Lee.

Literatur- und Quellenverzeichnis

MAGGIE DELON, *Sweater weather. Top Ten Knitewear Designer to know.* Paper Magazin, 12.3.2013.

MILES HOLDER, *Anastacia discusses breast cancer and the road to a faultless recovery.* FAULT Magazine, 24/2016.

JULIA INDENBAUM, *Gestrickter Designertraum*, Forum, Onlineversion vom 18.9.2015.

CHRYSANTIE KOSMATOU, *The need to create:* ReflEctiVE AW 2016. Blog: Think-Feel-Discover, April 14/2016.

JENNY URDALE, *Fashion Knitwear* (London 2014).

http://www.collezioni.info/laura-theiss-pre-fall-2016-lookbook/

https://www.notjustalabel.com/designer/laura-theiss

http://www.irenebrination.typepad.com/irenebrination_notes_on_a/2012/05/digital-crocheting-laura-theiss-aw-2012-13.html

http://www.irenebrination.typepad.com/irenebrination_notes_on_a/2016/03/laura-theiss-aw16.html

www.balgarka.co.uk/crochet-laura-theiss
[alle Online-Beiträge Stand 1.7.2017]

CANYON

Jan Frodeno

Der fliegende Saarländer

* 1981

VON HAJO SCHUMACHER

Als wir uns das erste Mal begegneten, da fiel mir sofort dieser listige Blick auf, sein Witz, seine Klugheit, gepaart mit Charme und großer Beharrlichkeit. Wo im politischen Berlin waren mir diese Merkmale schon einmal begegnet? Natürlich, bei Peter Altmaier, bei Oskar Lafontaine und bei Heiko Maas. Klare Sache, auch bei Jan Frodeno musste es sich um einen Krieger vom Stamm der Saarländer handeln. Später liefen wir durch Berlins Bundesbauten und stretchten auf dem Reichstagsrasen. Der Triathlet erklärte seinen Sport, der Journalist die Finessen politischer Berichterstattung. Für einen Topathleten verfügte Jan Frodeno über eine bemerkenswerte Auffassungsgabe. Er war diesmal als Wahlmann in die Hauptstadt gekommen; die Saar-CDU hatte ihn nominiert, Horst Köhler im Amt des Bundespräsidenten zu bestätigen. Der Triathlet ist ein akribischer Vorbereiter, auch beim Wählen des Staatsoberhaupts. Jan Frodeno ist einer der bemerkenswertesten Athleten Deutschlands. Er hat Olympiagold geholt, den Ironman auf Hawaii 2015 und 2016 gewonnen, er ist 70.3-Weltmeister, er stellte im fränkischen Roth eine fabelhafte Weltbestzeit über die Langdistanz auf (7:35:39), er war Sportler des Jahres 2015, erhielt 2008 vom Bundespräsidenten, Horst Köhler übrigens, das Silberne Lorbeerblatt, gewann 2016 den Laureus World Sports Award. Er hat arge Verletzungen ausgestanden, einen Burn-out überwunden und sein Hirn neu programmiert. Er hat vor seiner Goldmedaille in Peking monatelang wie ein Eremit in einem Kabuff gewohnt, nur Matratze, Reis, Wasser und ein wenig Obst. Er schrubbt im Jahr 1.100 Kilometer durchs Wasser, 12.000 auf dem Rad und 4.500 in Laufschuhen. Von den magischen drei Zutaten für eine sportliche Karriere – Talent, Fleiß, Wille – hat er reichlich. Und obgleich kaum ein Sport den Athleten so ausfüllt wie der trainingsintensive Ausdauerdreikampf aus Schwimmen, Radfahren und Laufen, plaudert Frodeno klug über Politik, Kultur, Gesellschaft. Ein Topsportler ohne Tunnelblick und antrainierter Floskelei – welch ein Geschenk.

← Jan Frodeno, 2016.
Foto: Daniel Karmann, picture alliance/dpa.

Im Saarland gereift

Pedanten mögen anmerken, dass der beste Triathlet der Welt in Köln geboren (18.08.1981) und in Südafrika aufgewachsen sei und

inzwischen in Australien und Spanien wohne. Na und? In einer globalisierten Welt leben auch Saarländer überall – sofern sie am Wochenende in ihr Heimatdorf zurückkehren können, um ihre zahlreichen Vereinsmitgliedschaften zu pflegen. Im Saarland ist das Talent zum Weltklassetriathleten gereift. Hier hat Frodeno seinen Olympiasieg 2008 vorbereitet und seinen Burn-out auskuriert, weil er sich 2012 vor lauter Ehrgeiz leer gefahren hatte, körperlich wie seelisch. Das Leben eines Triathleten besteht aus Grenzerfahrungen. Jan war schon 15 Jahre alt, als seine Mutter ihn in den Schwimmkurs steckte. Der Junge konnte zwar Wellenreiten wie der Teufel, aber wenn er in den Ozean vor Kapstadts Strand fiel, strampelte er wie ein Welpe mit allen Vieren. Drei Jahre später war er Rettungsschwimmer. Zum Triathlon kam Frodeno im Jahr 2000, weil er den Sport im Fernsehen entdeckt hatte, bei einer Übertragung der Olympischen Spiele in Sydney. 2002 ist er im Nationalteam, 2004 Vize-Weltmeister der U23. Ein Blitzstarter, der am Olympiastützpunkt Saarbrücken in die Lehre kommt und zum fliegenden Saarländer aufgebaut wird. Das Saarland bietet ideales Terrain für Triathlontraining: viel Landschaft und stramme Steigungen, wenig Ablenkung und die Sportschule im Saarbrücker Stadtwald, wo sich nur die Besten treffen.

Der Schonungslose

Was den Athleten Frodeno von anderen Spitzensportlern unterscheidet, ist seine Schonungslosigkeit. Mit einer Akribie, die ins Selbstquälerische abgleitet, fahndet er nach Optimierung, ganz gleich ob bei seiner Position auf dem Rennrad, die möglichst aerodynamisch zu sein hat oder in seinem Kopf, einem bei Sportlern oft vernachlässigten Körperteil. Frodenos mentale Vorbereitung auf Olympia 2008 zeigt, wie konsequent er an seiner Körpermaschine arbeitet. Bis wenige Wochen vor Peking litt das junge Talent an einem mächtigen Kopfproblem: *„Jahrelang habe ich mich wie eine Niete gefühlt“*, erzählt er, *„ich ließ mich beim Rennen immer von irgendwelchen blöden Verlierer-Stories leiten. Im entscheidenden Moment kurz vor dem Ziel knickte ich regelmäßig ein und wurde auf den letzten Metern noch überholt. Ich fühlte mich wie ein Weichei.“* Eine klassische Sportler-Krankheit:

Zieleinlauf des Siegers Jan Frodeno, Triathlon der Olympischen Sommerspiele Peking, 2008. Foto: Lacy Perenyi, picture alliance.

→ Trikot von Jan Frodeno, getragen bei den Olympischen Sommerspielen 2008 in Peking. L. 82 cm. Leihgeber: Jan Frodeno.

Beijing 2008
asics
FRODENO
GER

Siegerehrung Ironman World Championship, Hawaii 2016. Foto: agoodman, picture alliance/AP Photo.

→ Zielband, Ironman World Championship, Hawaii 2016. B. 20,3 cm. Leihgeber: Jan Frodeno.

noch mehr Training kommt man gegen eine solche Programmierung nicht an, im Gegenteil: Unterbewusst wird härteres Trainieren als Selbstbestrafung für das eingeredete Versagen wahrgenommen. Das Ergebnis: Training gerät zum aussichtslosen Kampf gegen das eigene schlechte Gewissen. Mithilfe eines Tapes, einer Mischung aus autogenem Training und Hypnose, ging Frodeno das Problem an. Während er in Gedanken mal wieder ein Rennen versemmelte, sprach das Tape tapfer dagegen an. Der Text war weder Hexenwerk noch literarisch wertvoll, sondern eher monoton: „Ich kann gewinnen. Ich will gewinnen. Ich schaffe das." Nicht sehr originell, aber der Schlüssel zum Olympischen Gold. Nur am Rande: Bis er 29 Jahre alt war, hatte Jan Frodenos längste Beziehung gerade mal vier Monate gedauert. Mit Mitte 30 ist er glücklich verheiratet und stolzer Vater. Offenbar ist tatsächlich etwas passiert.

Über alle Grenzen

Wer über alle Grenzen gehen will wie die Triathleten, der muss sich auf maximales Verausgaben programmieren. Das ist zwar nicht gesund, aber beim Kampf um den Sieg nicht zu vermeiden. Jeder Freizeitathlet kennt diesen Moment, wenn der Kopf sich einschaltet, so nach 30 Sekunden, und fragt: „Wie lange ist denn noch? Warum tue ich mir das an? Geht's nicht ein bisschen langsamer? Wofür der Quatsch? Ist doch egal. Schaffst du nie." Nach neueren Forschungen sind 50% aller Muskelkrämpfe im Wettkampf nicht auf körperliche, sondern mentale Ermüdung zurückzuführen. Und Jan Frodeno ist sicher, dass er seine Synapsen im Hirn buchstäblich entkrampfen kann, wenn er nur hart genug daran arbeitet. Sein mentaler Fortschritt bringt allerdings neue Probleme mit sich. Frodeno übertreibt manchmal. Wer mental schmerzfrei immer

UnitedHealthcare
IRONMAN
WORLD CHAMPIONSHIP
UnitedHealthcare
OCT 8
2016
Kailua-Kona
Hawai'i

Jonas Hector als Jugendspieler des SV Auersmacher in seinem Heimatort. Foto: Heiko Lehmann.

nach – neben Ihnen – einer der erfolgreichsten saarländischen Fußballer?
Mein ehemaliger Trainer Wolfgang Seel, der auch hier im Rheinland zugegen war. Er hat das ein oder andere Bundesligaspiel gemacht, auch in der Nationalmannschaft. Also er ist auf jeden Fall einer aus der Vergangenheit, der mir direkt in den Kopf kommt. Stefan Kuntz natürlich auch.

Ein zweiter aktiver saarländischer Fußballspieler wohnt nicht weit weg von hier. Wie ist Ihr Kontakt zu Patrick Hermann von Borussia Mönchengladbach? Wussten Sie, dass er Saarländer ist?
Ja, das weiß ich schon. Ich habe in der Jugend gegen ihn gespielt, bevor er dann nach Mönchengladbach ist. Wir haben uns in der Nationalmannschaft noch einmal getroffen und ein oder zwei Länderspiele zusammen absolviert. Wir pflegen keinen regelmäßigen Kontakt. Er ist mir aber auch schon einmal hier

→ Jonas Hector als Bundesligaspieler des 1. FC Köln. Foto: Rene Schiffer, Archiv 1. FC Köln.

in Köln im Kino über den Weg gelaufen. Wie es so ist auf der Welt: Saarländer trifft man immer irgendwo.

Frau Marozsán ist die erfolgreichste saarländische Fußballerin. Haben Sie schon einmal ein Spiel der Frauen live oder im Fernsehen in ganzer Länge gesehen?

Bei den größeren Ereignissen schaltet man natürlich auch ein und gerade letztes Jahr bei Olympia hat man das ein oder andere Spiel gesehen.

Würden Sie Ihre Jugend in Auersmacher gegen eine Ausbildung in einem Fußballinternat tauschen wollen? – Wo sehen Sie Vor- und Nachteile?

Faszination Fußball: Was versteckt sich dahinter? Warum begeistert der Fußball so viele Menschen?
Generell ist Fußball in Deutschland die beliebteste Sportart. Jedes Kind oder jeder Junge zumindest, fängt in der Jugend mit Fußball spielen an. Gerade in größeren Turnieren mit der Nationalmannschaft ist Fußball eine Sache, die extrem verbindet, ein Wir-Gefühl entsteht, mit dem sich viele Leute auch identifizieren können. Das ist das, was den Fußball ausmacht.

Was müsste ein Museum zeigen und wie müsste es sich präsentieren, um Sie zu begeistern?
Es kommt immer darauf an, was es für ein Museum ist. Mich würde natürlich interessieren, was das Saarland ausmacht und was es so liebenswert macht. Die Geschichte ist auch nicht uninteressant, gerade nach dem zweiten Weltkrieg. Das Thema Sport begeistert mich natürlich immer, aber wir waren zum Beispiel mit einer Mittelrhein-Auswahl in Jerusalem im Holocaust-Museum. Das ist dann schon auch etwas sehr Bewegendes.

Wir haben im Historischen Museum Saar vor einigen Jahren eine Ausstellung über den Sportjournalisten Ferdi Hartung gemacht. Wann waren Sie zuletzt im Historischen Museum Saar?
Wann genau weiß ich nicht. In meiner Schulzeit war ich auf jeden Fall mal da. Das ist jetzt schon ein paar Jährchen her – vielleicht wird's mal noch einmal Zeit!

Gibt es einen persönlichen Traum, den Sie nach Ihrer Karriere verwirklichen wollen? Also irgendetwas, was durch Ihre intensive berufliche Tätigkeit jetzt zu kurz kommt?
Konkret habe ich mir noch nichts überlegt, aber was immer ein wenig zu kurz kommt, ist der Urlaub. Letztes Jahr mit der EM und jetzt Confed Cup, dann vielleicht die WM nächstes Jahr – da ist der Urlaub immer hintenangestellt. Ich könnte mir vorstellen vielleicht einmal länger reisen, auch etwas weiter weg. Ansonsten kommt die Zeit mit der Familie und den Freunden zu kurz, weil sie eben im Saarland leben.

Gibt es Lieblingsziele oder geht es Ihnen vor allem um die Entspannung?
Sowohl als auch. Ich könnte mir zum Beispiel vorstellen einmal nach Australien oder Neuseeland zu reisen, aber das ist wohl ein bisschen schwierig, wenn man nur eine Woche Urlaub hat, da braucht man schon mehr Zeit. Ansonsten würde mich auch Japan interessieren, vor allem der ältere Teil Japans. Wir haben einen Japaner bei uns spielen, der mir sicherlich ganz gut helfen könnte. Aber mal schauen, vielleicht ändert sich da noch etwas, aber aktuell sind das mal die Reiseziele.

Sie haben dem Historischen Museum Saar Ihre silbernen Fußballschuhe der EM 2016 zur Verfügung gestellt, mit welchen Sie den entscheidenden Elfmeter gegen Italien verwandelt haben. Die Schuhe haben Sie, auf unsere Anfrage hin, ohne Zögern direkt an uns weitergegeben. Sie hängen also nicht an solch persönlichen Objekten und sammeln diese auch nicht als Erinnerungen?
Nein, ich habe da nicht viel dran, muss ich ehrlich gestehen. Es gibt viele, die – gerade nach besonderen Spielen – ein Trikot oder irgendwelche Utensilien behalten möchten und auch dementsprechend ausstellen, aber das gilt nicht für mich. Deswegen war das Loslassen der Schuhe kein Problem für mich.

Durch Ihren Siegtreffer wurden Sie zu einem Idol für viele Nachwuchsspieler in Deutschland. Wie sind Sie als Elfmeterschütze mit dem Druck in dieser Situation mental umgegangen?
Man versucht sich relativ wenig Gedanken darüber zu machen, was natürlich nicht so einfach ist. Gefühlt ist der Weg von der Mittellinie aus bis zum Elfmeterpunkt ziemlich weit. Ich habe versucht irgendwie die Ränge auszublenden, sodass man sich wirklich nur auf den Schuss konzentriert und fokussiert. Natürlich wusste ich, um was es geht. Ich hatte auch Glück, dass der Italiener vor

Jonas Hector während seines spielentscheidenden Elfmeterschusses im EM-Viertelfinale 2016 in Bordeaux.
Foto: Markus Gilliar, GES-Sportfoto.

mir verschossen hatte, d.h. auch wenn ich verschieße, geht's weiter. Und dann versucht man einfach den Ball ins Tor zu bringen.

Das Interview führten Romina Di Marco und Simon Matzerath.

Der Ball überquert hinter Gianluigi Buffon die Torlinie: Deutschland hat erstmals bei einem Pflichtspiel Italien geschlagen. Es folgt der Einzug in das Halbfinale der EM 2016.
Foto: Markus Gilliar, GES-Sportfoto.

→ Die Autorin

Romina Di Marco, Jahrgang 1990, geboren in Saarbrücken, studierte Kulturwissenschaften mit den Schwerpunkten Geschichte und Allgemeine und Vergleichende Literaturwissenschaft an der Universität des Saarlandes. Sie ist wissenschaftliche Mitarbeiterin im Fachdienst für Regionalentwicklung und Planung des Regionalverbandes Saarbrücken und mit dieser Funktion seit 2016 dem Historischen Museum Saar angegliedert.

Literatur- und Quellenverzeichnis

SEBASTIAN FISCHER, *Matchwinner Jonas Hector – Made in Köln*. Süddeutsche Zeitung, 3. Juli 2016.

BIRGER HAMANN, *DFB-Neuling Hector: Plötzlich Nationalspieler*. Spiegel online, 7. November 2014. <http://www.spiegel.de/sport/fussball/jonas-hector-ploetzlich-nationalspieler-beim-dfb-a-1001674.html> [Stand: 12. Juli 2017]

MICHAEL KRÄMER, *Jonas Hector: Musterschüler vom SV Auersmacher*. Kölner Stadtanzeiger, 19. August 2012.

HEIKO LEHMANN, Jonas Hector dribbelt sich in Liga eins. Saarbrücker Zeitung, 30. November 2009.

HEIKO LEHMANN, F*ußballstar Jonas Hector macht Heimatdorf berühmt und glücklich*. Saarbrücker Zeitung, 6. Juli 2016.

<http://www.fussballdaten.de/person/jonas-hector/> [Stand: 12. Juli 2017]

<http://www.kicker.de/news/fussball/bundesliga/vereine/1-bundesliga/2014-15/1-fc-koeln-16/64523/spieler_hector-jonas.html> [Stand: 12. Juli 2017]

Weitere bedeutende Saarländerinnen und Saarländer

von Lars Weber

Dass es mehr als nur die in den vorangegangenen Beiträgen vorgestellten Saarländer gibt, steht fest. Dass es genau 84 mehr sind, die das Historische Museum Saar gelistet hat, überrascht vielleicht (Abb. folgende Doppelseite). Ihnen widmet sich dieser Beitrag in einem allgemeinen Überblick. Die Kriterien für die Auswahl der Personen werden in der Einleitung zu diesem Band beschrieben (vgl. Beitrag Matzerath S. 18-19).
In unserer heutigen Gegenwart wird Berühmtheit unter anderem daran gemessen, wie viele Fans einem auf der Facebookseite folgen. Erstellt man ein Facebook-Ranking (Stand: 22.4.2017) der 67 noch lebenden unter den insgesamt 110 ausgewählten, berühmten Saarländerinnen und Saarländern, die in diesem Band genannt werden, schaffen es mit Jan Frodeno (Platz 6) und Oskar Lafontaine (Platz 8) lediglich zwei der in den vorangegangenen Beiträgen vorgestellten Persönlichkeiten in die „Top Ten". Mit der Hip-Hop-Crew Genetikk, dem Fußballtorwart Kevin Trapp, dem Elektronik-Musik-Duo Booka Shade, der Metal-Band Powerwolf und dem Fußballspieler Patrick Herrmann kommen die ersten fünf platzierten dieses Rankings auf insgesamt über 1,5 Millionen Facebook-Fans.

Saarländer überschreiten Grenzen und hinterlassen Spuren

Viele Saarländer sind fest verwurzelt, überschreiten aber auch gerne nationale Grenzen. Die saarländische Landesregierung betont mit ihrer Frankreichstrategie seit einigen Jahren ganz bewusst, dass das Saarland das französischste aller Bundesländer sei. Einige biographische Beispiele untermauern dies, zum Beispiel die in Saarbrücken geborene Schauspielerin und Chanson-Sängerin **Ingrid Caven**, deren Großvater Arbeiter der Burbacher Hütte und deren Vater Tabakhändler im Saarland war. Vor allem in den 70er Jahren als erfolgreiche Schauspielerin unter anderem in Fassbinder-Filmen bekannt geworden, dessen Frau sie von 1970 bis 1972 war, lebt Ingrid Caven seit 1978 in Paris, wo sie eine zweite Karriere als Chanson-Sängerin in Frankreich startete. Caven wirbt heute als Saarland-Botschafterin für ihre alte Heimat: *„Die Saarländer als Grenz- und Mischvolk, oft arm an Geld, aber reich an Großzügigkeit nach innen und außen, können sich immer nach Schönerem sehnen und ein Fest inszenieren mit allem drum und dran. Bravo an der Saar!"* (alle in diesem Beitrag verwendeten wörtlichen Zitate entstammen – sofern nicht anders angegeben – der Internetseite www.saarlandbotschafter.de [Stand 22.04.2017].)

Ingrid Caven.
Foto: Fotograf unbekannt,
Archiv Ingrid Caven.

Ein weiterer Grenzüberschreiter ist der Historiker, Journalist und Publizist **Nils Minkmar,** der aktuell als Autor im Kulturressort des Spiegels tätig ist. Zuvor war er Feuilletonchef der FAZ, hat u.a. für GEO, Die Zeit und die Süddeutsche Zeitung geschrieben und war als Student Asta-Präsident der Universität des Saarlandes. Minkmar wurde 1966 als Sohn eines Deutschen und einer Französin in Saarbrücken geboren und besitzt beide Staatsbürgerschaften.
Ein „deutscher Franzose" war auch der 1769 in Saarlouis geborene **Michel Ney,** der als einer der erfolgreichsten Generäle Napoleons I. an mehr als 500 Gefechten teilgenommen haben soll, auch an der Schlacht von Waterloo.
Der deutsch-französische Komponist **Louis Théodore Gouvy** wurde 1819 als Sohn einer französischen Industriellenfamilie als Deutscher im preußischen Goffontaine (heute Saarbrücken-Schafbrücke) geboren. 1852 erwarb er die französische Staatsbürgerschaft, um am Conservatoire de Paris studieren zu können. 1868 zog er ins lothringische Hombourg-Haut, welches nach dem deutsch-französischen Krieg wiederum an Deutschland fiel. Gouvy war somit stets ein Reisender zwischen den Kulturen. Seine erste Sinfonie wurde 1847 in Paris uraufgeführt, seine erste Oper „Der Cid" sollte eigentlich 1865 in Dresden aufgeführt werden. Als der Hauptrollen-Tenor Schnorr von Carolsfeld überraschend starb, wurde daraus nichts. Die Uraufführung von „Der Cid" fand erst fast 150 Jahre später, im Juni 2011 am saarländischen Staatstheater, statt. Seit 2013 verleiht der Eurodistrict Saar-Moselle den Théodore-Gouvy-Preis, um jungen Komponisten ein Forum für die Aufführung ihrer Werke zu geben.

Zu guter Letzt tummeln sich noch zwei echte Größen in der Rubrik Kultur: **Otto Steinert** gilt als einer der bedeutendsten und einflussreichsten Fotografen im Deutschland der Nachkriegszeit. Außerhalb seines Faches ist er jedoch nur wenigen bekannt. Ganz anders sieht das bei **Friedrich Joachim Stengel** aus, dessen Name in Saarbrücken allgegenwärtig ist. Als barocker Baumeister von Fürst Wilhelm Heinrich von Nassau-Saarbrücken baute er fast alles, was heute noch im Stadtgebiet von Saarbrücken von touristischer Bedeutung ist: Das barocke Saarbrücker Schloss, die Ludwigskirche, die Kirche St. Johann, den Brunnen auf dem St. Johanner Markt und viele weitere Gebäude.

Friedrich Joachim Stengel. Foto: Saarlandmuseum, Stiftung Saarländischer Kulturbesitz.

Fußball, Tennis Leichtathletik – Saarländer im Bereich des Sports

„Das Saarland ist ein Sportland mit erfolgreichen Sportlerinnen und Sportlern, der wohl am besten ausgestatteten Sportschule Deutschlands mit ansässigem Olympiastützpunkt und vorbildlicher Nähe zu Schulen und zur Universität und erprobt im Ausrichten von großen Sportevents.“ Das sagt der Lebacher **Klaus Steinbach**, der als Schwimmer in den 70er Jahren mit der Staffel Welt- und Europameister wurde und zwei Olympiamedaillen gewann. Steinbach ist Chefarzt und ärztlicher Direktor der Hochwald-Kliniken Weiskirchen sowie Mitglied der Medizinischen Kommission des Internationalen Olympischen Komitees IOC. Ein weiterer sehr bekannter saarländischer Sportfunktionär war **Hermann Neuberger.** Er war einer der Väter der Fußball-Bundesliga und Chef-Organisator der Fußball-Weltmeisterschaft 1974. Von 1975 bis zu seinem Tod 1992 war er Präsident des DFB sowie Vize-Präsident des Weltfußballverbandes FIFA. In seiner Heimatstadt Völklingen sind die Sporthalle, eine Gemeinschaftsschule sowie das Stadion nach ihm benannt.

Neun der 24 Sportler dieser Liste sind dem Volkssport Nummer eins zuzuordnen, darunter vier noch aktive Fußballer. **Philipp Wollscheid** aus Wadern wurde 2009 beim 1. FC Saarbrücken aussortiert und machte dann Karriere, die ihn bis in die Nationalmannschaft brachte. Wollscheid schaffte aber etwas besonders Kurioses, das hier als Anekdote ergänzt wird: 2010 wurde Sky-Moderatorin Jessica Kastrop am Spielfeldrand während eines Interviews von einem Ball am Kopf getroffen und das Video verbreitete sich rasant im Internet. Stefan Raab lobte scherzhaft einen Preis für eine Wiederholung dieses Vorfalls aus. Genau dies gelang Philipp Wollscheid am 24. März 2014 beim Aufwärmen vor einem Bundesligaspiel und er wurde bei TV Total dafür mit dem Raab der Woche ausgezeichnet. **Patrick Herrmann** aus Uchtelfangen wechselte schon als A-Jugendlicher zu seinem heutigen Verein Borussia Mönchengladbach. Er durchlief alle Jugend-Nationalmannschaften. Der Merziger **Kevin Trapp**

Dzsenifer Marozsán, 2013.
Foto: Andreas Nilsson,
CC-BY-SA-3.0.

Dieter Thomas Heck.
Foto: Hans J. Hoffmann, Archiv Saarländischer Rundfunk.

moderierte von 1976 bis 1984 Unterhaltungssendungen auf der Europawelle wie den Hitexpress und Jan's Plattenbar. Die erste Fernsehansagerin mit Brille beim SR war **Ilona Christen**, die 1969 zunächst eine Schnitt-Ausbildung beim Saarländischen Rundfunk absolvierte. 1976 wurde sie Moderatorin bei der Europawelle Saar. Von 1986 bis 1992 präsentierte Christen den ZDF-Fernsehgarten, danach erhielt sie eine eigene Talkshow. **Manfred Sexauer** moderierte von 1965 bis 1973 die Kultsendung „Hallo Twen". Damit begann eine neue Radio-Ära, denn in dieser Sendung wurde mit Beat, Rock und Blues die Musik gespielt, die die Jugend damals hören wollte. Von 1972 bis 1984 übernahm Sexauer die Fernseh-Moderation des ARD-„Musikladens". Für seine unermüdliche Betonung weiblicher Vorzüge in dieser Sendung erhielt er 1981 den Trostpreis der Sauren Gurke. Mit Sende- und Veranstaltungsreihen spielte er mehrere Millionen Mark an Spendengeldern für die SOS-Kinderdörfer ein. Im Sommer 2014 starb nicht nur Manfred Sexauer, sondern auch **Peter Scholl-Latour,** der sein journalistisches Volontariat 1948 bei der Saarbrücker Zeitung absolvierte. 1954 und 1955 war er Sprecher der Regierung des Saarlandes, bevor es ihn in die Welt trieb. Seine über 30 Bücher erreichten eine Gesamtauflage von rund 10 Millionen Exemplaren. Schließlich taucht in der Journalisten-Kategorie noch ein überraschender Name auf: **Philipp Jakob Siebenpfeiffer**, geboren im Jahre der französischen Revolution. Seine Verwaltungstätigkeiten in Diensten der bayerisch-österreichischen Landesadministration führten ihn 1818 nach Homburg. 1823 veröffentlichte er ein Buch, dessen Titel auch heute wieder auf den Tischen der Buchhandlungen denkbar wäre: „Über die Frage unserer Zeit in Beziehung auf Gerechtigkeitspflege". Ab 1830 intensivierte er seinen Kampf gegen die herrschenden Missstände mit journalistischen Mitteln, setzte sich für die Pressefreiheit ein und war einer der Initiatoren des Hambacher Festes. In Homburg befindet sich heute ein Siebenpfeiffer-Haus und eine Siebenpfeiffer-Stiftung, die seit 1987 alle zwei bis drei Jahre den Siebenpfeiffer-Preis für engagierte Journalisten vergibt.

Unsere Leute in Berlin – Saarländer machen Politik

In dieser Auswahlliste wurden nur Politiker berücksichtigt, die über die Landespolitik hinaus tätig waren. Dies ist bei **Heiko Maas** der

Gerhard Schröder, 1954.
Foto: KAS/Slomifoto.

Fall. Er war nicht nur mit damals 32 Jahren als saarländischer Umweltminister Deutschlands jüngster Minister, sondern ist seit 2013 Bundesminister der Justiz und für Verbraucherschutz. Zudem folgen über 38.000 Facebook-Nutzer dem „bestangezogenen Mann 2016". Stets gut gekleidet erscheint auch der Chef des Bundeskanzleramtes, **Peter Altmeier**, der schon das Amt des Bundesumweltministers bekleidet hatte. Nach seinem Jurastudium an der Universität des Saarlandes war er Wissenschaftlicher Mitarbeiter am dortigen Europainstitut. Altmeier ist seit 1994 Mitglied des Deutschen Bundestages und auch ihm folgen immerhin gut 14.000 Facebook-Nutzer. Auch innerhalb von Parteivorständen sind Saarländer vertreten. **Simone Peter**, die seit Oktober 2013 Bundesvorsitzende der Partei Bündnis 90 / Die Grünen ist, stammt aus Quierschied. **Peter Müller** hatte zwar nie ein Ministeramt auf Bundesebene inne. Der langjährige saarländische Ministerpräsident ist aber seit Dezember 2011 Richter im 2. Senat des Bundesverfassungsgerichtes in Karlsruhe. Eine beeindruckende Bundesminister-Karriere hat **Gerhard Schröder** hingelegt. Nicht der Kanzler der SPD, sondern der CDU-Gerhard Schröder, der 1910 in Saarbrücken geboren wurde. Der saarländische Gerhard Schröder war von 1953 bis 1961 Innenminister, von 1961 bis 1966 Außenminister und von 1966 bis 1969 Verteidigungsminister der Bundesrepublik Deutschland. 1969 hatte er mit dem bisher knappsten Ergebnis bei einer Bundespräsidentenwahl gegen Gustav Heinemann das Nachsehen. Einer der frühesten „Männer in Berlin" war sicherlich der Eppelborner **Bartholo-mäus Koßmann**, der für die katholische Zentrums-Partei 1912 in den Reichstag und nach dem Weltkrieg auch in die Weimarer Nationalversammlung gewählt wurde. Ab 1924 war er Mitglied der Regierungskommission des Völkerbundes für das Saargebiet. Koßmann gehörte in den frühen vierziger Jahren zum Widerstandskreis um Carl Friedrich Goerdeler, der Adolf Hitler stürzen und das Ende der NS-Herrschaft herbeiführen wollte. Nach dem 2. Weltkrieg war er Mitbegründer der CVP und Vizepräsident des saarländischen Landtages. Die Gemeinde Eppelborn verleiht

Abspann

Impressionen aus der Dauerausstellung des Historischen Museums Saar

Ein Blick in die Kasematten der Südwest-Bastion der Saarbrücker Festung, 1563–1569 (Bauzeit). Foto: Nico Schütz, 2017.

Ein Blick in den Burggraben mit der Südwest-Bastion.
Das Historische Museum Saar ist das einzige Museum
in Deutschland mit „Unterirdischer Burganlage".
Foto: Thomas Roessler, Historisches Museum Saar, 2017.

Das Historische Museum Saar präsentiert die Saargeschichte seit dem Deutsch-Französischen Krieg 1870/71 bis 1957. Hier eine Ansicht des Ausstellungsbereiches zum „Kaiserreich“. Foto: Thomas Roessler, Historisches Museum Saar, 2017.

Holzritter von 1915 („Eiserner Ritter"): Die eingeschlagenen Nägel dokumentieren Geld-Spenden, u.a. für das Rote Kreuz. Ursprünglich in Saarbrücken aufgestellt. Der Ausstellungsbereich zum Ersten Weltkrieg im Historischen Museum Saar ist einer der größten in Deutschland. Foto: Birgit Pfeifer, 2017.

Die originale Gestapo-Zelle unter dem Nordflügel des Saarbrücker Schlosses ist Teil der Dauerausstellung im Historischen Museum Saar. Im Saarbrücker Schloss befand sich ab 1935 eine Gestapo-Leitstelle. Foto: Thomas Roessler, Historisches Museum Saar, 2017.